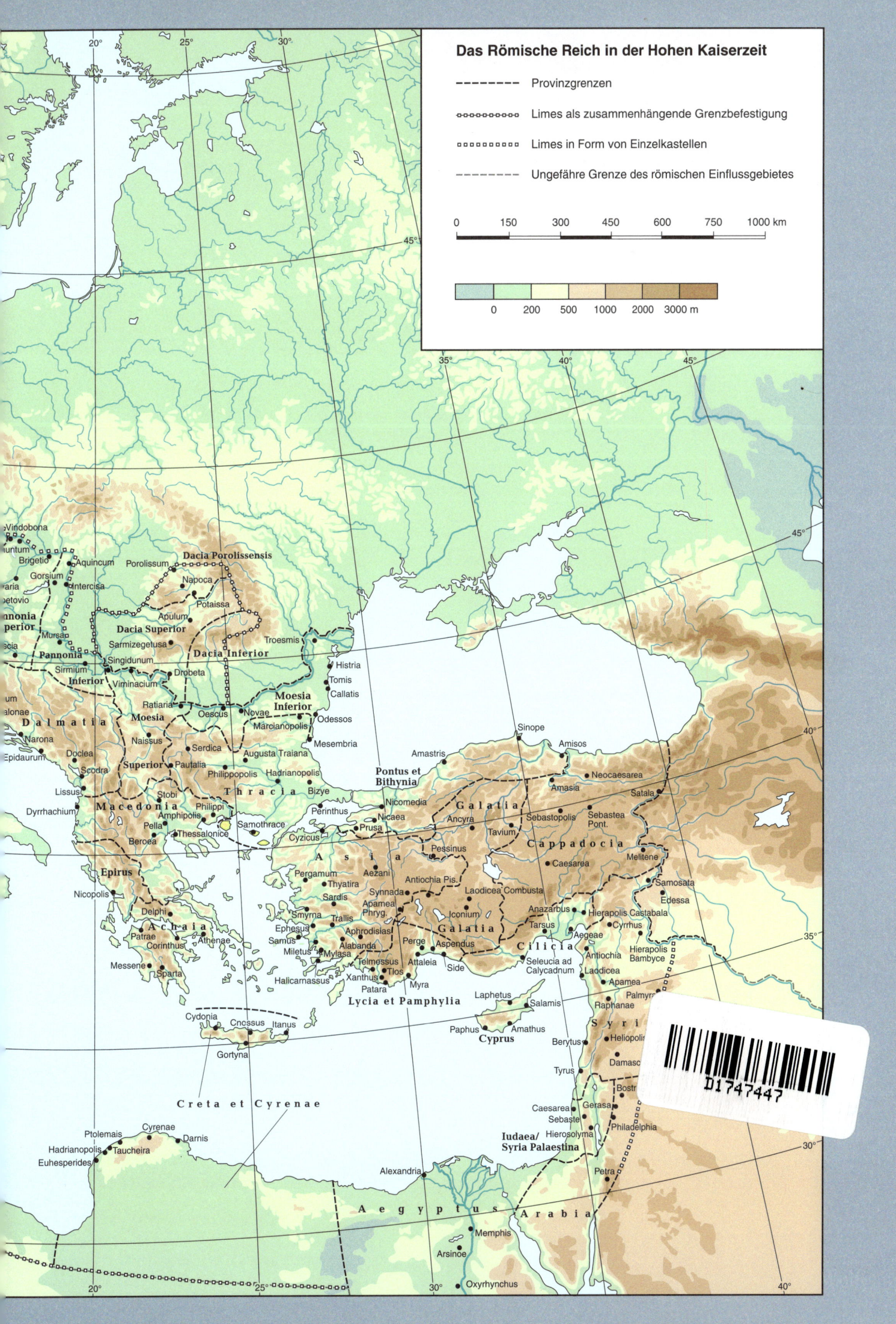

Pierre Gros

ORBIS PROVINCIARUM

GALLIA NARBONENSIS

EINE RÖMISCHE PROVINZ
IN SÜDFRANKREICH

Zaberns Bildbände
zur Archäologie

Sonderbände der
ANTIKEN WELT

Pierre Gros

GALLIA NARBONENSIS

EINE RÖMISCHE PROVINZ IN SÜDFRANKREICH

167 Seiten mit 84 Farb- und 39 Schwarzweißabbildungen

Umschlag vorne:

Orange, Stadtbogen.
(vgl. Abb. 37)

Seite 2/3:

Glanum, Wohnviertel.
(vgl. Abb. 17)

Vienne, Porträt des Augustus.
(vgl. Abb. 56)

Umschlag hinten:

Nîmes, Amphitheater.
(vgl. Abb. 64)

Remoulins, Pont du Gard.
(vgl. Abb. 9)

Vienne, Tempel des Augustus und der Livia.
(vgl. Abb. 12)

Weitere Publikationen finden Sie unter
www.zabern.de

Gestaltung:
Melanie Barth, scancomp GmbH, Wiesbaden

Herstellungsbetreuung:
Ilka Schmidt, Verlag Philipp von Zabern, Mainz

Lektorat:
Ute Klatt, Bonn

Redaktion:
Alrun Schößler, Annette Nünnerich-Asmus,
Verlag Philipp von Zabern, Mainz

Bibliografische Information der Deutschen Nationalbibliothek

Die Deutsche Nationalbibliothek verzeichnet diese Publikation in der Deutschen Nationalbibliografie; detaillierte bibliografische Daten sind im Internet über <http://dnb.d-nb.de> abrufbar.

© 2008 by Verlag Philipp von Zabern, Mainz am Rhein
ISBN: 978-3-8053-3887-5

Alle Rechte, insbesondere das der Übersetzung in fremde Sprachen, vorbehalten.
Ohne ausdrückliche Genehmigung des Verlages ist es auch nicht gestattet, dieses Buch oder Teile daraus auf photomechanischem Wege (Photokopie, Mikrokopie) zu vervielfältigen oder unter Verwendung elektronischer Systeme zu verarbeiten und zu verbreiten.
Printed on fade resistant and archival quality paper
(PH 7 neutral) · tcf

INHALT

DANKSAGUNG	6

ENTSTEHUNG DER PROVINZ GALLIA NARBONENSIS

Die *Gallia Transalpina* in vorrömischer Zeit	7
Roms Intervention und die Eroberung	15
Die erste städtische Gründung und der Beginn der Raumplanung	19
Die endgültige Organisation: Die augusteische Reform und die *lex provinciae*	24

ORGANISATION UND STRUKTUR

Formen und Ziele der Urbanisierung in julisch-claudischer Zeit	31
Die Entwicklung der städtischen Zentren von den Flaviern bis zu den Severern	79
Sekundäre Ansiedlungen und Streusiedlungen	89
Wohnen in der Stadt	94
Strukturierung der Landschaft: Centuriationen und Villen	104

GRABARCHITEKTUR, WIRTSCHAFT, RELIGION UND GESELLSCHAFT

Grabarchitektur: Zippi, Stelen, Mausoleen und Sarkophage	111
Die Wirtschaft bis zum 3. Jh. n .Chr.	120
Die Sakralwelt: *Pietas* und Politik	125
Der Aufstieg der Eliten durch die Bildung	133

AUSBLICK

Die Veränderungen des 3. Jhs. n. Chr.	137

REGISTER	141
ANHANG	155

DANKSAGUNG

Es ist mir ein Anliegen, am Anfang dieses Werkes allen Institutionen und Personen zu danken, die durch die Bereitstellung vieler Originalaufnahmen dessen Bebilderung ermöglicht haben: Allen voran dem Centre Camille Jullian, CNRS-Labor in Aix-en-Provence, dem wir die meisten Farbfotos verdanken; unser Dank geht an dessen Leiter, Patrice Pomey und Dominique Garcia, sowie an die Verantwortliche für die Fotothek, Ghislaine Vincent. Der Architekt Jean-Marie Gassend aus demselben Labor hat uns seinerseits die Wiedergabe mehrerer seiner Aquarellansichten erlaubt. Das Musée de l'Arles antique mit seinem Kustos Claude Sintès, das Museum von Nîmes mit seiner Kustodin Dominique Darde und das Museum von Fréjus mit Daniel Brentchaloff haben ebenfalls zur Vielfalt der Abbildungen beigetragen. Auch sollen die Kollegen und Freunde aus den regionalen archäologischen Diensten, aus der Denkmalpflege und von der Université de Provence nicht vergessen werden, die uns sehr geholfen haben: Marc Célié und Martial Monteil aus Nîmes, Lucien Rivet aus Fréjus, Nuria Nin aus Aix-en-Provence, Anne Roth-Congès, Jean Guyon, und Philippe Leveau.

Ohne dieses Netz von kompetenten Kollegen und Freunden wäre dieses Buch nicht zustande gekommen.

Pierre Gros
Aix-en-Provence, Juni 2008

ENTSTEHUNG DER PROVINZ GALLIA NARBONENSIS

DIE «GALLIA TRANSALPINA» IN VORRÖMISCHER ZEIT

In seinem Plädoyer für den Statthalter M. Fonteius hob Cicero 70 v. Chr. hervor, dass diese Provinz aus sehr unterschiedlichen Bevölkerungsgruppen besteht (*Pro M. Fonteio* 5, 12–13). Diese Bemerkung mit der Absicht, einen Exkurs über die Grausamkeit und Unzuverlässigkeit der Einheimischen einzuleiten, gibt die Realität einer sehr weiten Region, die nie eine wirkliche ethnische Einheit gebildet hat, sehr gut wieder, sieht man von den polemischen und parteiischen Intentionen ab.

Der in der Antike *Gallia Transalpina* genannte Teil Galliens, dessen Grenzen bis zur Neugestaltung der Ver-

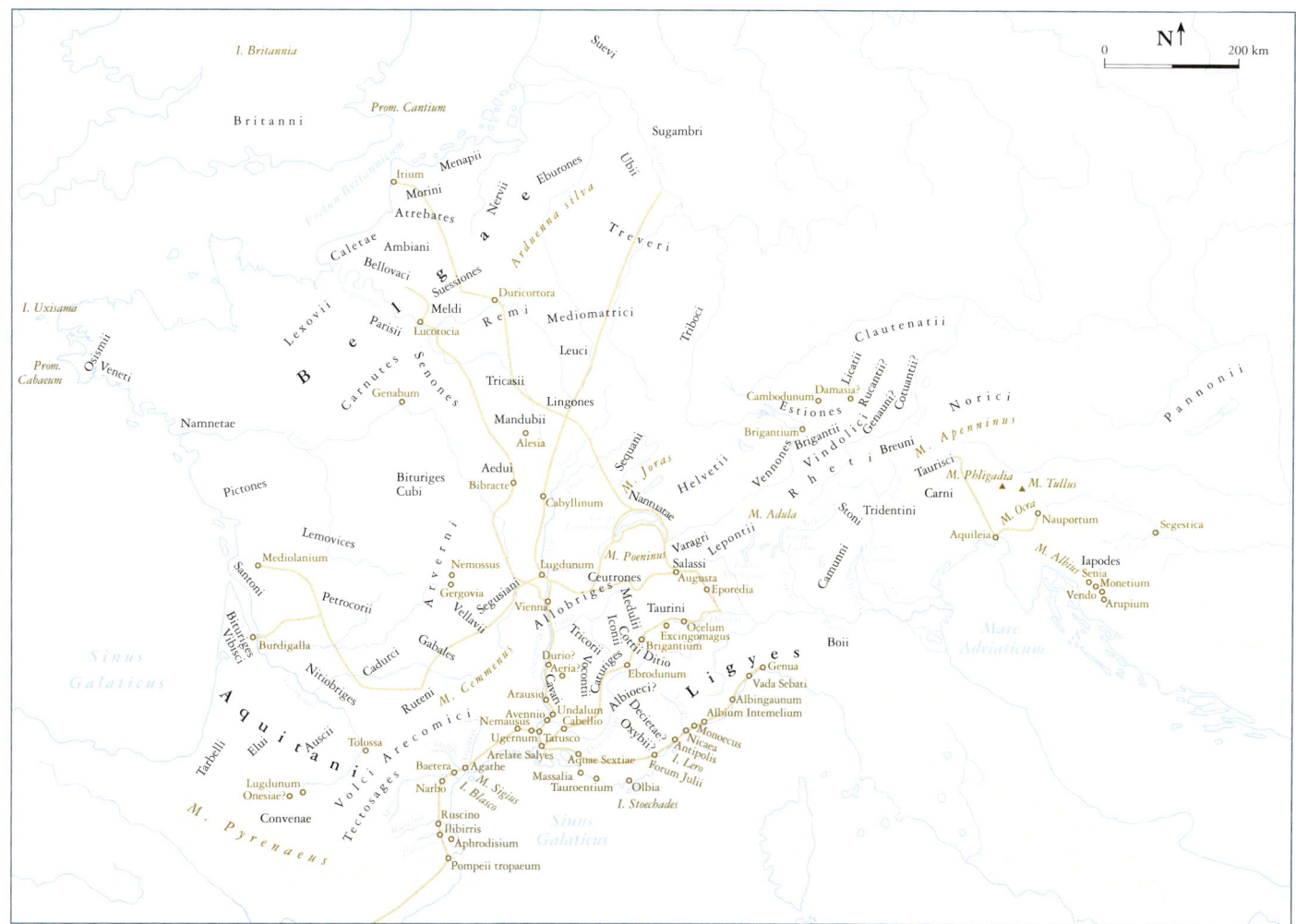

*Abb. 1
Die Ligurer im Alpen- und Mittelmeerraum.*

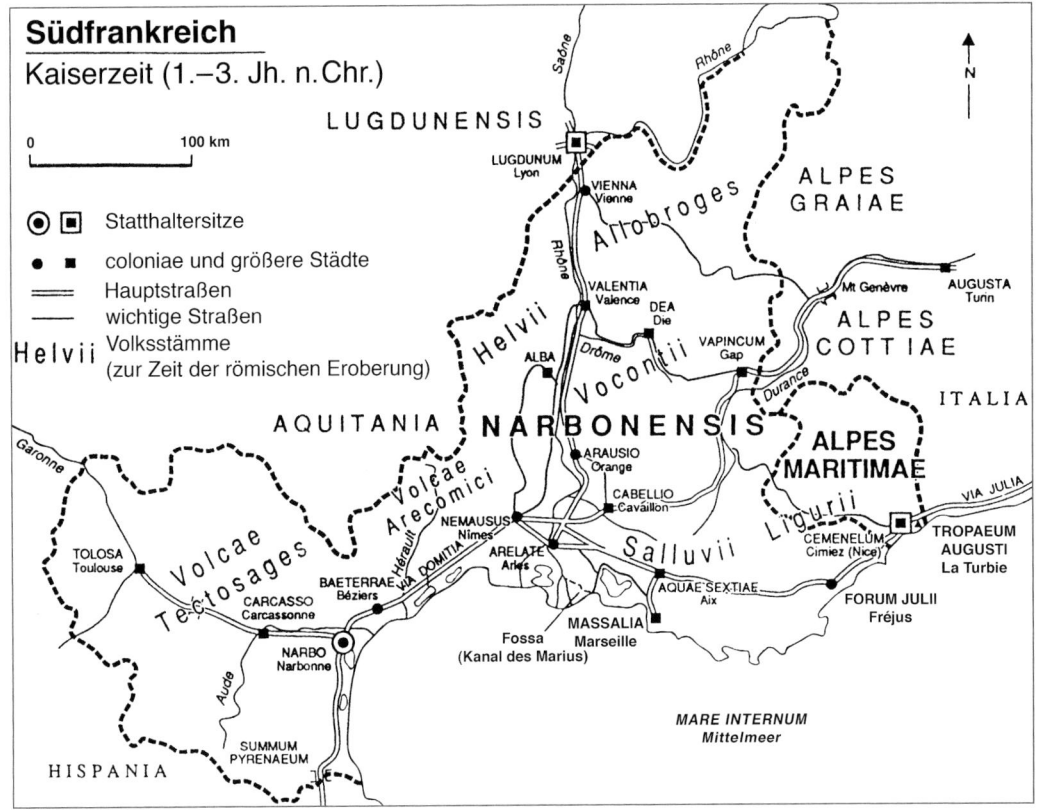

*Abb. 2
Die wichtigsten
Stämme der «Gallia
Transalpina».*

waltung unter Augustus unklar bleiben, wird im Süden zwischen dem Fluss Var und den Pyrenäen durch das Mittelmeer, im Nordosten durch den Genfer See und den Oberlauf der Rhône, im Nordwesten durch die Cevennen und die Ausläufer des Zentralmassivs abgegrenzt. Im Westen schließt er das obere Tal der Garonne ein. Es handelt sich also um ein riesiges Gebiet, das nach heutigen geografischen Begriffen von Genf bis nach Marseille – aber ohne das Rhôneknie und die Region von Lyon – und von den Seealpen bis westlich von Toulouse reicht. Nach der antiken Topographie kontrolliert dieser Teil Galliens zwei der wichtigsten Achsen des westlichen Mittelmeerraums, d. h. das mittlere und untere Rhônetal, und die aus Italien über die Alpen oder die Küste zum gallischen Isthmus und zur iberischen Halbinsel führenden Straßen. Als Land von Begegnungen und Konflikten stellte die *Transalpina* schon immer ein wesentliches Gebiet für die zur Vorherrschaft berufenen Mächte dar, und Rom sollte wegen seiner spanischen Eroberungen sehr schnell Gründe finden, sie besser zu sichern und sie schließlich zu erobern.

Die ältesten Bevölkerungsgruppen, die heute als die Autochthonen betrachtet werden, gehören zum diffusen Stammesverband der von den Griechen *Ligyes* genannten Ligurer. Ihr ursprüngliches Territorium erstreckte sich seit dem Neolithikum über die Südalpen, die sie von den Pässen bis zur Küste beherrschten (Abb. 1). Problematischer ist die Ausdehnung nach Westen. Während die Rhône offenbar nie als Grenze diente, wird der Hérault – der antike *Oranos* – in den antiken Texten, besonders demjenigen von Avienus (*Ora maritima* 612–613), als Grenze zwischen den Territorien der Iberer und der «derben Ligurer» bezeichnet. Auch wenn klar ist, dass der Begriff Grenze nicht zu eng gefasst werden sollte, zeigen die archäologischen Forschungen von M. Py, A. Nickels und D. Garcia immerhin, dass jenseits des Hérault Siedlungen, Münztypen und ein Messwesen vorherrschen, die sich deutlich von den im östlichen Languedoc und in der Provence beobachteten unterscheiden und eher denen der Iberer ähneln. Letztere sind nicht, wie oft behauptet, aus Spanien gekommen. Da sie aber zu derselben Kultur wie ihre südlichen Nachbarn gehören, spielen sie im westlichen Languedoc eine wichtige Rolle – periodische Einfälle nicht ausgeschlossen – selbst wenn man heute tendenziell eher von einer ligurischen Expansion auf Kosten der iberischen Gebiete ausgeht. Schließlich entwickelten diese beiden Völker, je weiter im Westen desto stärker durchmischt, eine frühgeschichtliche Kultur auf beiden Seiten der Rhône (Abb. 2). Diese ist geprägt von einer Vielfalt lokaler Eigenarten, die sie gegenüber dem übrigen Gallien abheben, wie neuere Ausgrabungen zeigen.

Die wichtigste Frage für die Periode vor der römischen Eroberung ist diejenige nach Zeitstellung und Art des keltischen Beitrags in einem Gebiet, das ursprünglich außer Reichweite dieses mächtigen Volkes lag. Die griechischen und lateinischen Schriftsteller erwähnen seit Beginn des 1. Jhs. v. Chr. tatsächlich Völker mit zweifelsohne keltischen Namen, wenn sie diese Gebiete behandeln, und Strabon zögert nicht, sie als «Keltoligurer» zu bezeichnen (IV 6, 3). Dieser Begriff impliziert eine Verbindung, die vor der augusteischen Zeit liegt, in der Strabon die *Geographica* schreibt. Man muss jedoch berücksichtigen, dass dieser Autor für einen großen Teil seiner Informationen auf Poseidonios, und somit auf mindestens bis ins 2. Jh. v. Chr. zurückreichende Daten, angewiesen war. Entgegen mancher Behauptungen einer

Tradition der französischen Geschichtsschreibung aus mehr nationalistischen denn wissenschaftlichen Gründen, scheinen die Kelten, von denen hier die Rede ist, eher aus Norditalien (Boier, Cenomanen, Insubrer) als aus dem Kern des keltischen Galliens, nämlich aus dem Land der Arverner, zu stammen. Polybios hatte schon die Verwandtschaft zwischen den Völkern aus Südgallien und ihren «Stammesbrüdern» aus der Poebene hervorgehoben. Und glaubt man Livius, so hätten die Stammeshäuptlinge des Languedoc im Namen einer alten ethnischen Solidarität mit den von Rom schlecht behandelten Kelten Italiens den Karthagern nicht den Weg versperrt, worum sie 218 v. Chr. eine römische Gesandtschaft gebeten hatte. Da die Archäologie jedoch außer Brandspuren und einzelnen Zerstörungshorizonten dieser Zeit kein Zeichen gewaltsamer Eroberung nachweisen konnte, sind die meisten Fachleute darin übereingekommen, die These einer massiven Einwanderung zugunsten der Annahme einer allmählichen und friedlichen Aufnahme von Bevölkerungsgruppen aus dem Osten und Nordosten zu verwerfen. Der Zeitpunkt dieses langsamen Prozesses, der für eine längere Zeit die ethnische Zusammensetzung dieser Gebiete durcheinanderbringen, aber auch die Kultur bereichern sollte, ist ebenso schwierig zu bestimmen wie seine Dauer. Vor kurzem noch vermutete man diesen Prozess im 4. und frühen 3. Jh. v. Chr. Die Entdeckung der Statuen von Vix in Burgund und vom Glauberg in Hessen, die ans Ende des 6. und ins frühe 5. Jh. v. Chr. datieren – nach den Worten Goudineaus ein echter «Donnerschlag» –, lässt eine entsprechende Datierung wieder wahrscheinlicher erscheinen. Nun neigt man dazu, die in keltischer Tradition gefertigten «Krieger-Figuren» und «Figuren im Schneidersitz», unter anderem aus Roquepertuse und *Glanum*, ins 5. oder gar 6. Jh. v. Chr. zu datieren (Abb. 3). Diese Chronologie würde zu den von A. Barbet auf diesen Figuren beobachteten aufgemalten Dekorationen passen, die in Griechenland in die archaische und klassische Zeit gehören. Ohne sie bis in die Bronzezeit hinaufzudatieren, bleibt ihre Zuweisung in die ältere Eisenzeit wahrscheinlich, wenn auch mit größter Vorsicht. Das Fortbestehen von Sitzfiguren in Südostgallien bis in die frühe Kaiserzeit und deren Beziehung zu relativ jungen monumentalen Befunden überrascht immer wieder, wie A. Roth-Congès schreibt. Auch die frühe Einrichtung von Portiken oder Säulensälen ist dadurch zu erklären, dass die Figuren in für sie bestimmten Heiligtümern untergebracht werden mussten oder dort wiederverwendet wurden. Die monumentale Verwendung von Stein für diese Gebäude, wie in *Glanum*, Nîmes oder Entremont zu beobachten, stellt nur die italisch-griechische Verkleidung wesentlich älterer Strukturen dar, deren Spuren in Mouriès, La Ramasse oder im Marduel zu finden sind.

Wie auch immer dieser Transfer datiert wird, eine der wesentlichen Folgen war sicher die Entstehung großer Konföderationen, die von der Wissenschaft als echte politische Einheiten mit klar definierten Territorien aufgefasst werden. Dank der Arbeit von G. Barruol und den jüngeren Arbeiten von A. Demandt, S. L. Dyson und Ch. Goudineau konnten die Lokalisierung und die jeweiligen Beziehungen dieser Völker präzisiert werden: Die Allobroger (*Allobroges*), Vokontier (*Vocontii*), Kavaren (*Cavares*) und Salyer (*Salluvii*) östlich der Rhône; die Helvier (*Helvii*) und die Volker (*Volcae*) – Arekomiker oder Tektosagen – westlich. Es wäre jedoch müßig, die von diesen verschiedenen Stämmen besetzten und beanspruchten Gebiete klar umreißen zu wollen, da die häufigen internen Auseinandersetzungen zu ständigen Grenzverschiebungen bis hin zur endgültigen Inbesitznahme durch das römische Imperium geführt haben.

Abb. 3
Glanum. Figur im Schneidersitz. Dieser Statuentyp ist ein Merkmal der Kultur der Salyer, aber auch bei anderen keltischen Stämmen bezeugt. Er fand seit der frühen Eisenzeit bis in die Kaiserzeit hinein Verwendung und war ursprünglich bemalt.

In diesem ethnischen Mosaik muss Marseille ein besonderer Platz eingeräumt werden. Als berühmte griechische Enklave im äußersten Westen des Mittelmeerraumes verfügt die antike phokäische Stadt kurz vor der römischen Intervention über ein Netz von Kolonien zur Abriegelung ihres Seehoheitsgebietes. Von Westen nach Osten sind dies *Agathe* (Agde), *Olbia* (Hyères), *Tauroeis* (Le Brusc), *Antipolis* (Antibes) und *Nikaia* (Nizza). Vielleicht paarweise gegründet, fördern diese Stützpunkte an der Küste die Ausfuhr regionaler Produkte, hauptsächlich Fisch, Salz, Weizen, Öl, Purpurschnecken, Kork, Harz und Metall aus der näheren oder weiteren Umgebung. Dieser Liste wären noch das von Avienus erwähnte *Theline* hinzuzufügen, von dem man nicht weiß, ob es von den Massalioten selbst gegründet wurde, das aber schon im 6. Jh. v. Chr. ein wichtiges *emporion* an der Stelle der späteren römischen Kolonie Arles darstellte, sowie *Rhodanousia*, nach Pseudo-Skymnos an der Rhône gelegen, dessen genaue Lokalisierung unbekannt ist. Die nicht gelöste Frage der *chora*, d. h. des Marseille direkt unterworfenen territorialen Gebiets, gibt immer wieder Anlass zu leidenschaftlichen Debatten. Damit wird die Art der von Marseille betriebenen «Kolonisierung» ebenso in Frage gestellt wie die Mittlerrolle der Stadt bei der Hellenisierung. Aus Verteidigungsgründen ursprünglich auf das unmittelbare Hinterland beschränkt, hätte sich die *chora* allmählich bis zur Ebene von Aubagne, Marignane und zum unteren Arctal ausgedehnt. Sie erweitert sich tatsächlich im 3. Jh. v. Chr. dank der Allianz mit Rom. Polybios bezeichnet die «erste Mündung» der Rhône als massaliotisch (III 41, 4). Der später schreibende Kompilator Stephanos von Byzanz nennt neun zu Massalien gehörende oder dort liegende Städte, von denen er nur *Cabellio* (Cavaillon) und *Avennio* (Avignon) identifiziert (145, 16 und 345, 17). Das würde bedeuten, dass Marseille zur Zeit seiner größten Ausdehnung das Rhônetal bis zur Mündung der Durance kontrolliert. Doch darf man sich darunter kein homogenes Territorium vorstellen, wie die stark divergierenden Befunde der Archäologen belegen. Die Auseinandersetzungen mit den Nachbarvölkern verursachten offenbar mehrfach eine Umverteilung des Landbesitzes der phokäischen Stadt. Es wäre ein Irrtum, die Siedlungen mit dem reichsten massaliotischen Material oder mit Spuren einer gewissen Assimilierung griechischer Bautechniken automatisch Marseille zuzuweisen. Gewiss bleiben die *oppida* in der Nachbarschaft der *emporia* nicht außerhalb der Tauschhandelsnetze und verwenden bei ihrer Anlage ebenfalls ein rechtwinkliges Straßensystem. Die Adeligen lassen sich Häuser mit Innenhof oder in einer zweiten Phase sogar mit Peristyl bauen, die Drehscheibenware findet lokale Käufer, die sie gerne nutzen und Ähnliches mehr. Insgesamt aber ändert sich die soziale und politische Organisation, die Sitten und die Kultur nur sehr partiell. Was kann man zum Beispiel daraus schließen, dass zwischen dem 6. Jh. und dem 2. Jh. v. Chr. die Drehscheibenware in Espeyran (Saint-Gilles, im Gard) mindestens 60% der Keramik ausmacht, aber im Marduel (ebenfalls im Gard) nie die 10%-Marke erreicht? Nichts, außer dass die erste Siedlung günstiger lag als die zweite, und dass sie bei der Aufnahme und Weiterverteilung der «griechischen» Produkte eine wichtigere Rolle spielte.

Auch das zeitgleiche Nebeneinander einer Architektur aus Großquaderwerk, deren Stereotomie und Typologie anscheinend von den zeitgenössischen griechischen Städten übernommen wird, und einer Plastik hellenistischer Zeit in *Glanum* (griechisch *Glanon*), die von derjenigen kelto-ligurischer Siedlungen nicht zu unterscheiden ist – besonders von derjenigen aus den befestigten *oppida* der Salyer – zeigt selbst in einem solch außergewöhnlichen Fall deutlich die Grenzen dessen, was man früher unvorsichtig «Hellenisierung» genannt hat. Die Integrierung formaler Elemente verändert nicht grundsätzlich das aristokratische und militärische System dieser Völker. Eines der charakteristischen Beispiele dieser Ambiguität ist zweifellos der mitten in *Glanum* gefundene steinerne Türsturz. Die sehr sorgfältige Behandlung seiner Oberfläche, die Rundstäbe, die eine lokale, aber rhythmische Interpretation der Herzblattstäbe, Perlen und flachen Scheiben aufweisen, erweisen ihn als typisches hellenistisches Stück von hervorragender technischer Ausführung. Aber an beiden Enden dienen zwei kopfförmige Ver-

Abb. 4
Glanum. Dieser Türsturz könnte als Zeichen der Anlehnung an hellenistische Bauornamentik gelten, wenn er nicht mit kopfförmigen Nischen versehen wäre. Diese sollten menschliche Schädel aufnehmen.

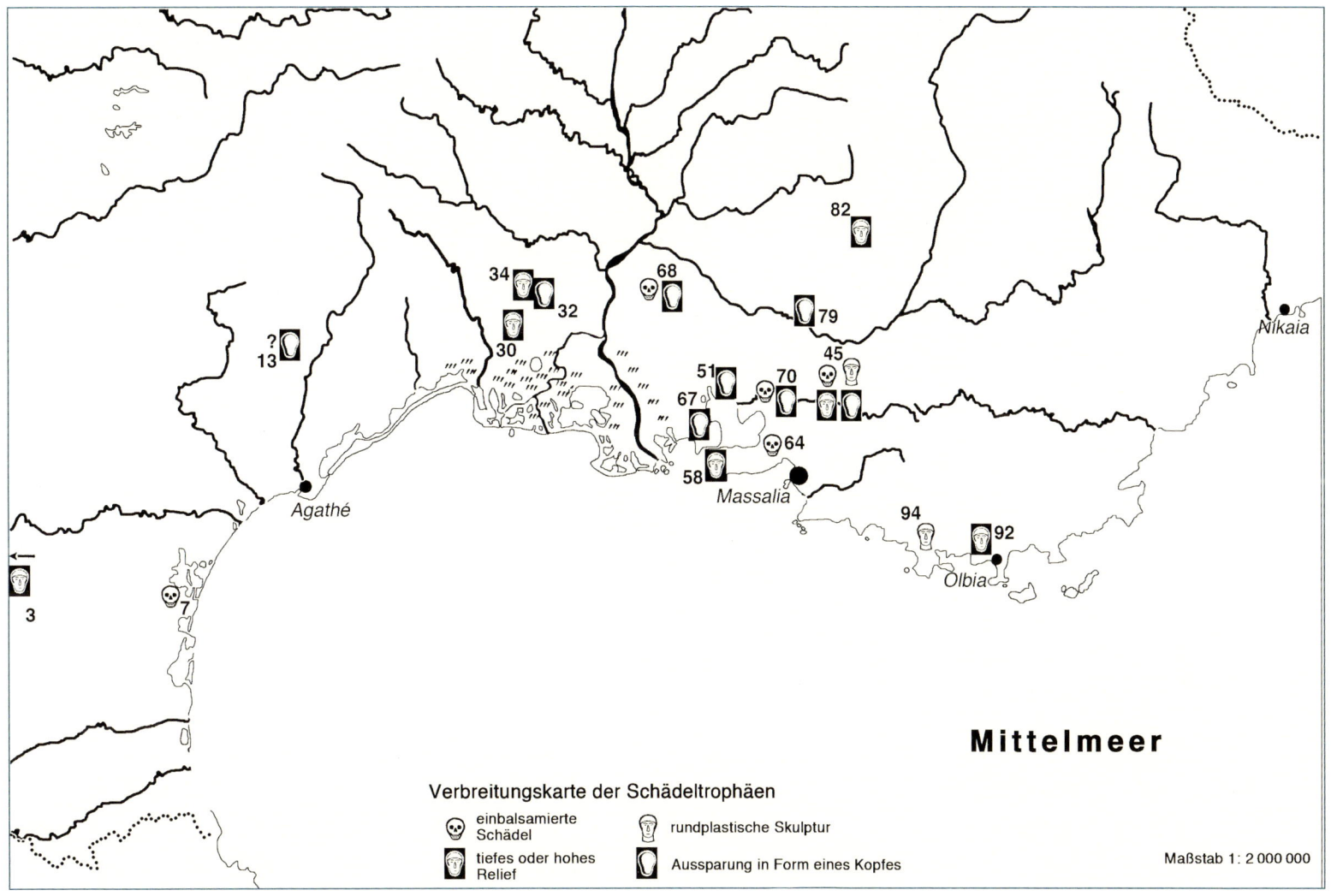

Abb. 5 Verbreitungskarte der Schädeltrophäen und ihrer unterschiedlichen Darstellungsformen. Die meisten finden sich auf dem Gebiet der Salyer.

tiefungen zur Aufnahme menschlicher Schädel (Abb. 4). Diese wurden durch Eisenklammern festgehalten, die am Ende einen im Hinterkopf steckenden Zapfen aufnahmen. Diese Zurschaustellung der auf die Monumente genagelten Schädel im Kampf gefangener Feinde ist in der *Transalpina*, ganz besonders auf dem Territorium der Salyer, durch viele in Entremont, Roquepertuse, Cadenet und Saint-Blaise aufgefundene Überreste belegt (Abb. 5). Sie entspricht auch der Sitte, die Poseidonios während seines Aufenthalts in diesem Gebiet gegen Ende des 2. Jhs. v. Chr. beobachtet, und die unter anderem von Strabon (IV 4, 5) und Diodoros von Sizilien (5, 29, 4) überliefert wird. Es ist also größte Vorsicht geboten, wenn aus dem Bestand an Monumenten, mit denen sich die Glaner in mehreren Phasen ausgestattet haben, die Behauptung abgeleitet werden soll, dass diese Ansiedlung seit dem 2. Jh. v. Chr. eine Art Vorposten des griechischen Städtebaus im Westen gewesen wäre. Man kann sich in der Tat schlecht vorstellen, wie eine Bevölkerung, die solche Sitten beibehielt – mit allem, was dadurch bezüglich Machtausübung und -ausdruck impliziert wird –, wirklich eine städtische Kultur übernommen hätte. Und die Frage danach, was die Leute wohl in ihrem *bouleuterion* machten, bleibt offen. Im immerhin besonderen Fall von *Glanon* kann bestenfalls von einer Mischkultur gesprochen werden, bei der das Gewicht der einzelnen Komponenten schwer zu beurteilen bleibt. Zumal spricht die Chronologie vieler hellenistisch aussehender Gebäude (Ende 2./Anfang 1. Jh. v. Chr.) ebenso für einen formalen, von Rom verbreiteten Hellenismus wie für einen direkten Einfluss

*Abb. 6 und 7
Glanum. Zwei Kapitelle mit Köpfen. Die Köpfe oberhalb der Akanthuskrone sind mit denen von Statuen bzw. Statuetten aus Tarent oder Vulci vergleichbar. Sie sind jedoch im Ausdruck weniger fein gearbeitet.*

des Vorbilds Marseille (Abb. 6. 7). Es soll diesbezüglich nur daran erinnert werden, dass schon 130–120 v. Chr. die importierte italische Keramik an dieser Fundstätte vorherrscht.

Die nicht vor dem 2. Jh. v. Chr. erbaute Wehrmauer von Saint-Blaise, die angeblich von massaliotischen Baumeistern errichtet oder zumindest konzipiert wurde, ist ein schönes Beispiel der Prachtentfaltung, die sich eine relativ reiche einheimische Gemeinschaft am Rande des wirtschaftlichen Raumes von Marseille leisten konnte. Die Übernahme einer solchen architektonischen Gestaltung – Gänge aus großen Werksteinen, massive Türme, monolithische Bruchsteine – folgte offensichtlich zwei komplementären Zielen, einerseits sich von anderen Ansiedlungen abzuheben und andererseits Achtung und Respekt bei den Griechen zu wecken, als Demonstration der eigenen lokalen Vormachtstellung. Was aber die Infrastruktur der Straßen und Kanalisationen, die Häuserblöcke, die Keramik usw. betrifft, zeigen die innerhalb des *oppidum* erkennbaren Überreste keine Beziehung zu den damaligen griechischen oder griechisch-italischen Bräuchen und Vorstellungen. Es geht keineswegs darum, ein Vorbild nachzuahmen, sondern nur darum, sich von strukturellen Lösungen aus phokäischen Kolonialkontexten inspirieren zu lassen. Man wird sich also davor hüten, von Hellenisierung zu sprechen. Es können höchstens «Prozesse akkulturierender Aneignung» beobachtet werden – um die Worte von M. Bats wieder aufzugreifen –, die auf wenige Aspekte der städtischen Bebauung beschränkt sind und auf bestimmte, hier eher enge Kreise der lokalen Gesellschaft zurückgehen. Für einen großen Teil der einheimischen Elite des unteren Rhônetals am Ende der Eisenzeit beruhen die Grundwerte darauf, die die Klientelgröße legitimierende, kriegerische Tapferkeit auszudrücken. So gesehen sind Polybios' Beobachtungen zu den italischen Kelten (II 17) für dieses Gebiet völlig zutreffend. Die regelmäßige Planimetrie bestimmter Siedlungen, wie die von Martigues, hängt nicht von einem städtebaulichen Streben ab, da es sich nicht darum handelt, mit einer sozialen Komplexität umgehen zu können, sondern die dürftige Unterbringung von bäuerlichen und handwerklichen Bevölkerungsgruppen so gut wie möglich zu verteilen, wie es P. Arcelin vor kurzem gezeigt hat. Die übrigens seltene Monumentalisierung bestimmter Elemente ist auf Nachahmung, einen Formalismus aus Prestigegründen, zurückzuführen. Dies kommt vor allem in den Jahrzehnten vor der militärischen Intervention Roms zum Ausdruck, als ein starker wirtschaftlicher Aufschwung zu beobachten ist. Dies ist zum Beispiel im *oppidum* von Entremont festzustellen. Auf eine erste Phase, die durch eine bescheidene, auf Häuserblöcke mit parallelen Straßen beschränkte Siedlung innerhalb einer umfriedeten Fläche von kaum 9000 m^2 gekennzeichnet ist, folgt dort um die Mitte des 2. Jhs. v. Chr. ein städtisches Areal von 3,5 ha, das von einer monumentalen Umwehrung mit Türmen umgeben ist und dessen Bebauung eine stärkere soziale Differenzierung bezeugt. Doch konnte die Anwesenheit einer reichen aristokratischen Schicht, die übrigens durch die antiken Texte gut bezeugt ist und deren Hauptvertreter nach der römischen Eroberung in ihren Privilegien bestätigt werden, archäologisch nicht festgestellt werden.

Man darf in diesem Zusammenhang nicht vergessen, wie stark diese Völker im Kontakt mit den Griechen gereift sind. Ihre politische und kulturelle Integration wurde dadurch sehr erleichtert. Drei Indizien müssen festgehalten werden. Das Auffälligste ist vielleicht nicht das Wichtigste: es beruht darauf, dass die *Transalpina* die einzige der künftigen westlichen Provinzen darstellt, in der es bereits vor der Eroberung eine echte Steinarchitektur gab. Die Kenntnisse in Steinbearbeitung, Bautechnik und Bautypologie werden – was auch immer darüber gesagt wurde – eine entscheidende Rolle spielen, wenn ab der augusteischen Zeit die Ausstattung der Städte zu einem wesentlichen Faktor der Assimilation wird. Ein zweites Indiz dieses allmählichen Heranreifens der Gemeinschaften – übrigens eng mit dem vorigen verknüpft – ist die Bildung großer Konföderationen, besonders auf dem Territorium der Salyer. Zwar ist dieser, hauptsächlich durch eine Armee aus Kontingenten mehrerer Völker oder Distrikte, von der Rhône bis zum Var, gekennzeichnete Begriff zum Teil aus der zeitgenössischen Geschichtsschreibung als Ergebnis einer Interpretation von Strabon (IV 6, 3) entstanden und wurde vor nicht langer Zeit bestritten. Der wahrscheinliche Transfer der Hauptstadt der Salyer von Saint-Blaise nach Entremont im Laufe des 2. Jhs. v. Chr.und die Bedeutung dieser «Stadt der Gallier», von der Diodoros (34, 23) spricht, bezeugen aber eine bemerkenswerte demographische und territoriale Dynamik in dieser Zeit. Selbst wenn diese Zusammenschlüsse und Organisationsbestrebungen zuerst gegen die Griechen gerichtet waren, und sich Rom dabei auch rasch angegriffen sieht, mag langfristig das Gefühl einer Zugehörigkeit zu einer strukturierten Gemeinschaft die Entfaltung eines echten bürgerlichen und politischen Bewusstseins gefördert haben. Das letzte Indiz ist die gallo-römische Schrift, deren Verbreitung von Marseille ausgegangen ist. Die Dichte der Inschriften, die chronologisch zwischen dem Beginn des 2. Jhs. und der ersten Hälfte des 1. Jhs. v. Chr. entstanden sind, wird vor allem in einem

Kreis mit Saint-Rémy *(Glanum)* als Mitte fassbar, dessen Radius von ca. 60 km den Westen von Bouches-du-Rhône und Vaucluse wie auch das Département Gard einschließt. Weiter entfernt sind die Funde zu sporadisch um relevant zu sein. Diese Verbreitung des griechischen Alphabets zur Transkription einer keltischen Sprache wird von M. Lejeune als ein «Epiphänomen der Kolonisierung» beschrieben. In einem zweisprachigen, zwangsläufig engen und auf eine einheimische Elite beschränkten Umfeld – eine keltische Sprache lernende Marseiller sind kaum denkbar – haben geniale Individuen, übrigens ziemlich spät, offensichtlich die Idee gehabt, die griechische Schrift zur Transkription ihrer eigenen Mundart zu verwenden (Abb. 8). Diese schwierige Gelehrtenarbeit mag durch die Kaste der Druiden einerseits und den Einfluss der von den reichsten jungen Einheimischen besuchten Schulen von *Massilia* andererseits gefördert worden sein. Sie entsprach aber reellen wirtschaftlichen Bedürfnissen, und das Fortschreiten dieser Transkription verlief wahrscheinlich parallel mit der Vertiefung und Diversifizierung der Beziehungen zwischen Marseille und dem Hinterland. Jedoch wird man sich davor hüten zu erwägen, dass das Vorkommen dieser Inschriften eine einigermaßen genaue Abgrenzung der politischen Einflusssphäre der griechischen Metropole zuließe. Und mit Zurückhaltung muss die Behauptung von Strabon (IV 1, 5) aufgenommen werden, der in der Verwendung der griechischen Schrift (und nicht der griechischen Sprache) ein Zeichen des Philhellenismus der Barbaren in Berührung mit den Massalioten sieht. Das Gegenteil ist offensichtlich der Fall, da die wohlsituierten Gallier, obgleich sie die Erleichterungen eines Alphabets benötigen, ihrer Sprache trotzdem treu bleiben. Berücksichtigt man außerdem, dass diese besondere Epigraphik in einer Zeit gewaltiger, zur römischen Intervention führender Auseinandersetzungen zwischen Einheimischen und Massalioten auftritt und weiter entwickelt wird – und nicht, wie manchmal behauptet, unter dem Schutz des «massaliotischen Friedens» –, darf man sich nach dem Grund der Verwendung einer solchen Schrift fragen. Man konnte auch feststellen, dass das Bild einer stark hierarchisierten Gesellschaft, deren Eliten besonders bei den Kavaren und Volkern daran lag, ihre Namen in Stein zu meißeln, durch die gallo-griechischen Texte, unter denen großspurige Dokumente vorherrschen, bestätigt wird. Selbst wenn diesbezüglich die Rolle der Händler maßgeblich war, spricht das nicht für eine sanfte Hellenisierung, deren Idee der griechischen Bevölkerung anscheinend fremd war. Der Beweis dafür ist, dass die gallo-griechischen Inschriften nach dem Sturz der phokäischen Stadt 49 v. Chr. wohl seltener werden, aber nicht verschwinden, da einige kürzlich in Kontexten jüngerer Zeit geborgen wurden. Erst die Gewährung des latinischen Rechts (*ius latii*) setzt ihrem Gebrauch ein Ende. Die relativ lange Nutzung kann zweifellos auf die Erleichterungen zurückgeführt werden, die sie denen bot, die mit den Massalioten zusammenarbeiten wollten. Fest steht aber, dass sich das Lateinische seit caesarischer Zeit rasch durchsetzt. Und die lokal führenden Familien, die mit Rom durch Klientelbeziehungen verbunden sind, halten es natürlich für politisch ratsam, möglichst die Sprache des Siegers zu beherrschen. Die kulturellen, aber auch vor allem wirtschaftlichen Interessen der Eliten ändern sich von nun an grundsätzlich. Nichtsdestoweniger dürfte diese frühe Vertrautheit mit der Schrift, und noch mehr vielleicht mit deren epigraphischer und monumentaler Verwendung, die Integration der Führungsschichten in die politische Welt der Römer erleichtert haben.

Abb. 8
Glanum. Altar für die «Matres». Die Inschrift des Kalkaltars stellt ein Beispiel für die Übernahme von griechischen Elementen in ein lokales religiöses Formular dar.

ROMS INTERVENTION UND DIE EROBERUNG

Welche Bedeutung die Handelsbeziehungen zwischen Rom und Südgallien hatten, bevor es zur militärischen Intervention kam, war lange schwer zu fassen. Dies ist nicht nur auf eine häufig zu niedrige Datierung der Keramik zurückzuführen, sondern auch darauf, dass die italischen Händler zuerst im Rahmen und nach den von Marseille definierten Regeln – fast unter der Führung dieser großen griechischen Stadt – handelten. Letztere war umso bereiter, auf dieses für sie bald fatale Spiel einzugehen, da die auf ihrem Markt angebotenen Produkte hauptsächlich aus dem hellenisierten Italien stammten und manchmal auch über *Cumae* in ihrem Gebiet eintrafen. Seit der Mitte des 3. Jhs. v. Chr. werden Produkte aus Kampanien, Sizilien und bald auch aus Latium und Etrurien über die Handelsrouten von *Massilia* vertrieben.

Abb. 9
Pont du Gard bei Remoulins. Dieser Abschnitt des Aquäduktes (49 m hoch) bildet seit jeher ein beredtes Beispiel für das Wirken Roms in der heutigen Provence.

Nach dem Zweiten Punischen Krieg verstärken sich die Aktivitäten italischer Händler, zumal sich Marseille zweimal an den alten Verbündeten Rom, mit dem es laut Strabon (IV 1, 5) schon lange enge Beziehungen unterhielt, wandte, um zwischen 181 und 154 v. Chr. Angriffe von ligurischen Seeräubern abzuwehren. In beiden Fällen – und vor allem im zweiten – lag der Beweggrund des römischen Senats nicht allein darin, einem Verbündeten zu helfen, sondern auch, wie es Ch. Goudineau sehr gut dargelegt hat, seine Kontrolle auf eine von nun an für Rom lebenswichtige Region zu erweitern. Durch die nun zu den iberischen Besitzungen gepflegten engen Beziehungen und das Verschwinden der konkurrierenden punischen Macht wird der gallische Isthmus zu einem riesigen Aktionsfeld. Die römischen Ritter mit wachsenden Privilegien, wie auch alle anderen am Austausch interessierten Bevölkerungsschichten, handeln von nun an unter immer günstigeren Bedingungen mit für die massaliotischen Händler eher fremden wirtschaftlichen Mitteln. Die Italiker zum Beispiel verfügen über standardisierte, leichter zu vertreibende Produkte als die Griechen, unter anderem über die berühmte Keramik «Campanische Ware A», deren ältere (210–190 v. Chr.) und mittlere Formen (190–100 v. Chr.) schon sehr früh den Markt überschwemmen. Zur gleichen Zeit erleichtert Marseille den Handel durch monetäre Anpassungen, die schließlich zu einem einheitlichen und wirksamen, vor allem den Italikern zugutekommenden System führen. Ab Ende des 3. Jhs. v. Chr. wird die mit dem römischen As gleichwertige Drachme und bald danach eine dem Sextans entsprechende Bronzeprägung statt des silbernen Obolus in Umlauf gesetzt. Sehr rasch erweitert sich unter diesen Bedingungen der Handlungsradius der römischen Agenten vom Herrschaftsgebiet der Kavaren und Salyer im Osten bis zu den Grenzgebieten der Auvergne im Westen.

Das beste Beispiel bietet zweifellos der Wein. Rom konnte sich jedoch nur schwer am Markt behaupten, da Marseille schon lange griechische Weine importierte, und nicht nur auf seinen eigenen Territorien, sondern in ganz Südgallien vertrieb. Laut Polybios (II 19, 4) oder Dionysios von Halikarnassos (*Antiquitates Romanae* XIV 8, 2) war die Vorliebe der Keltoligurer und Keltiberer für dieses Getränk sprichwörtlich und machte aus ihnen interessante potentielle Kunden. Doch obwohl die italischen Weine die griechischen eher langsam ablösten, setzten sie sich schließlich durch: Die absteigende Kurve des Konsums griechischer Weine schneidet die aufsteigende des Konsums italischer Weine zwischen 175 und 150 v. Chr. im *oppidum* von Nages (Gard) (Abb. 9) und um 130 v. Chr. in der Gegend von Sanary (Var). Von nun an nehmen die massaliotischen Produkte rasch ab, und kurz vor der Eroberung machen die griechischen Produkte nur noch 13% der in Lattes (Hérault) registrierten Amphoren aus.

Ein flüchtiger Hinweis von Cicero (*De re publica* III 9, 16), der Anlass zu unterschiedlichen Interpretationen gegeben hat, scheint ein Indiz dafür zu bieten, welche Interessen hier im Spiel waren. Da geht es in einem sich anscheinend vor 129 v. Chr. abspielenden Dialog um ein Verbot für die Transalpiner, Wein und Ölbäume anzubauen, um den Absatz der italischen Produkte zu sichern. Wenn wir auch mit den meisten Autoren, die diesen Text untersucht haben, annehmen, dass Cicero mit dieser Bemerkung aus dem Munde eines seiner fiktiven Gesprächspartner keinen Anachronismus begangen hat, steht doch fest, dass das Verbot, dessen juristische Natur uns übrigens unbekannt bleibt, nur das von Rom infolge der Intervention von 154 v. Chr. konfiszierte Land betraf – das einzige, auf das Rom damals Macht ausüben konnte. Diese Maßnahme zeigt jedoch deutlich die Vehemenz, mit der Rom bereit war, aus einer vielversprechenden Gegend das Maximum herauszuholen. Und so erstaunt es nicht, wenn Fonteius, rücksichtsloser Statthalter in den Jahren 74–72 v. Chr., als erste Amtshandlung eine dem *portorium* oder *vectigal* ähnliche Steuer auf die in Gallien vertriebenen Weine erhob. Das in Ciceros Plädoyer geschickt eingesetzte Paradox ist nämlich, dass diese Taxe zwar ein italisches Produkt belastete, aber gleichzeitig, wie es A. Tchernia gezeigt hat, den Wein für die Gallier verteuerte. Dies beweist, dass noch nach der Gründung der Provinz der größte Teil des auf der Achse Narbonne-Toulouse beförderten Weins für die Einheimischen bestimmt war. Auf jeden Fall wurden nach der Eroberung für beinahe ein Jahrhundert keine Amphoren in Gallien hergestellt, dafür aber enorme Mengen Wein auf riesigen Schiffen aus Italien importiert. Erst in den letzten Jahrzehnten vor unserer Zeit bröckelte allmählich das Monopol der italischen Weinimporte. Von nun an wird sich ein bedeutender gallischer Weinbau entwickeln und rasch werden die ersten Amphorenwerkstätten ihre Arbeit aufnehmen.

So ist leicht erkennbar, dass die frühe Entwicklung der Infrastrukturen und die Gründung der ersten städtischen Zentren mit ursprünglich militärischer Bestimmung – mit dem Ziel, die Kontrolle über die Landverbindung Italien-Spanien und die dortigen Handelswege zu sichern – schon seit dem Beginn des Eroberungsprozesses fassbar werden, oder, noch erstaunlicher, sogar vor dessen Einleitung. Die imperialistische Logik der 125 v. Chr. beginnenden Kampagnen wird nämlich insofern nicht sofort deutlich, als auf sie nicht unmittelbar eine Reduktion der *Transalpina* zu einer Provinz folgte. Diese Diskrepanz zwischen den Handlungen auf dem Terrain und der administrativen Regelung der daraus entstandenen Lage – im 2. Jh. in anderen Fällen wie z. B. in Makedonien zu beobachten – erschwert die Interpretation bestimmter Fakten für die *Transalpina* besonders. Bevor wir auf die chronologischen Hypothesen zur Gründung der *provincia* zu sprechen kommen, müssen wir die wichtigsten vorangegangenen militärischen Episoden kurz in Erinnerung rufen.

Wiederum auf ein Gesuch von Marseille hin wurde der Konsul M. Fulvius Flaccus vom Senat an die Spitze einer Expedition gestellt, die, statt der Küste zu folgen, zum ersten Mal die Alpen (Florus, *Epitoma de Tito Livio* I 37, 3) durchquerte. Wohl ein Hinweis darauf, wie unsicher das ligurische Land damals war. Nachdem er die Ligurer, genauer die Vokontier und Salyer, geschlagen hatte, feierte er 123 v. Chr. seinen Triumph in Rom. Noch im selben Jahr wurde C. Sextius Calvinus gegen dieselben Völker eingesetzt. Nachdem er die Hauptstadt der Salyer (Diodoros von Sizilien 34) eingenommen hatte, gründete er eine Garnison in *Aquae Sextiae* (Aix-en-Provence). Cn. Domitius Ahenobarbus vernichtete dann die Allobroger im Sommer 121 v. Chr. Q. Fulvius Maximus eilte zu Hilfe und schlug die Allobroger und Arverner, die eine schlagkräftige Allianz geschlossen hatten, feierte dann seinen Triumph und übernahm den Beinamen *Allobrogicus,* während Domitius schließlich das Schicksal der Arverner besiegelte. Letzterer blieb wahrscheinlich ziemlich lange in Gallien, denn er überwachte den Bau der nach ihm benannten Straße (*via Domitia*) von den Pyrenäen bis zur Rhône, wie es der Meilenstein von Treilles mit dem Namen des Prokonsuls bezeugt. Die römische Herrschaft über das ganze Gebiet wird auch später weder durch den besonders gefährlichen Einfall der Kimbern und Teutonen (113–102 v. Chr.) noch durch den von C. Caecilius 90 v. Chr. niedergeschlagenen Aufstand in Frage gestellt (Titus-Livius, *Epitomae* 73). Leider sagen uns die Texte nichts über die Etappen der *reductio,* d. h. über die Integration der Gebiete der *Transalpina* in eine echte Provinz. Für eine klarere Chronologie der Frühzeit der Provinz und das Verständnis einiger Aspekte ihrer Beziehungen zu Rom ist es nötig, genauer auf sie einzugehen.

Entgegen älteren Meinungen ist es irrelevant, dass eine *lex provinciae,* d. h. eine Provinzcharta, wie die *lex Pompeia* für Bithynien oder die *lex Rupilia* für Sizilien, in den Quellen nicht erwähnt wird. Aus dieser Überlieferungslücke darf keine juristische Lücke gefolgert werden. Es ist auch durchaus möglich, von einem Modell auszugehen, in dem provisorisch keine *lex* berücksichtigt wird. Auch wenn man heute nicht gern von einer Provinz *Transalpina*

*Abb. 10
Arles. Das Amphiheater von Arles stammt aus augusteischer Zeit und zählt damit zu den ältesten monumentalen Bauten in der «Narbonensis».*

im letzten Viertel des 2. Jhs. v. Chr. spricht, versucht man doch mit Hilfe der Liste der ersten, durch Quellen bezeugten Provinzstatthalter und aufgrund des Drucks der Ereignisse die Frühzeit zu beleuchten. Genau das hat E. Badian getan, dem zufolge sich Rom nach dem Einbruch der Germanen im letzten Jahrzehnt des 2. Jhs. v. Chr. keine informelle Besetzung des Landes im unteren Rhônetal mehr leisten konnte, und der eine dem Status einer Provinz entsprechende, dauerhafte Verwaltung um 100 v. Chr. annimmt. In jüngster Zeit hat Ch. Ebel vorgeschlagen, die *reductio* in die 70er Jahre zu datieren: In diese Zeit fällt das Wirken von Pompeius in Südgallien; und hält man sich an die Daten der Überlieferung, so würde die Zusammenführung der Gebiete der *Transalpina* auf beiden Seiten der Rhône erst unter der Amtszeit des Fonteius beginnen. Davor hätte der Statthalter der *Hispania Citerior* kraft einer gelegentlichen und nachträglichen Erweiterung und entsprechend den Klauseln des zwischen Marseille und Rom abgeschlossenen Vertrags Gewalt über die östlich des Flusses gelegenen Gebiete ausgeübt. Nach 125 v. Chr. hätte Marseille selbst, ab 89 mit der Unterstützung des Statthalters der *Gallia Cisalpina,* durch seine zusätzlichen Privilegien und Besitzungen infolge der römischen Intervention diese Region kontrolliert. Die westlichen Gebiete wären ihrerseits zwischen 125 und 70 v. Chr. in die *Hispania Citerior* mehr oder weniger direkt eingegliedert worden. Dies bezeugt vielleicht der Auftrag des C. Valerius Flaccus nach seinem Konsulat 93 v. Chr., den Aufstand der Keltiberer niederzuschlagen. Als Verantwortlicher für die *Hispania Citerior* hätte er auch mit einem Teil der *Transalpina* beauftragt werden können. Diese Hypothese, die das institutionelle Flickwerk während der Frühzeit der römischen Präsenz ziemlich gut beschreibt, passt zur semantischen Unklarheit, die dem Begriff *provincia* selbst innewohnt. Dieses Wort bezeichnet in der administrativen Sprache der späten Republik nämlich zuerst die Handlungssphäre eines Beamten und hat einen eher militärischen als territorialen Sinn – seine Verwendung durch Livius ist diesbezüglich aufschlussreich. Die provisorische Natur der ersten Lösungen hätte nur darauf gezielt, das Erreichte zu erhalten, dessen globale Logik erst allmählich klar geworden wäre. Gegenüber der Annahme einer *lex Pompeia,* die nach Ebel schon seit jener Zeit den Status und die Ausdehnung der *Transalpina* mit genauen Worten definiert hätte, muss man zurückhaltender sein, selbst wenn M. Christol und Ch. Goudineau das Bestehen einer *lex provinciae* in den Jahren um 75 v. Chr. erwogen haben, in welche die durch Plinius den Älteren (*Naturalis historia* 3, 31–37) übermittelte Liste der *oppida latina* der *Narbonensis* integriert worden wäre.

Das wirklich entscheidende Ereignis, das Rom dazu brachte, aus der *Transalpina* eine genauer definierte Verwaltungseinheit zu machen, war wahrscheinlich die Einnahme von Marseille durch Caesar. Diese große Stadt, ein traditioneller Verbündeter, hatte den Fehler begangen, während des Krieges gegen Pompeius neutral zu bleiben. Sie wurde 49–48 v. Chr. mehrere Monate lang belagert und musste schließlich besiegt ihre Waffen, Schiffe und ihr Vermögen wie auch den größten Teil ihrer Gebiete abtreten (Caesar, *De bello civili* I 34–36; II 1–17; Lucan, *Bellum civile* 298 ff.). Während dieser langen Zeit, die viele Menschenleben gekostet hatte, erwies sich die Caesar entgegengebrachte Unterstützung seitens einiger Völker und Städte – darunter Arles (Abb. 10), das in einer Rekordzeit den Römern zwölf Kriegsschiffe entsenden konnte (Caesar, *De bello civili* I 36, 4; II 5, 1) –, wie auch die Marseille von verschiedenen Gruppen wie den *Albici* gewährte Hilfe als folgenschwer für die Zukunft: Viele Privilegien oder Benachteiligungen gehen auf diese Zeit zurück, selbst wenn es sich nicht unmittelbar beweisen lässt. Die unruhige Zeit der folgenden Jahre mit der Ermordung des Diktators, dem Kampf gegen die Verschwörer und dann dem Krieg zwischen Antonius und Oktavian ist für die Klärung der eigentlich nicht besonders problematischen Situation nicht eben förderlich. Sie würde aber erklären, warum der Status und die Ausdehnung der Provinz erst dann gesetzlich geregelt wurde, als sich Augustus in den ersten Jahren seines Prinzipats in Narbonne aufhielt.

DIE ERSTE STÄDTISCHE GRÜNDUNG UND DER BEGINN DER RAUMPLANUNG

Die Gründung von Narbonne, *colonia Narbo Martius*, 118 v. Chr. war eine politische und militärische Handlung von großer Tragweite. Doch fehlen uns einige Einzelheiten, um sie besser einzuschätzen. Zu allererst bleibt der eigentliche Grund für diese Koloniegründung (Deduktion) römischer Bürger aus Italien, die erste nach Gracchus' Versuch im ehemaligen Karthago (122 v. Chr.), im Dunkeln, denn sie kann weder als unvermeidliche Folge der von den Legionen zwischen 125 und 121 v. Chr. jenseits der Rhône durchgeführten Operationen noch als Kern einer künftigen, damals noch nicht als administrative und territoriale Einheit definierten *provincia Galliae Transalpinae* angesehen werden. Eine der Erklärungen liegt sicher in der Lage dieser Kolonie an der Kreuzung der Straßen nach Spanien und in Richtung Westen, die sich mit einer im unteren Tal des Aude schon lange bestehenden Siedlung der *Elisyces* deckt, von denen Münzprägungen mit iberischer Legende bekannt sind. Ihr Name ist spätestens seit dem 6. Jh. v. Chr. (Avienus, *Ora maritima* 586) als *Naro* oder *Narbo* nachzuweisen. Die Einrichtung einer römischen Kolonie nicht weit von dieser einheimischen, auf dem *oppidum* Montlaurès gelegenen Stadt entsprach wahrscheinlich auch wirtschaftlichen Interessen, da schon im 3. Jh. v. Chr. italische Händler in der Gegend tätig waren. Polybios (III 39, 4–8) erwähnt um 150 v. Chr. ausgeklügelte Vermessungsarbeiten auf der *Emporion* mit *Narbo* verbindenden Straße, mit Entfernungssteinen nach jeweils acht Stadien. Dieser Hinweis

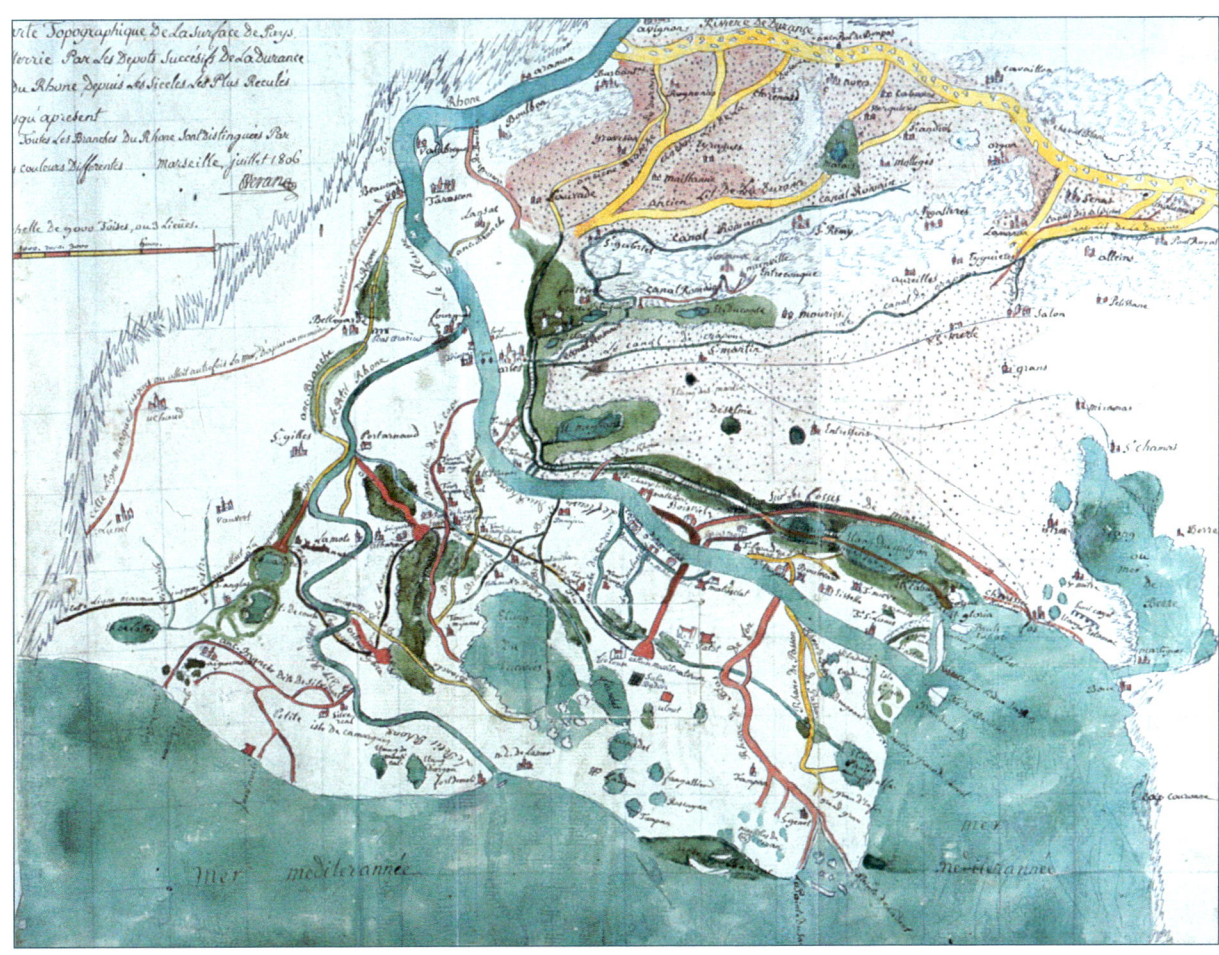

Abb. 11
Alte topographische Karte der Gegend um die «fossae Marianae».

ENTSTEHUNG DER PROVINZ GALLIA NARBONENSIS | 19

lässt übrigens darauf schließen – will man ihn nicht für eine spätere Interpolation halten –, dass sich die Römer sehr früh für diese Achse interessiert haben und somit die fragliche Kolonie nicht auf fernem, unbekanntem Boden errichtet wurde. Dies umso weniger, als der Nachweis eines Katasters («Narbonne A»), älter als das eigentliche Kolonialkataster («Narbonne B»), beweisen würde, wie schwer die römische Präsenz schon wog und durchorganisiert war, sollte sich die vorgeschlagene Datierung (Mitte 2. Jh. v. Chr.) für diese erste Centuriation bestätigen. Wie immer in solchen Fällen ist die Gründung einer Kolonie das Ergebnis verschiedener vorangegangener Handlungen und nicht umgekehrt. Sie hängt von einer komplexen und immer unterschiedlich ablaufenden «Raumeroberung» ab, um auf die treffende Beschreibung von B. Freyberger zurückzugreifen. Trotz allem spricht Cicero bezüglich Narbonne von einem *propugnaculum* (*Pro M. Fonteio* V 13), eine Bestätigung dafür, dass die Stadt 70 v. Chr. noch von einer planmäßigen Okkupations- und Raumplanungspolitik betroffen war. Das aus den Quellen (Velleius Paterculus, *Historiae Romanae* I 15, 5) zu erschließende Gründungsdatum wurde ohne schwerwiegende Argumente angefochten. Dem jungen L. Licinius Crassus gelang es, dem zurückhaltenden Senat eine Entscheidung abzuringen, die er zusammen mit Cn. Domitius Ahenobarbus, dem Sohn des *imperators*, der die Operationen von 125 v. Chr. unternahm, umsetzte. Die politische Bedeutung dieser *deductio* scheint schwerer verständlich: Man hat darin eine Fortsetzung des revolutionären Programms der Gracchen sehen wollen, was dazu führt, dass Cicero sie als *causa popularis* (*Brutus* 43, 160) bezeichnet. Kennt man die Vorgeschichte – die erste öffentliche Handlung des L. Licinius Crassus bestand darin, C. Papirius Carbo, einen glühenden Anhänger von Ti. Gracchus, in den Selbstmord zu treiben –, so ermisst man die Absurdität einer solchen Behauptung. Gewiss handelt es sich um eine «populäre» Geste, die der vermeintlichen Notwendigkeit nachkommt, bestimmte unruhige Gruppen des italischen Proletariats zu bedenken, aber nicht um eine der Partei der *populares* zuzuschreibende, politische Handlung. Crassus' Geschick bestand ganz im Gegensatz darin, die reaktionärste Fraktion des Senats zu überzeugen, dass es in ihrem Interesse lag, genau in diesem Punkt – übrigens ohne wichtige Folgen – nachzugeben. Die onomastische Untersuchung bezeichnet die Einwohner von Narbonne in der frühen Kaiserzeit als Nachkommen von Siedlern aus Umbrien, dem Picenum, Latium und in geringerem Umfang aus Kampanien. Ihre ursprüngliche Anzahl schwankt je nach Autor zwischen 2000 und 6000 mit einer Tendenz zur niedrigeren Zahl. Die zugleich militärische und wirtschaftliche Rolle von *Narbo Martius* festigte sich in der Folgezeit: Die Entwicklung der Straßen- und Hafeninfrastruktur verstärkte die Bedeutung dieses Handelsplatzes, der zum Sammelpunkt für die italischen Produkte in Südwestgallien wurde und die Ausbeutung des weiten Hinterlands mit seinen bedeutenden Agrar- und Bergbauressourcen förderte. Überdies wurde er während der tragischen Episoden im letzten Jahrhundert der Republik wiederholt zu einem wesentlichen strategischen Stützpunkt der Römer, so während des Einfalls der Teutonen (104 v. Chr.), bei den Kampagnen des Pompeius in Spanien (77–76 und 74–73 v. Chr.), denjenigen des Crassus in Aquitanien (56 v. Chr.) und in der Endphase der Eroberung Galliens, als *Narbo Martius* 52 v. Chr. gegen die gefährlichen Rutener bestehen musste. So erklärt sich wahrscheinlich die zweite koloniale Gründung, die von Caesar unter der Leitung des Ti. Claudius Nero, dem Vater des künftigen Kaisers Tiberius, angeordnet wurde. In die *tribus Papiria* eingeschriebene Veteranen der X. Legion verstärkten das erste Kontingent und die Stadt trug seither den Namen *colonia Iulia Paterna Narbo Martius Decumanorum*.

Gegenüber dieser Gemeinde mit römischem Recht ist das vier Jahre früher von C. Sextius gegründete *Aquae Sextiae Salluviorum* (Aix-en-Provence) von nachrangiger Bedeutung. Mit Peregrinenrecht sollte es das *oppidum* von Entremont ablösen, wird aber während einiger Jahrzehnte seines Bestehens unter die Aufsicht eines *praesidium*, einer römischen Garnison, gestellt. Dies heißt nicht unbedingt, dass es ursprünglich als doppelte Ansiedlung gedacht war, da Plinius es als Stadt der Salyer (*Naturalis historia* 3, 36) bezeichnet, was die Anwesenheit von Einheimischen in der Gemeinde, auch als Teil von deren Identität, nachweist. Strabon dagegen erwähnt nur die warmen Quellen (IV 1, 3). Erst unter Augustus bekommt es zu einem nicht näher fassbaren Zeitpunkt den Status einer Kolonie latinischen Rechts (*colonia Iulia Augusta Aquae Sextiae*). Am Ende der julisch-claudischen Zeit, oder wahrscheinlicher zu Beginn der Regierung Vespasians, wird es zur römischen Kolonie erhoben. Letztlich bleibt es während der mittleren Kaiserzeit eine relativ bescheidene, von der Überlieferung nur wegen der allmählichen Abkühlung ihrer Quellen erwähnte Stadt.

Für Rom hatte die Raumplanung, mehr als in irgendeinem anderen eroberten Land, absolute Priorität. Abgesehen vom Bau der *via Domitia*, auf die wir noch eingehen werden, ist das durch Marius' Vorgehen zwischen 104 und 102 v. Chr. bestens bezeugt. Darauf bedacht, seine im Rhônedelta auf die Teutonen und Ambronen wartenden Truppen zu beschäftigen, und um gleichzeitig deren

Versorgung zu erleichtern, ließ er durch seine Legionen einen Kanal zur Verbesserung der Schifffahrt in der Rhônemündung bauen (Strabon IV 1, 8 und Plutarch, *Marius* 15, 4). Selbst wenn diese sehr aufwendige Operation anscheinend zuerst militärische Gründe hatte, konnte ihrem Urheber deren wirtschaftliche Auswirkung nicht entgehen, was übrigens Strabon in seiner Erklärung, dass das Werk von Marius den massaliotischen Verbündeten «gestiftet» worden sei, unterstreicht. Der östlich des Golfs von Fos geöffnete Kanal zur Überwindung der Probleme, die durch die Verlagerung der Uferwälle infolge der Flussanschwemmung entstanden waren, hatte direkt die Einrichtung der Station *fossae Marianae* zur Folge (Abb. 11). Der Kanal war vor allem der Stadt Arles von Nutzen, einem von der Schiffbarkeit im Delta abhängigen Umschlaghafen. Geomorphologische Studien haben kürzlich gezeigt, dass im letzten Viertel des 2. Jhs. v. Chr. die Zahl der Rhônemündungen von zwei auf drei gestiegen war: Marius' Arbeiten entsprachen den von dieser Entwicklung ausgelösten, neuen und wahrscheinlich ungünstigen Bedingungen. Heute wissen wir, dass Bodenbewegungen und Ufererosion, früher als gemeinhin angenommen, zum Verschwinden oder zur unweigerlichen Verlandung der Kanalmündung führten. Doch vorerst war dieser erste Regulierungsversuch jahrzehntelang nützlich. Später werden andere Eingriffe durchgeführt, die den unverrückbaren Willen bezeugen, dieses schwer beherrschbare Flussbett auszubauen, wie auch die *fossa Augusta* in Orange belegt, die nach der Darlegung von F. Salviat kein Dränage-, sondern ein Schifffahrtskanal war.

Die Anlage des Straßennetzes war es aber, die im Laufe der letzten Jahrzehnte der Republik die Auswahl der neuen urbanen Stätten bestimmen und auf lange Zeit das Schicksal der schon angelegten Siedlungen besiegeln sollte. Die Präsenz Roms hatte nämlich schon lange vor der Gründung der *provincia* als Hauptziel die Anlage oder den Ausbau der von Italien nach Spanien führenden Fernstraßen. Die *via Domitia* ist die älteste römische Straße Galliens. Die von ihr verwendeten frühgeschichtlichen Pisten deckten sich teilweise mit der *via Heraclea*, die vor der Gründung von Massilia als der Weg galt, über den Herakles die Rinder des Geryoneus aus Spanien zurückbrachte. Die griechischen Händler und Siedler benutzten diese Sage, um den phönizischen Ansprüchen auf die Straße der spanischen Erze entgegenzutreten. Die strategische Nutzung dieser Straße blieb davon unberührt: Seit Ende des Jahres 120 v. Chr. wurde die bereits von Hannibal 218 v. Chr. genutzte, den ganzen Winter über zugängliche Straße des Mont Genèvre auf Befehl des Cn. Domitius Ahenobarbus, später von Pompeius ausgebaut. Sie kam von den Alpen durch *Brigantio* (Besançon), *Vapincum* (Gap) und *Apta Iulia* (Apt) hinunter, stieß auf die von der Küste kommende Straße auf der Höhe von *Ernaginum* (Saint-Gabriel), überquerte die Rhône wahrscheinlich auf einer Schiffsbrücke in der Gegend von *Ugernum* (Beaucaire) und gelangte von dort nach *Nemausus* (Nîmes). Danach führte sie in sicherer Entfernung von der sumpfigen Küste nach *Baeterrae* (Béziers), *Narbo* (Narbonne), *Ruscino* (Château-Roussillon) und überquerte schließlich die Pyrenäen bei Perthus (Panissars, *summus Pyrenaeus*). Dieser letzte Abschnitt der *via Domitia* zwischen Rhône und Pyrenäen ist von bemerkenswerter Bauweise: Er meidet die Lagunen des Languedoc, begradigt die alten Strecken, indem schnelle, bis zu 15 km lange, geradlinige Abschnitte vorgezogen werden. Auf ihn stießen zwei weitere bedeutsame Straßen: Die eine führte nach Norden, von *forum Domitii* (Montbazin) oder *Cessero* (Saint-Thibéry) ins Gebiet der Rutener (*Segodunum*, Rodez); die andere verließ die *via Domitia* an der Stelle, wo diese direkt nach Süden führte, um weiter nach Westen zum Gebiet der *Volcae Tectosages* zu gelangen und dann in Aquitanien durch den Seuil von Naurouze Bordeaux zu erreichen.

Der alte ligurische Weg, der aus Italien entlang der *Alpis Maritima* führte und auch als «Straße des Herakles» bezeichnet wurde, galt immer schon als schwierig und wegen des Geländes und der Raubüberfälle zeitweilig als unpassierbar. Jahrzehntelang – laut Poseidonios seit 203 v. Chr., was von Strabon (IV 6, 3) bestätigt wird – musste Rom Kriege führen, bevor dieser lange, zugunsten der Küstenschifffahrt aufgegebene Landweg für seine Legionen und Händler endgültig offenstand. Die Gründung von *Aquae Sextiae* sollte die Kontrolle darüber sichern, aber erst die völlige Unterwerfung der ligurischen Stämme durch Augustus 14 v. Chr. erlaubte den Bau einer auf der ganzen Länge diesen Namen verdienenden Straße. Sie wurde daher *via Iulia Augusta* genannt und als Verlängerung der *via Aurelia* außerhalb Italiens angesehen.

Die große Einfallstraße nach Norden, die von Arles aus durch das Rhônetal die künftige *Germania Inferior* erreichen sollte, ist die berühmte *via Agrippa*. Nach Augustus' Reise in die *Transalpina* 27 v. Chr. wurde Agrippa mit deren Bau beauftragt. Auf beiden Seiten des Flusses folgten seit der Frühzeit viele Wege den dem Tal folgenden Kammwegen, um die sumpfigen und von Überschwemmungen bedrohten Niederungen zu meiden. Hier wie anderswo machte es sich Rom zur Aufgabe, anhand genauer Kriterien – Schnelligkeit, Sicherheit – die beste Strecke auszuwählen und sie nach Bedarf mit Bauten auszustatten. Von Arles bis Vienne führte die Straße des Agrippa am

Abb. 12
Vienne. Tempel des Augustus und der Livia. Zwar weniger berühmt als die Maison Carrée von Nîmes, ist auch dieser Tempel bemerkenswert gut erhalten. Er gehört zu einer Reihe von Bauwerken für den Kaiserkult, an denen die «Narbonensis» besonders reich ist.

linken Ufer der Rhône entlang, dann folgte sie von Vienne bis Lyon dem rechten Ufer. Von den *capita viarum* aus – *Avennio* (Avignon), *Arausio* (Orange), *Valentia* (Valence) und *Vienna* (Vienne) – führten viele Abzweigungen in die Täler der Durance, Ouvèze, Drôme und Isère, in Gebiete der Vokontier oder Allobroger, um vielleicht wieder auf die *via Domitia* zu treffen. Man sollte in der Tat die Dichte der Nebenstraßen, die ein kapillares Eindringen ermöglichten und zur Anbindung der kleinsten Siedlungsenklaven beitrugen, nicht unterschätzen. Ein gutes Beispiel dafür ist die stark frequentierte Straße, die Marseille über den Etang de Berre mit den *fossae Marianae* verband: Der Bau des Pont Flavien über die Touloubre am Ende der augusteischen Zeit zeugt aufgrund der monumentalen Ausführung seiner Eingangs- und Ausgangsbögen von der Bedeutung dieser Strecke und weist auf die Nähe großer produktiver Landgüter hin. Vielleicht existierte dort auch eine Zollstation.

Der Vollendung des Straßennetzes in der *Transalpina* in augusteischer Zeit gehen mehr als ein Jahrhundert dauernde Vorbereitungen voraus. Seine volle Funktionsfähigkeit erreicht es erst durch eine Reihe flankierender Maßnahmen. Eine besteht in der Einrichtung von Stationen oder Stützpunkten mit dem Zweck, in einer ersten Phase die Strecken zu sichern. Die Garnisonen *Aquae Sextiae* (122 v. Chr.) und *Tolosa* (121 v. Chr.) werden an strategischen Stellen zur Sicherung der Einfallstraße nach Westen noch vor der Gründung von Narbonne angelegt. Im Gegensatz zu Narbonne folgen diese Niederlassungen, die noch keine Städte sind, keinen aus Italien herrührenden demographischen oder sozialen Notwendigkeiten, sondern bilden Stütz- und Kontrollpunkte, worauf Cassius Dio bezüglich Toulouse (27, Fragm. 90) deutlich hinweist. Zwei *fora*, zur Hauptsache Handelszentren, werden zur gleichen Zeit in der Nähe einiger wichtiger Stationen der *via Domitia* und *via Aurelia* eröffnet, nämlich *forum Domitii* (Montbazin, Hérault) und *forum Voconii*, eine Gründung des Pompeius im unteren Argens-Tal, unweit der künftigen Kolonie *forum Iulii* (Fréjus, Var). Dazu kommen noch einige Gruppen von mehr oder weniger gut strukturierten *negotiatores*, die sich an verschiedenen Stellen des Rhônetals, besonders bei den Allobrogern, am

Ort der künftigen Stadt Vienne niederließen. In ähnlicher Weise geschieht die Standortwahl von Valence, wann auch immer die Ernennung zur römischen Kolonie anzusetzen ist: Ziel der Gründer ist die Kontrolle des wichtigen Rhôneübergangs der am rechten Ufer entlangführenden Straße aus Narbonne. Dieser Übergang erlaubt einen bequemen und sicheren Weg nach Vienne (Abb. 12) und Lyon und die Umgehung des gefährlicheren Engpasses bei Tournon. Pompeius hatte nach dem Ende der Kämpfe gegen Sertorius in Spanien bereits gegen 70 v. Chr. die Stadt *Lugdunum Convenarum* (Saint-Bertrand-de-Comminges) an der westlichen Provinzgrenze, am Fuße der Pyrenäen gegründet.

Vergleicht man jedoch die Liste der römischen Gründungen zwischen 125 v. Chr. und dem Ende des Gallischen Krieges mit der Liste der von Poseidonios gegen Ende des 2 Jhs. v. Chr. aufgenommenen städtischen Niederlassungen – Strabons wichtigste Quelle für diese Gegend –, so stellt man fest, dass viele von ihnen schon vor dem Eingreifen Roms bestanden. Selbst wenn in vielen dieser Städte keine wichtigen Überreste aus der Zeit vor Augustus gefunden wurden, darf man annehmen, dass sie dank des wirtschaftlichen Aufschwungs infolge ihres Eintritts in die römische Einflusssphäre einen relativen Wohlstand erfahren haben, der ihnen im frühen 1. Jh. v. Chr. das Schicksal vieler frühgeschichtlicher *oppida* erspart hat. Man darf nicht vergessen, dass manche der in der Gegend tätigen Händler, von denen Cicero in *Pro M. Fonteio* spricht, wahrscheinlich schon seit einiger Zeit in den Städten des Rhônetals wohnten. Diesen verhalfen die Händler zwar nicht direkt zu Reichtum, denn das war nicht ihr Ziel, aber sie trugen vielleicht dazu bei, den Städten einen Zugang zu einträglichen Handelsnetzen zu verschaffen, die mit der Zeit die Entwicklung nur fördern konnten.

Vor der Einnahme von Marseille 49 v. Chr. blieb die römische Präsenz in der *Transalpina* hinsichtlich der Besiedlung und des Verwaltungseinflusses noch relativ bescheiden. Aber eines ist klar: Das römische Bürgerrecht scheint zwischen 125 und 49 v. Chr. nur solchen *peregrini* verliehen worden zu sein, die sich militärisch hervorgetan hatten. Die Verleihung des Bürgerrechts an Veteranen hat gewiss dauerhafte *gentes* geschaffen und im ganzen Gebiet Klientelen entstehen lassen, auf die sich später die kaiserliche Macht stützen wird. Dennoch darf das relativ frühe Auftreten von *Domitii, Fabii, Fulvii, Marii, Pompeii, Iulii* usw. an verschiedenen Orten der *Transalpina* nicht täuschen. Nirgendwo ist die Massenverleihung der *civitas* an ganze Gemeinschaften, wie es zum Beispiel Marius für die tausend Italiker aus *Camerinum* getan hatte, bezeugt.

Die wiederholt von Cicero geäußerte Verachtung, die nicht nur in dessen *Pro M. Fonteio,* sondern auch in der «Rede über die Provinzen» (*De provinciis consularibus* II 29) zum Ausdruck kommt, schildert gut die Einstellung der Führungsschichten in dieser Zeit gegenüber dem, was – weit gefehlt – in deren Augen noch nicht die *Italia verius quam provincia* von Plinius dem Älteren (*Naturalis historia* 3, 31) darstellt. Doch fällt auf, dass der Ruf nach Einheit sogar auf dem Höhepunkt der Kämpfe gegen die Legionen Caesars, in der letzten Phase des gallischen Kriegs, anscheinend keine große Auswirkung in der *Transalpina* hatte. Caesar rekrutierte dort als Statthalter der Provinz seit 49 v. Chr. Auxiliare, deren Unterstützung ihm sehr wichtig war, und nutzte das Gebiet als logistischen Stützpunkt. Der im Museum von Avignon aufbewahrte «Krieger von Vachères» gibt laut G. Barruol wahrscheinlich einen dieser Soldaten wieder, die über eine romanisierte Ausrüstung verfügten und zugleich einige ethnische Attribute wie den Halsring beibehielten. Nach Kriegsende weiß Caesar die Gemeinschaften Südgalliens zu belohnen: «Es fiel ihm nämlich sehr leicht, die Gefühle jedes Einzelnen gegenüber Rom während des allgemeinen Aufstands Galliens, dem er dank der Treue und Hilfe der genannten Provinz standhalten konnte, wahrzunehmen» (*De bello Gallico* VIII 46, 5). Dies ist ein guter Beweis dafür, dass sich die Bewohner der Gegend, zumindest die Adeligen, fortan nicht mehr solidarisch mit den übrigen keltischen Gebieten fühlten.

Die Zeit nach dem Fall von Marseille verläuft jedoch ganz anders. Schon E. Herzog hatte hervorgehoben, dass den vielen Niederlassungen des Hinterlands, die Caesar der Vorherrschaft der griechischen Metropole entrissen hatte, rasch ein neuer Status zugewiesen werden musste, damit deren Rechtslage nicht unklar bliebe. Dies ist einer der Gründe, warum man heute dazu neigt, Caesar selbst für die Verleihung des latinischen Rechts *(ius latii)* an Völker und Städte verantwortlich zu erklären, deren Liste uns von Plinius übermittelt wurde (*Naturalis historia* 3, 36–37). M. Christol und Chr. Goudineau schlagen dies zumindest mit guten Gründen vor, auch wenn A. Chastagnol diese Maßnahme früher lieber in die Zeit des Prokonsulats des Lepidus Ende der 40er Jahre verlegte. Da nach latinischem Recht den peregrinen Honoratioren das römische Bürgerrecht verliehen wurde, sobald sie ein lokales Staatsamt beendet hatten – mehrere Stadtgesetze gewährten dieses Privileg sogar denjenigen, die der Curia beitraten, den Dekurionen –, kann die Bedeutung eines solchen Status für die allmähliche Integration der Eliten nicht genug betont werden. Einige dieser Gemeinden wie *Aquae Sextiae* (Aix-en-Provence) entsprachen Kolonialstädten. Erst kürzlich konnte nachgewiesen werden, dass auch *Glanum*, in dieser Abhandlung zu den bedeutenden Städten gezählt, eine *colonia* war und im Gegensatz zu einigen Behauptungen echte Autonomie innerhalb der Konföderation der Salyer genoss. Unabhängig aber von dieser Massenverleihung des *ius latii*, das mittelfristig den rechtlichen und sozialen Aufstieg der Eliten fördern sollte, erlebte die Zeit Caesars auch die Gründung von Kolonien mit römischem Recht, die diesmal einen echten Bevölkerungstransfer bedeutete. Zwischen dem Herbst 46 und den Iden des März 44 v. Chr. wird nämlich Ti. Claudius Nero, der Vater des künftigen Kaisers Tiberius, nach Gallien *ad deducendas colonias* (Sueton, *Divus Tiberius* IV 2) entsandt. So kam er zum zweiten Mal nach Narbonne, von nun an eine wichtige Stadt des römischen Westens, und nach Arles, das Caesar während der langen Belagerung von Marseille kräftig unterstützt hatte, indem es in einer Rekordzeit Schiffe für dessen Flotte baute (*De bello civili* I 36, 4) und nun Veteranen der VI. Legion aufnimmt. Beide Städte werden später den von Augustus verliehenen Namen *colonia Iulia Paterna* tragen, um die Taten seines Adoptivvaters zu verewigen. Andere Viritandeduktionen – Gründungen von Veteranen-Kolonien – wurden wahrscheinlich zur gleichen Zeit durchgeführt. Suetons Text ist anscheinend nicht erschöpfend, aber es ist schwierig, diese offensichtlich zu kurze Liste angemessen zu verlängern. Jedenfalls wurden damals drei neue *fora* errichtet, von denen zwei denselben Namen – *forum Neronis* (Carpentras und Lodève) – tragen, und das dritte – *forum Iulii* (Fréjus) – nah bei der Mündung des Argens liegt.

DIE ENDGÜLTIGE ORGANISATION: DIE AUGUSTEISCHE REFORM UND DIE «LEX PROVINCIAE»

Abb. 13a.b Vorder- und Rückseite des «dupondius» von Nîmes («Krokodilmünze») mit den Porträts von Augustus und Agrippa.

Welche Fortschritte der institutionellen Romanisierung auch immer in der *Transalpina* zur Zeit Caesars errungen worden sind, die Identität dieser Provinz blieb unklar. Sie wurde nach dem Tod des Diktators und während des Zweiten Triumvirats nicht mehr von einem eigenen Statthalter regiert. Am Ende des großen Feilschens, das die Neuverteilung des Machtgefüges bestimmte, wurde die Provinz zuerst unter der Gewalt des Lepidus Spanien angeschlossen (43–42 v. Chr.), danach mit den anderen gallischen Regionen vereinigt, zuerst unter der Herrschaft des Antonius, dann des Oktavian nach den Verträgen von Brindisi (im September 40 v. Chr.). Somit behauptet sich die Herrschaft Roms weiterhin, vom Wirken Caesars bis zu Oktavian-Augustus.

Dieser beeilt sich, «Freunde» in die *Transalpina* zu schicken, wo die Lage durch die Anwesenheit des mehrere Legionen anführenden Antonius-Anhängers Calenus undurchsichtig geworden ist. In dieser Situation hält sich Agrippa, im Jahre 40 zum Prätor und 37 v. Chr. zum Konsul ernannt, ein erstes Mal in dieser Provinz auf. Er hat unter anderem den Auftrag, die von Oktavian gemachten Versprechungen einzulösen und Land an seine Veteranen zu verteilen. So lassen sich wahrscheinlich die militärischen Gründungen von Béziers (VII. Legion) im Jahre 36 v. Chr. und die von Orange (II. Legion) im Jahre 35 v. Chr. erklären. Mehrere latinische Kolonien verdanken jenen Jahren ihr Bestehen, wie Apt, Carpentras, Carcassonne, wahrscheinlich Ruscino und Vienne mit Sicherheit. Im Hinblick auf Vienne wurde auf Grund eines Hinweises von Cassius Dio (46, 50, 4), nach dem die Kolonie Lyon zur Aufnahme von durch die Allobroger vertriebenen Flüchtlingen gegründet worden sei, lange angenommen, dass schon 46 oder 45 v. Chr. von Caesar eine latinische oder römische Kolonie eingerichtet worden wäre, bevor sie von den Einheimischen beseitigt wurde.

J. Gascou gelang es nämlich zu zeigen, dass in Vienne eine einzige latinische Kolonie, wahrscheinlich kurz vor 28 v. Chr., von Oktavian gegründet worden war. Im Zusammenhang mit diesen Operationen wurden umfassende Erweiterungen der Infrastruktur fortgesetzt, insbesondere an der Rhônestrecke Lyon-Arles. Wie viele andere wurde diese Straße in den Jahren 39–38 v. Chr. geplant, wenn nicht sogar verwirklicht. Nach dem Sieg von *Actium* war die Gründung einer Veteranenkolonie in *forum Iulii* die letzte wichtige Handlung innerhalb dieses Programms mit dem Ziel, die altgedienten Soldaten zu versorgen und die Kontrolle über eine Provinz, die sich in einigen Gegenden, besonders im Westen und Norden als anfällig erwiesen hatte, zu verstärken. Kurz vor der Einführung des Prinzipats erlangt Fréjus somit den Status einer Kolonie römischen Rechts und nimmt bei dieser Gelegenheit die Veteranen der VIII. Legion auf. Die präziseste Studie darüber legt das Datum dieser Koloniegründung zwischen 29 und 27 v. Chr. fest, d. h. zu einem Zeitpunkt, als viele Soldaten nach dem Ende des Alexandrinischen Krieges entlassen werden. Kurz zuvor waren die in *Actium* erbeuteten Schiffe des Antonius wieder in den Hafen von *forum Iulii* gelangt (Tacitus, *Annales* IV 5) und die Ausbauarbeiten der Ankerplätze dürften schon damals stark beschleunigt worden sein. Wenn auch die Anhänger einer pompejanischen, dann republikanischen Lösung die Kosten für die Rückgewinnung des von diesen Verteilungen Oktavians betroffenen Landes trugen, darf man den Umfang der damals konfiszierten Besitzungen der Einheimischen nicht unterschätzen. Die Intensivierung der Katasteraufnahme des Landes, die nicht von der Einrichtung von Veteranen-Kolonien zu trennen war, sollte die soziale und menschliche Organisation weiter Gebiete in der *Transalpina* langfristig verändern. Einige Jahre später, wohl während des Aufenthalts des Augustus in den Jahren 16–13 v. Chr., wird Nîmes, das wahrscheinlich schon am Ende der Zeit Caesars den Status einer latinischen Kolonie ohne zusätzlichen destabilisierenden Bevölkerungstransfer genoss, mit einem Privileg bedacht. Dieses Privileg bestätigt nicht nur seine Würde als Hauptort der *civitas* der Arekomiker, sondern schlägt ihm auch die meisten auf seinem Territorium gelegenen Gemeinden – 24 laut Strabon (IV 1, 12) – zu, die zusammen mit ihm eine durch eigene Bronzeprägungen *colonia Nemausus* und durch die Inschriften *colonia Augusta Nemausus* genannte Konföderation bilden. Diese augusteische Münzprägung von Nîmes, die auf bronzenen *Aes*-Prägungen mit der Legende *NEM COL* auf der Rückseite ein an einen Palmenzweig angekettetes Krokodil zeigen (Abb. 13a.b), ist anders als diejenige, die für kurze Zeit unter Lepidus die jüngst gegründeten Veteranenkolonien versorgte – wie etwa die kleinen Obolen von Cavaillon. Es gab drei wichtige Prägungen, die eine sehr weite Verbreitung teils bis an die Rheingrenze erfahren haben: 28–27 v. Chr., 8–3 v. Chr. und 10–15 n. Chr. Die «exotische» Ikonographie der Münzreverse, die manchmal die Vorstellung einer Deduktion von an der Schlacht von *Actium* und Eroberung Ägyptens teilnehmenden Veteranen suggeriert, resultiert einfach aus dem Wunsch, den Sieg Oktavians über dessen Rivalen Antonius zu rühmen. Aber der für die *Narbonensis* außerordentliche Umfang der Prägungen ist ein zusätzliches Zeugnis für die Gunst, die die Stadt unter dem Prinzipat erfahren hat. Andere latinische Kolonien wurden zur gleichen Zeit in Avignon (*colonia Iulia Avennio*), Riez (*colonia Iulia Augusta Apollinaris Reiorum*), Aix-en-Provence und *Glanum* (CIL XII 4379) gegründet.

Die wirtschaftliche und strategische Bedeutung der *Transalpina* konnte Augustus schon 27 v. Chr. nicht entgehen, als er in Narbonne weilte (Livius, *Periochae* 134; Cassius Dio 53, 22, 5). Im selben Jahr berief er in dieser Stadt eine Generalversammlung Galliens ein, um die *Comata* in Provinzen zu organisieren und eine allgemeine Volkszählung durchführen zu lassen. In dieser Zeit bekam aller Wahrscheinlichkeit nach die *Transalpina* ihren endgültigen Namen *Narbonensis* sowie eine neue *lex*, sofern sie überhaupt schon eine hatte. In der Tat entspricht die *formula provinciae*, der Plinius der Ältere (*Naturalis historia* 3, 31–37) eine Liste der Städte der Narbonensis für die flavische Zeit entnimmt, einem viel früher konzipierten und regelmäßig über die Jahre hinweg überarbeiteten oder ergänzten Text. M. Christol hat endgültig nachgewiesen, dass sie im Wesentlichen in augusteischer Zeit entstanden ist. Diese zusammenfassende Schrift, die die Liste der nach geographischer Lage in juristischen Kategorien geordneten Gemeinden liefert, zeigt sicher Zusätze aus der zweiten Hälfte des 1. Jhs. n. Chr. Aber der Verweis auf die «Karte Agrippas», um die Ausdehnung der Provinz abzuschätzen, bestätigt den augusteischen Ursprung der vom Verfasser verwendeten, grundlegenden Dokumente. Genauer gesagt weisen verschiedene Indizien darauf hin, dass die *formula* vor dem langen Aufenthalt des *princeps* 16–13 v. Chr. verfasst wurde und im Wesentlichen auf das Jahr 27 oder 23 v. Chr. zurückgeht. Auf jeden Fall betreffen die Beschlüsse zur *Transalpina* – die nun nach dem Namen ihrer Hauptstadt endgültig *Narbonensis* heißt – nur die Einrichtung oder Anpassung einer Organisation, deren Grundzüge schon einige Jahrzehnte früher, vor der Ermordung Caesars, definiert worden waren. Schon im Jahre 22 v. Chr. gelangte sie in die Kategorie der Provinzen des römischen Volkes (Cassius Dio 54, 4, 1) und wird daher *inermis*, d. h. ohne jede stehende Garnison. Diese Situation, die die *provincia* von den so genannten «Gaules césariennes» endgültig trennt, lässt sich sicher hauptsächlich historisch begründen und man muss annehmen, dass der augusteischen Equipe die regionale Besonderheit der Provinz gegenüber den umliegenden Gebieten deutlich bewusst war. Die früh erkennbare Integration der Führungsschichten und die bereits erreichte Urbanisierung weiter Gebiete machten diese Operation nicht nur opportun, sondern auch notwendig. Man sollte jedoch einen mehr konjunkturbedingten Umstand nicht unterschätzen: die Krise von 23–22 v. Chr. hatte die Anfälligkeit des Regimes ans Licht gebracht und es besonders dringlich werden lassen, einem Senat Zugeständnisse zu machen, der seine Illusionen noch behalten wollte und mit dem zum Schein die Macht geteilt werden musste. Jedenfalls ist zu betonen, dass im Westen außer der *Narbonensis* nur die *Sicilia*, *Baetica* und *Africa Proconsularis* ohne Unterbrechung Provinzen des römischen Volkes gewesen sind, also die wertvollsten Regionen dieses Teils des Kaiserreichs, die wegen ihrer wirtschaftlichen Potenz und der Assimilierung ihrer Eliten als Referenz galten. Von da ab sind die Statthalter der *Narbonensis* stets Prokonsuln, die grundsätzlich unter den Senatoren nach vollendeter Prätur rekrutiert werden. Sie werden von einem Legaten und einem Quästor unterstützt. Unter den allerersten, die epigraphisch bestimmt werden konnten, ist Cn. Pullius Pollio aus *forum Clodii*, (CIL XI 7553). Er gehörte zu den mit der Verwaltung der Staatskasse beauftragten Prätoren – *praetores ad aerarium* –, die von Augustus 23 v. Chr. eingeführt und unter seinen Vertrauensmännern ausgewählt wurden. Folgt man der Hypothese von H.-G. Pflaum, so bekleidet er sein Amt in den Jahren 18–16 v. Chr. und in der Inschrift, die seine Laufbahn beschreibt, findet sich die älteste epigraphische Erwähnung der *provincia Narbonensis*. Die auf ihn folgenden fünf Prokonsuln, deren Name und Herkunft uns für die julisch-claudische Zeit erhalten geblieben sind, stammen alle aus Italien. Nach den Laufbahnen der Beamten zu urteilen, gilt das Prokonsulat der *Narbonensis* über die ganze frühe Kaiserzeit im Allgemeinen als eine Position zweiter Klasse, die gewöhnlich keine glänzende Karriere nach dem Konsulat verspricht. Es fällt auf, dass sich unter den etwa 25 bekannten Statthaltern von der frühaugusteischen Zeit bis ins frühe 3. Jh. n. Chr. kein Gallier aus der *Narbonensis* befand. Dasselbe konnte für die *Baetica* festgestellt werden.

Die Grenzen der neuen Provinz wurden gleichzeitig mit denen der *Gallia Lugdunensis, Belgica* und *Aquitania* von Augustus festgelegt. Anscheinend entsprachen sie zwei Hauptanforderungen: erstens die Grenzen der traditionellen Völker in ihren Grundzügen zu respektieren; zweitens keine unruhige Region, deren Loyalität noch nicht gesichert war, in diese seit langem befriedete *Narbonensis* zu integrieren. Diese zum Teil widersprüchlichen Bestrebungen zielten darauf, die Einheit der Region trotz der ethnischen Vielfalt zu erhalten. So lässt sich erklären, dass in die *Narbonensis* auf beiden Seiten des an Kolonien latinischen und römischen Rechts schon reichen, mittleren und unteren Rhônetals das frühere Territorium der Volker – Arekomiker oder Tektosagen – im Westen, sowie die ehemaligen Gebiete der Vokontier und Allobroger im Osten eingegliedert wurden. Nicht mehr einbezogen wurden das obere Tal der Garonne jenseits Toulouse und das Gebiet der Pyrenäen, das kurz zuvor Ziel aufwendiger militärischer Operationen gewesen war. Nördlich von Narbonne und Agde wird nur der südliche Teil des Territoriums der Rutener eingegliedert, während die Region von Rodez (*Segodunum*), deren Einwohner im Jahre 52 v. Chr. die Hauptstadt der *Transalpina* nochmals bedroht hatten, sowie die Gebiete der Konvener der *Aquitania* zugeschlagen werden. Die Ostgrenze entspricht dem westlichen Rand der Alpengebiete. Dort war Augustus damit beschäftigt, die diffusen, aber heftigen Widerstandsbewegungen niederzuwerfen. Zusammen mit der weiten, dem verbündeten König Cottius anvertrauten Enklave trennen die *Alpes Graiae*, *Poeninae* und *Maritimae* die Provinz von Italien.

Die neue augusteische Ordnung berücksichtigt natürlich die errungenen Fortschritte der Romanisierung infolge der Gewährung des latinischen Rechts, das seit Caesar vielen städtischen Familien ermöglicht hat, das volle Bürgerrecht zu erlangen. Die früheren militärischen Klientelen von Pompeius und Caesar, die aus der Teilnahme der lokalen Eliten entweder an Befriedungsoperationen des transalpinen Vorlands aus oder an weiter entfernten Kampagnen der vergangenen Jahrzehnte hervorgegangen sind, leisten außerdem der neuen Führungsequipe umso spontaner Unterstützung, als sie zur Belohnung ihrer erwiesenen Dienste das Bürgerrecht *in castris*, d. h. unter Waffen, erlangten. Auf diese hatte sich Oktavian bereits für den berühmten Treueid auf seine Person – die *iuratio* von 32 v. Chr. – gestützt, an dem die Bevölkerung der *Transalpina* beteiligt wurde. Dieselben erweisen sich in den folgenden Jahrzehnten als Meister der Assimilation. Das Mausoleum von *Glanum* hat uns ein sprechendes Zeugnis davon bewahrt: Es besteht von unten nach oben aus einem quadratischen Sockel mit Reliefs auf allen vier Seiten, einem *quadrifrons* und einer *tholos*, in der zwei Statuen von *togati* aufgestellt sind (Abb. 14). Es wird

*Abb. 14
Glanum. Das Mausoleum mit seinen drei Komponenten: Sockel mit Reliefs, «quadrifons» (vierseitig ausgebildeter Ehrenbogen) und «tholos» (Rundbau). Die Verknüpfung dieser drei Bauelemente ist Ausdruck der Heroisierung der Verstorbenen.*

Abb. 15
Orange. Das Theater gehört wie das von Aspendos (Türkei) zu den am besten erhaltenen Theaterbauten in den römischen Provinzen.

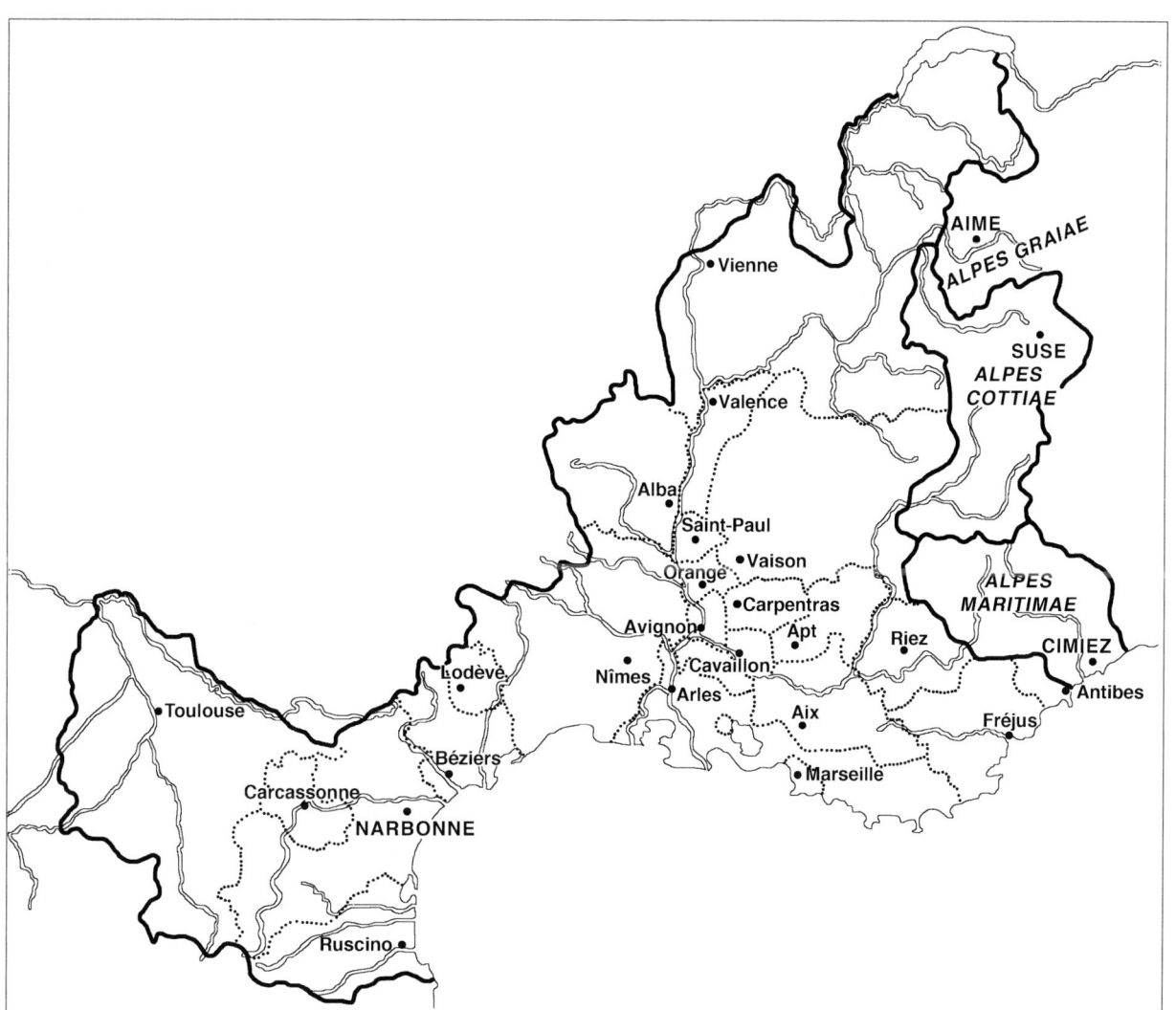

*Abb. 16
Karte der Provinz «Gallia Narbonensis» mit den Hauptstädten der «civitates» und den benachbarten Alpenprovinzen.*

aufgrund stilistischer Kriterien der Kapitelle und Gesimse in die Jahre 30–20 v. Chr. datiert. Dieser monumentale, turmartige Kenotaph, den drei Personen aus einer *familia Iulia* mit wahrscheinlich von Caesar verliehenem Bürgerrecht ihrem Vater und Großvater (*parentes*) geweiht haben, preist mit seinen Sockelreliefs den militärischen Wert und den Mut, durch die der Familiengründer – er hat sich anscheinend in einer der letzten Kampagnen des Diktators, wahrscheinlich der gegen Pharnakos, ausgezeichnet – die *civitas* für sich und seine Nachkommen erlangt hat, und die in den Augen letzterer seine Heroisierung rechtfertigen. Dieser eigenartige Bau, der am Rande des *pomerium* die angrenzende Nekropole überragt, lässt sich wie das Manifest einer Führungselite entziffern, die versucht, sich von der stets anwachsenden Zahl «institutioneller» Bürger – wegen des jährlichen Zugangs zu den Staatsämtern in den Gemeinden latinischen Rechts (*ius latii*) – abzuheben, und die eine bestimmte Rolle im Gemeindeleben halten oder erlangen wollen.

Diese *domi nobiles,* wie sie von Cicero genannt wurden, initiieren bald die frühesten Formen des Herrscherkults.

Die Organisation der *civitates* – der «Stadtstaaten» im administrativen und territorialen Sinn, die von nun an hier wie anderswo die Vergleichsgröße bilden werden – zeigt deutlich die relative Dichte der Städte in der Provinz. 23 an der Zahl, bestehen sie aus einem Territorium unterschiedlicher Ausdehnung und gehören grundsätzlich zu einem Hauptort, dem *caput civitatis,* der als Vermittler der Hauptstadt dient. Durch diesen werden die das gemeinschaftliche Leben bestimmenden Regeln übermittelt und oft dient er den unbedeutenderen Ansiedlungen als städtebauliches und monumentales Modell. Einige sehr große Stadtstaaten der *Narbonensis* haben anscheinend die von den Ethnien zur Zeit der Unabhängigkeit besiedelten Räume beibehalten: Dies ist der Fall bei den Vokontiern mit Vaison (*Vasio Vocontiorum*) und bei den Allobrogern mit Vienne (*Vienna*) als Hauptort. Letzterer, bei weitem größter Stadtstaat nimmt ein Territorium von 13 000 km² ein. Die *civitates* von Toulouse, Narbonne, Nîmes und Arles, obwohl kleiner, scheinen ebenfalls von Bedeutung zu sein. Diejenigen im mittleren Rhônetal erweisen sich jedoch als deutlich kleiner: In keiner anderen Provinz Galliens bestehen so kleine *civitates* wie die von Valence, Saint-Paul, Orange (Abb. 15), Avignon, Carpentras oder Cavaillon. Das Phänomen lässt sich wenigstens zum Teil mit der Bevölkerungsdichte, der Häufigkeit der städtischen Siedlungen und der Produktivität der Böden erklären. Die Ausdehnung des Territoriums von Aix nach Osten, bis an die Grenze zur *civitas* Fréjus, ist wahrscheinlich durch die Notwendigkeit bedingt, die alten Besitzungen von Marseille ins neue System zu integrieren. Ähnlich lässt sich die Ausdehnung des Territoriums von Arles, das *Telo Martius* (Toulon) einschloss, erklären. Doch sind uns noch nicht alle Details dieser Organisation bekannt, und neue epigraphische Entdeckungen können jederzeit das, was wir vom Verlauf dieser Grenzen zu wissen glauben, verändern. Die territoriale Ausdehnung der *civitates* stellt nämlich weiterhin ein komplexes Problem dar, und es wird heute mehr und mehr festgestellt, dass die Angaben aus dem territorialen Verlauf der alten Bistümer, grundsätzlich Erben der spätrömischen Zivilverwaltung, nur mit Vorsicht zu verwenden sind, selbst wenn sie lange als Quellen zur Anfertigung der administrativen Karten zur frühen Kaiserzeit gedient haben.

Die so zum Rang von *capita civitatis* erhobenen Städte unterliegen ihrerseits drei verschiedenen Rechtsstatus: Narbonne (*colonia Iulia Paterna Narbo Martius Decumanorum*), Arles (*colonia Iulia Paterna Arelatensis Sextanorum*), Orange (*colonia Firma Iulia Secundanorum Arausio*), Béziers (*colonia Iulia Victrix Septimanorum Baeterrae*), Fréjus (*colonia Octavanorum Pacensis*), Vienne (*colonia Iulia Augusta Florentia Vienna*) – dieses letztere erlangte erst unter Caligula 37–41 n. Chr. nach dem *ius latii* die volle *civitas* – und wahrscheinlich Valence (*colonia Iulia Valentia*) stehen an der Spitze der Hierarchie als römische Kolonien. Es folgen dann 14 latinische Kolonien – Toulouse (*Tolosa*), Carcassonne (*Carcaso*), Château-Roussillon (*Ruscino*), Lodève (*Luteva*), Nîmes (*colonia Augusta Nemausus*), Alba (*Alba Helviorum*), Saint-Paul-Trois-Châteaux (*Augusta Tricastinorum*), Carpentras (*Carpentorate*), Avignon (*Avennio*), Apt (*Apta Iulia*), Cavaillon (*Cabellio*), Aix (*Aquae Sextiae*), Riez (*Reii*) und Antibes (*Antipolis*) – und zwei verbündete Stadtstaaten, Marseille und die Vokontier, wobei Vaison und Luc (*Lucus*) über das latinische Recht verfügen (Abb. 16).

Diese kurze Darstellung der Anfänge der Provinzorganisation wäre nicht vollständig, würde sie nicht die fortschreitende Romanisierung der Gesellschaft berücksichtigen. Man kann sie an der spürbaren Verbreitung der latinischen *gentilices* (Familiennamen) messen, die ursprünglich – unabhängig von der Einrichtung römischer Kolonien – von der Erlangung der *civitas* dank der Gunst der *imperatores* oder Statthalter herrühren. Die Auswertung der Indices des Bands XII des *Corpus Inscriptionum Latinarum* durch A. Pelletier lässt für die gesamte *Narbonensis*, alle Perioden zusammengenommen, die Vorherrschaft von vier *gentilices* sichtbar werden: 652 *Iulii*, 336 *Valerii*, 223 *Pompeii*, 201 *Cornelii*. Es folgen schließlich 95 *Aemilii* und 90 *Licinii*. Diese Verhältnisse treten in Nîmes in fast derselben Weise wieder auf. Wie M. Gayraud sehr richtig bemerkt hat, ist es möglich, dass diese *gentilices*, ausgenommen einige dem Augustus zuzuschreibende *Iulii*, von republikanischen Statthaltern der *Transalpina*, von Caesar oder Legaten ihres Stabes gewährt wurden, womit sich der Abschnitt zwischen der Eroberung und dem Beginn unserer Zeit als die produktivste Periode für die individuelle Verleihung des Stadtrechts erweisen würde.

ORGANISATION UND STRUKTUR

FORMEN UND ZIELE DER URBANISIERUNG IN JULISCH-CLAUDISCHER ZEIT

Das Charakteristische der augusteischen Maßnahmen zugunsten der Städte im Westen, seien es Gründungen oder Förderungen, bestand überall darin, dass sie zum ersten Mal von einer globalen Sicht großer geographischer Einheiten ausgingen. Mit deren Gestaltung eng verbunden, kamen diese Maßnahmen somit bestimmten Erfordernissen nach und folgten einer Logik, die in gewissen Fällen rekonstruiert werden kann. Diese allgemeine Beobachtung gilt für die meisten Gebiete einschließlich der zentralen Teile Aquitaniens oder des Nordwestens der iberischen Halbinsel, die kaum Städtebau aufzuweisen hatten oder zumindest nur einfachste, den römischen nicht vergleichbare Formen kannten. Im römischen Westen gab es kaum eine Provinz, die früher und dichter urbanisiert wurde als die *Narbonensis*, wobei das kulturelle Substrat und die Vorgeschichte zwischen Var und Garonne günstige Voraussetzungen bereitet und bewahrt haben.

Die Regionen des mittleren und unteren Rhônetals, auch diejenigen außerhalb oder fernab des Marseiller Territoriums, waren mit der großen Stadt und den dort über mehrere Jahrhunderte initiierten Aktivitäten vertraut und hatten weniger Schwierigkeiten als andere, die von Rom verbreiteten Lebens- und Organisationsformen anzunehmen. Dies umso mehr, als die entlang der Küste verstreuten Handelsplätze der phokäischen Stadt zu einer allmählichen Verbreitung des Städtebaus in seiner zuerst griechischen, dann hellenistischen Form beigetragen hatten. Man kann nicht genug betonen, dass weite Abschnitte dieser Provinz und der Küstenstreifen der *Hispania Citerior* als einzige direkt an Aspekte des griechisch-orientalischen Städtebaus anknüpften. Ganz zu schweigen von den unter Caesar oder dem Triumvirat gegründeten Kolonien, die in dieser Hinsicht eine Initialrolle gespielt haben werden, selbst wenn deren monumentaler Ausbau nicht vor der frühen Kaiserzeit begonnen hat. Plinius der Ältere, Autor der 70er Jahre n. Chr., bezeichnet sicher wegen dieses raschen Aufstiegs der Städte und ihrer Vielzahl die *Narbonensis* als ein Italien jenseits der Alpen – *Italia verius quam provincia (Naturalis historia* 3, 31*)*.

Es wäre jedoch ein Fehler zu glauben, dass sich die römischen Stadtnormen überall und in gleichem Maße durchgesetzt haben. Je nach Status der Gemeinden, den regionalen Traditionen und dem Hellenisierungsgrad der Eliten, wie auch den gut organisierten Entscheidungen der Zentralgewalt und ihrer Vertreter in der Provinz, verlief ihre Urbanisierung in unterschiedlichen Bahnen. Eine Urbanisierung, die oft durch die scheinbaren Analogien zwischen den Komplexen antiker Baureste in unseren heutigen Städten verschleiert und daher von vielen Historikern nur schwer anerkannt wird. Diese sehen in den normierten, rechtwinkligen Rastern geradezu das Symbol des Römertums und neigen deshalb zu der Auffassung, dass die städtischen Niederlassungen in der Provinz zwangsläufig einigen wenigen Schemata mit unbedeutenden Varianten folgen. In Wirklichkeit führten verschiedenste Aspekte zu vielfältigen, jeglichen Typologieversuch zunichte machenden Varianten. Dazu gehört die Flexibilität der Verwaltung, ihre Anpassungsfähigkeit bei regionalen Partikularismen und – es muss an dieser Stelle gesagt werden – ihre tiefe Gleichgültigkeit gegenüber jeglicher formalen Vereinheitlichung, da sich diese nicht direkt auf die Ausbeutung des Territoriums und die Sicherheit der Bürger auswirkt. Etwas anders liegt der Fall bei den zu politischen und religiösen Vorbildern erhobenen Zentren, für deren Ausstattung die römischen Ver-

Abb. 17 Glanum. Bauliche Reste des Wohnviertels zur Zeit des 1. Jhs. n. Chr. Die Struktur des Viertels reicht in hellenistische Zeit zurück.

antwortlichen mit der Hilfe der örtlichen Euergeten – wohlhabende Privatleute, die sich um das Gemeinwesen verdient machen, vom griech. *euergetes*, Wohltäter, abgeleitet – ganz besonders gesorgt haben.

Um diese zugleich genetische und morphologische Vielfalt zu ermessen, sollte man die zwei extremen Fälle von *Glanum* (Abb. 17) und *Vasio* betrachten. Ersterer in der *civitas* Arles hatte den Status einer autonomen Ansiedlung mit latinischem Recht und war laut einer vor kurzem neu interpretierten Inschrift aus Narbonne (CIL XII, 4379) wahrscheinlich in den Jahren 22–14 v. Chr. eine latinische Kolonie geworden. Dieses Ereignis war sicher entscheidend und bedeutete den Anfang eines Transformationsprozesses, von dem viele Spuren auf dem Terrain festgestellt werden können. Doch sollte man nicht vergessen, dass die Stadt vor ihrer Integration in ein neues System eine lange monumentale Bautradition ohne jegliche autoritäre Intervention aufzuweisen hatte. *Glanon*, Gemeinde der Konföderation der Salyer, hatte sich seit der Mitte des 2. Jhs. v. Chr. mit Peristylhäusern ausgestattet und an der Mündung eines Tales der Alpilles, in der Nähe einer dauerhaften Quelle, allmählich alle Elemente eines Handels- und Verwaltungskomplexes hellenistischer Tradition – trapezförmige *agora*, Portiken, *bouleuterion* – vereinigt. Wenn sich auch die Quellen des Reichtums, der diesen Aufschwung erklären könnte, schwer bestimmen lassen, da man zwischen den Einkünften eines Heilbades und denen einer Transhumanzgebühr für den Weg zu den Weiden von La Crau schwankt, können wir nur bewundern, mit welcher Sorgfalt diese Bauten errichtet wurden, welche Qualität ihr architektonischer Dekor aufwies, wie durchdacht das das Karstrelief maximal ausnützende Wasserversorgungsnetz und wie effizient die Infrastrukturen, Straßen und Abwasserkanäle waren. Eine Prospektion auf den Hügeln und in den Tälern entlang des Bergfußes, wo die oben genannten Gebäude errichtet worden waren, ließ eine Schätzung der vom Verteidigungssystem eingeschlossenen Fläche auf 35 oder 40 ha und den im 2. und 1. Jh. v. Chr. wirklich bewohnten Teil auf weniger als 20 ha zu. Somit stünde *Glanon* an erster Stelle unter den frühgeschichtlichen Städten Südfrankreichs.

Diese Prospektionen haben aber auch gezeigt, dass jegliche Spur einer dauerhaften Besiedlung in der Bergzone im Laufe der ersten Hälfte des 1. Jhs. v. Chr. verschwand, und dass die Zeit des Triumvirats wie auch die Regierungszeit des Augustus einer Rückzugsphase entsprach, wobei der Hauptteil der Ansiedlung von nun an nördlich in der flachen Zone lag. Es sieht so aus, als wäre das auf den Kalkwänden der Nordseite der Alpilles fest errichtete *oppidum* in der neuen kolonialen Ordnung allein auf den Fußbereich des Berges reduziert worden. Damit einher geht eine erstaunliche Umgestaltung der Beschlussräume und Versammlungsorte. Der Vorgang beginnt bezeichnenderweise mit dem Bau von zwei fälschlicherweise so benannten «Zwillingstempeln», bei denen zum ersten Mal in Gallien korinthische Kapitele und Gebälke mit Gesimskonsolen auftreten. Diese zwei ersten Exemplare einer bald im ganzen römischen Westen kanonischen Architekturordnung, die Ende des dritten Jahrzehnts v. Chr. aufkam, werden wenig später auf allen drei Seiten von einer, einen Peribolos bildenden Portikus mit Sockel umgeben. Dieser wird auf das ältere viereckige *bouleuterion* übergreifen, das somit ganz oder teilweise unbrauchbar wird (Abb. 18). Nach der Zerstörung der älteren Agora und des nördlich angrenzenden Wohnviertels wie nach den gewaltigen Aufschüttungsarbeiten zum Ausgleichen des natürlichen Bodengefälles, das bis dahin nicht von Belang war, entstand in der Siedlungsachse, aber quer zu den Tempeln, ein Forum. Dieses erste, in den Jahren 20–10 v. Chr. datierte Forum bestand aus einem viereckigen, von Portiken umgebenen Platz. Im Norden wurde es von einer zweischiffigen Basilika begrenzt. Dieser noch bescheidene Bau einer experimentellen Phase, zu dem zeitgleiche Beispiele aus den westlichen Provinzen bekannt sind, wurde rasch von einer echten Basilika mit Mittelschiff, Umgang und Dach mit Dachlaterne abgelöst. Die gegenüber dem Platz deutlich erhöhte Fassade wurde durch eine weite Kolonnade betont. In der späten Regierungszeit des Augustus oder zu Beginn der Regierung des Tiberius wurden bald administrative Annexe – eine Curia mit axialer Apsis und eine Art Archivsaal oder *tabularium* – an diese weite Halle angebaut. Dieser Komplex, dessen First sich bis zu 20 m über die umliegenden Gassen erhob und von der radikalen Veränderung des städtischen Lebens zeugte, wurde weiter hinten durch kleine Thermen ergänzt. Letztere waren nach demselben Schema wie die von *Stabiae* konzipiert und enthielten eine sich auf die warmen Räume öffnende Palästra.

Axiale Strukturen und Hierarchisierung des Raums sind die Schlüsselwörter eines Städtebaus, der sich vor allem durch sein Ziel, mit der frühen Phase zu brechen, als voluntaristisch und dirigistisch behauptet. Nur wenige

Fundstellen erlauben es, die Vorgänge bei der Übernahme einer Ansiedlung, deren Organisation nicht mehr den Normen der neuen Macht entsprach, zu entschlüsseln. Diese Operation wurde von einer konzertierten religiösen Aktion, die zuallererst in einer Romanisierung der traditionellen Heiligtümer bestand, begleitet. Eine von Agrippa selbst der Valetudo geweihte Kapelle wurde neben der Quelle errichtet. Die «Zwillingstempel» ihrerseits wurden anscheinend sehr bald dem Herrscherkult geweiht (vielleicht dem der Roma und des Augustus), wie aus den in der Nähe gefundenen Mitgliederporträts der julisch-claudischen Familie und ihrer Lage zum Forum geschlossen werden kann.

Man hat häufig nach den Gründen dieser Bebauung innerhalb des *pomerium*, nördlich des in Anlehnung an das Vorbild von Orange errichteten Stadtbogens gesucht. Solch ein Programm lässt sich nur mit der Bedeutung erklären, die dieser eher unbedeutenden Ansiedlung beigemessen wurde. Die Anwesenheit einer Oberschicht römischer Bürger, die durch ihre Kampfeinsätze auf der Seite Caesars ihr Ansehen erlangt hatte, wie auf der Inschrift und den Reliefs des berühmten oben beschriebenen Mausoleums bezeugt, trug wahrscheinlich dazu bei, die Aufmerksamkeit, sogar die Gunst der Führungskräfte des frühen Prinzipats auf sich zu lenken. Die Weihung Agrippas, des Stellvertreters des Augustus, der vielleicht nicht weit vom kleinen Valetudo-Tempel mit einer ihn mit seinen beiden Söhnen Lucius und Gaius Caesar darstellenden Statuengruppe geehrt wurde, zeugt jedenfalls von dem Interesse, das dieser bescheidenen Kolonie von höchster Stelle entgegengebracht wurde. Sie verdankte ihren Wohlstand im übrigen hauptsächlich dem guten Ruf ihrer Heilquelle und ihrer günstigen Lage an einem wichtigen Verkehrsknotenpunkt. Die Reliefs des Stadtbogens liefern in der Rückschau vielleicht einen Schlüssel zum Verständnis dieser Neugestaltung, die sichtlich mit einer

Abb. 18 Glanum. Die Portikus der sog. Zwillingstempels greift auf das hellenistische «bouleutherion» (Ratsgebäude) über.

Kontrollübernahme einherging, und wahrscheinlich von der Bevölkerungsmehrheit als ein autoritärer Akt empfunden wurde. Die Salyer zählten lange zu den wildesten und Rom am feindseligsten gesinnten Konföderationen. Ihre Integration in das neue administrative und politische System dürfte unter diesen Bedingungen beispielhaft gewesen sein. Dies suggeriert anscheinend das Bildfeld eines Stadtbogenpfeilers. Im Gegensatz zu den drei anderen Reliefs mit der klassischen Darstellung eines von gefangenen und in Ketten gelegten Männern und Frauen umgebenen Tropaeums zeigt dieses Feld eine eigenartige Gruppe: Eine mittelgroße Person, bekleidet mit dem wie eine *toga* drapierten *sagum*, hält einen an ein *tropaeum* geketteten, hochgewachsenen Gallier auf Distanz, der nur ein Kriegsgefangener, ein Besiegter sein kann (Abb. 19). Welche Botschaft steckt dahinter? Die erste, halb «urbanisierte» Gestalt ist ein durchschnittlicher Gallo-Römer, der verstanden hat, oder dem man zu verstehen gab, dass eine Anpassung an die Lebensweise des Siegers besser sei. Er zeigt seinen Mitbürgern einen dieser Krieger als Zeuge endgültig vergangener Zeiten, der in der neuen Gesellschaft keinen Platz mehr hat. Es ist bezeichnend, dass man zur Darstellung dieser Person noch nicht an einen *togatus* gedacht hat. Eine solche Unterlassung, fast anderthalb Jahrhunderte nach der Gründung von *Aquae Sextiae* – der Bogen kann aufgrund stilistischer Kriterien in die frühe Regierungszeit des Tiberius datiert werden –, ist bezeichnend für die andauernde Diskrepanz zwischen der romanisierten Architektur des Zentrums von *Glanum*, das schon vor Jahrzehnten wie ein Forum mit allen kanonischen Bauten aussah, und einer Gemeinschaft, deren Gewohnheiten sowie kulturelle und religiöse Wertesysteme sich ganz offensichtlich nur langsam änderten.

Betrachten wir nun die Entstehung von *Vasio*, einer der Hauptstädte der verbündeten *civitas* der Vokontier, so erscheint diese Entwicklung eines um die Mitte des 1. Jhs. n. Chr. von Pomponius Mela (II 5, 75) als *urbs opulentissima* bezeichneten Zentrums mit ebenfalls früher Verleihung des latinischen Rechts ganz anders. Wie schon von Ch. Goudineau exemplarisch gezeigt, erfolgte die Errichtung dieser Ansiedlung nicht nach Plan, sondern hing lange in einem mehr ländlichen denn städtischen Rahmen von individuellen Initiativen ab. In frühgeschichtlicher Zeit kontrollierte das wahrscheinlich am rechten Ufer der Ouvèze angelegte *oppidum Vasio* die von bescheidenen Bauern bebauten Landgüter. In der zweiten Hälfte des 1. Jhs. v. Chr. verließen einige Grundbesitzer die Höhensiedlung, um über größere Wohnsitze, immer noch mit landwirtschaftlichen Aufgaben, zu verfügen. Diese ohne vorherige Absprache errichteten *villae rusticae*, sofern dieser Anachronismus erlaubt ist, verhinderten eine kohärente Planung nachhaltig. Als sich die Strukturen einer echten Stadt, anscheinend ohne das Wissen der meisten Einwohner, allmählich abzeichneten, wurden die erlangten Rechte nicht in Frage gestellt, aber die landwirtschaftlichen Anbauflächen der Häuser wurden in Gärten, Peristyle und Palästren umgewandelt. Eines von ihnen, die Maison au Dauphin, wurde sogar im späten 1. Jh. n. Chr. um ein *atrium* bereichert. Das war ein rein formelles Zugeständnis an das immer noch deutlichste, wenn auch fortan sinnlose Zeichen der traditionellen, städtischen *domus*. Sucht man aber unter diesen manchmal sehr großen Häusern die Spuren öffentlicher Bauten, so muss man feststellen, dass noch keine Monumentengruppe, die ein diesen Namen verdienendes Verwaltungszentrum definieren könnte, identifiziert wurde. Die

Abb. 19
Glanum. *Das nördliche Relief auf der Westseite des Stadtbogens. Links ist der halb akkulturierte Gallo-Römer zu sehen, der sein «sagum» (Mantel) wie eine Toga drapiert hat.*

Organisation und Struktur | 35

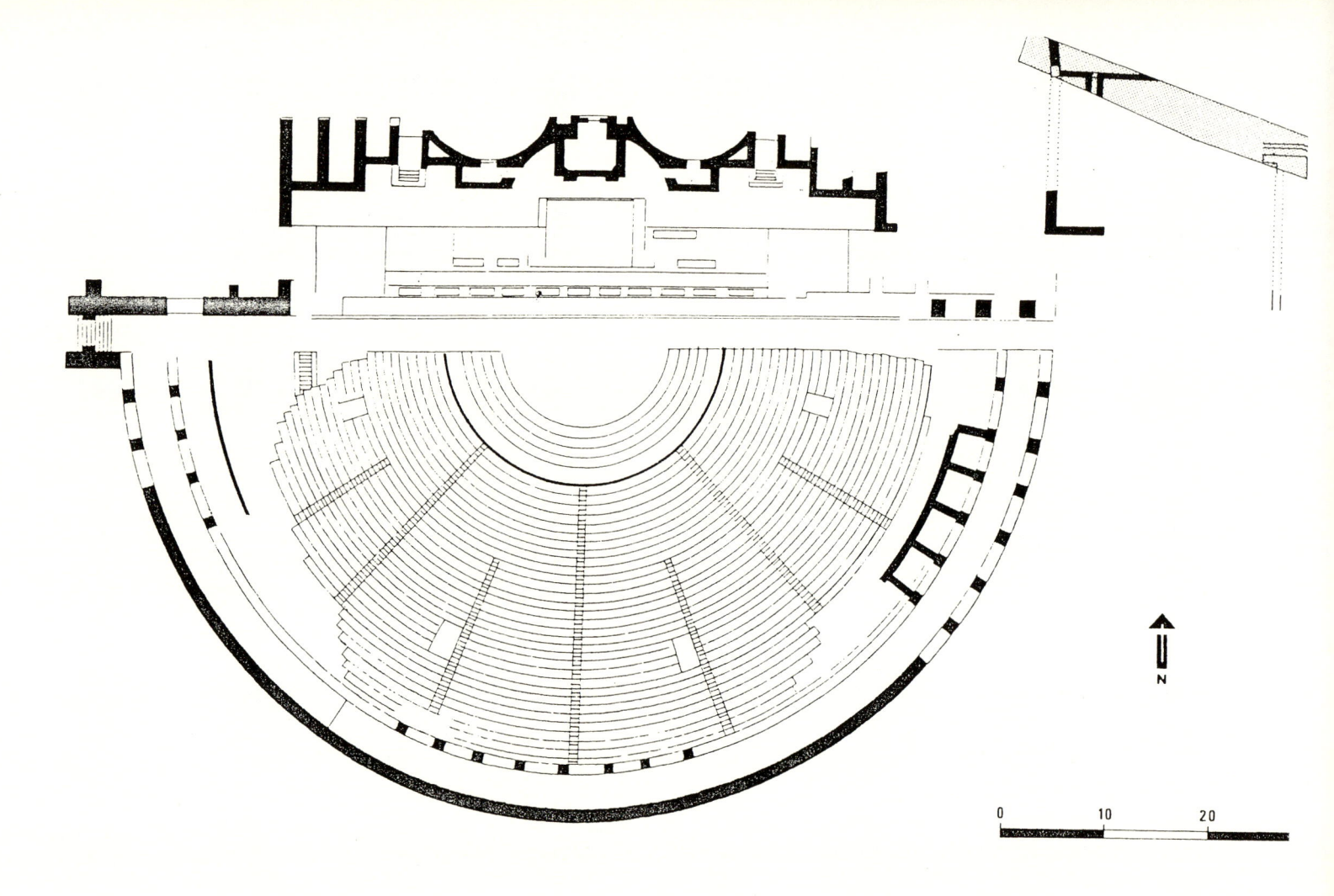

Abb. 20 Vaison-La-Romaine. Plan des Theaters aus julisch-claudischer Zeit. Die Ränge konnten etwa 7 000 Zuschauer aufnehmen.

damals von einem der ersten Ausgräber erkannte «Basilika» entpuppte sich als Element eines Thermengebäudes, und die «Portikus des Pompeius» ähnelt mehr einem privaten Garten als einer öffentlichen Promenade. Allein das Theater, das in die julisch-claudische Zeit datiert werden kann, zeugt mit seinen 7000 Zuschauerplätzen wirklich von einem städtischen Kontext, und die dort gefundenen öffentlichen Skulpturen – von Claudius, Domitian, Hadrian und Sabina – zeigen deutlich genug, dass es der Oberschicht von Vaison sehr früh daran lag, ihre Stadt mit einer immer wieder aufgefrischten Galerie kaiserlicher Porträts auszustatten, wie es auch in anderen Städten üblich war (Abb. 20).

Sicher kann das Fehlen jeglicher Hinweise auf ein Forum und seine Rechts-, Handels- und Kultbauten auf die bisher sehr partielle Freilegung eines städtischen Areals von 60 bis 70 ha zurückgeführt werden. Die fortschreitende Monumentalisierung bestimmter Achsen wie der Rue des Boutiques mit einer breiten Portikus, durch die die Fußgänger geschützt vor dem Wagenverkehr gehen konnten, lässt an intensive Aktivitäten denken. Die Existenz mehrerer öffentlicher Thermen, die außer denen im Norden bisher wenig bekannt sind, bestätigt schließlich, dass ein bedeutender Anteil der Bevölkerung mit den für einen mehr oder weniger romanisierten Lebensstil typischen Hygienestandards und Entspannungsmöglichkeiten vertraut war. Aber die planlos erscheinende Verteilung der bisher freigelegten Häuser, die als Erinnerung an ihre Herkunft eine Vorliebe für die Zersiedlung beibehalten, zeugt von der Empirie, die die Entwicklung von *Vasio* dauerhaft bestimmt hat. Anscheinend haben das Ansehen des *caput civitatis* und die ehrenvolle Schirmherrschaft eines aus dieser Stadt gebürtigen Sex. Afranius Burrus, Prätorianerpräfekt und Erzieher Neros, die Stadtväter von der Notwendigkeit eines neuen Regulierungsplans nie überzeugt. Und allem Anschein nach wurden sie diesbezüglich von der öffentlichen Seite her nie unter Druck gesetzt. Offenbar kümmerte es Rom wenig, die Oberschicht nach deren Integration zu einem Leben zu zwingen, in dem sie mit ihren Traditionen und mehr noch mit ihren Reichtumsquellen brechen musste.

Zwischen dem Dirigismus, der bei der Umwandlung eines hellenisierten *oppidum* – Glanum – vorherrschte, und der fortschreitenden und wahrscheinlich sehr unvollständigen Urbanisierung einer alten ländlichen Siedlung – Vasio – gab es natürlich eine Reihe von Varianten, deren bekannteste Beispiele erwähnt werden sollten. Mit der *Baetica* im Süden Spaniens ist die *Narbonensis* wahrscheinlich die westliche Provinz, in der das Phänomen «Stadt» über die ganze römische Zeit am besten verfolgt werden kann. Die Städte der frühen Kaiserzeit begnügen sich in dieser Region nicht mit der Reproduktion der in Italien schon erprobten Schemata; sie greifen ihnen oft vor, indem sie ganz neue, funktionelle wie monumentale, oft sehr zukunftsträchtige Lösungen wählen. Die historischen Gründe dafür können nicht mit wenigen Worten dargelegt werden. Es sei nur vor einer genaueren Betrachtung der besonders bezeichnenden Fälle darauf hingewiesen, dass die Empfänglichkeit einer wichtigen Randgruppe der einheimischen Bevölkerung, der Ansporn und der Vorbildscharakter der Kolonien römischen Rechts und die offensichtliche Gunst, die die Führungskräfte mehreren wichtigen Gemeinden erwiesen – zumindest in der frühen julisch-claudischen Zeit –, diesbezüglich eine entscheidende Rolle gespielt haben, selbst wenn andere punktuelle Faktoren, auf die wir zurückkommen werden, nicht außer Acht gelassen werden sollten.

Wie zu erwarten bieten die römischen Kolonien im Allgemeinen das vollkommenste Stadtbild im Westen, gleichgültig ob sie *ex nihilo* oder auf älteren Ansiedlungen errichtet wurden. Die Struktur der Veteranen-Kolonien ist zu Beginn der Kaiserzeit jedoch nicht so starr wie die der *coloniae maritimae* im 4. und 3. Jh. v. Chr. Nur einige, auf dem Terrain nicht immer zu überprüfende Regeln rühren aus einer Praxis her, die anscheinend einen lockeren Umgang mit der Theorie pflegte, sofern diese überhaupt jemals anders als sehr allgemein formuliert worden war. Es wird angenommen, dass der Umwallungsverlauf dieser Städte römischen Rechts, die von und für ehemalige Soldaten strukturiert wurden, regelmäßiger ist als bei den Gemeinden latinischen Rechts. Innerhalb eines mehr oder weniger geometrischen Rahmens gilt ein normiertes rechtwinkliges, flächendeckendes Gitternetz, das von zwei rechtwinkligen Achsen ausgeht. Zumindest bestimmt es das Raster des Verwaltungszentrums und dessen nächste Umgebung. Tatsächlich liegt das Forum in der Regel am Schnittpunkt der zwei Hauptachsen, die nach und nach analog zu dem System der ländlichen Centuriationen mit einer strittigen Gewohnheit *cardo maximus* (Nord-Süd-Achse) und *decumanus maximus* (West-Ost-Achse) genannt werden. Aber trotz der Verpflichtung für diese Gründungen, im Straßennetz die strenge Gleichheit bezüglich der jedem Bewohner zugeteilten Parzellen zu verwirklichen und einen Gesamteindruck von Rationalität zu geben, setzt sich oft der Pragmatismus durch.

Diese Vorbemerkungen sollen der in der zeitgenössischen Forschung allzu sehr verankerten Vorstellung eines mechanisch angewandten kolonialen Modells entgegenwirken, aber nicht die politische, kulturelle und auch symbolische Bedeutung verkennen, die von Rom, von den entlassenen Soldaten als Begünstigten und folglich von den Einheimischen, aber nicht aus denselben Gründen, der Errichtung einer römischen Kolonie beigemessen wurde. Es lassen sich unmissverständliche Zeichen erkennen. Eines, das uns sehr bedeutungsvoll erscheint, soll zunächst betrachtet werden. J.-Ch. Balty hat kürzlich die im Archäologischen Museum von Toulouse aufbewahrte kaiserliche Porträtreihe vom Forum der 36–35 v. Chr. zerstörten Kolonie Béziers untersucht und im ältesten Bildnis der Reihe einen Oktavian vom Typus Spoleto erkannt, dessen Datierung genau zu diesen Jahren passt (vgl. Abb. 42). Ursprünglich wurde aber dieser Oktavian von Béziers wie der von La Alcudia (Mallorca) *capite velato* dargestellt, d. h. das Haupt war mit der Toga verhüllt. Er wurde also bei der religiösen Handlung als Leiter der zeremoniellen Stadtgründung dargestellt: eine gerade für die Kolonien aktuelle Symbolik. Die Handlung des Romulus, der im Mythos den *sulcus primigenius* – die ursprüngliche, das erste Rom des Palatins abgrenzende Furche – zog, wird hier wiederholt. Der Gründer der Triumviratsepoche hatte also anscheinend den Ritus nach der Vorschrift des Servius mit seinen Assistenten zelebriert: *ritu gabino, id est togae parte caput velati, parte succincti* (*Commentarius in Vergilii Aeneida* VII 385, 663). Und bei der Durchführung dieses Ritus war er im Zentrum der Stadt *Baeterrae* verewigt worden. Andererseits sollte man nicht vergessen, dass die Stadt – und die römische Kolonie entsprechend –, obgleich in ihrer frühen Phase immer in einer ziemlich engen Verteidigungsmauer eingezwängt, ein lebendiger Organismus ist. Sie wird somit von einer internen Dynamik erfasst, die oft Grenzen und Versammlungsplätze mit vielfältigen Folgen für die inneren Verkehrswege, die Verteilung der Wohnbereiche und die Hierarchie der Räume verändert. Im Gegensatz zu der Vorstellung, die auf den Beschreibungen frühkaiserzeitlicher Ansiedlungen basiert, entwickeln sich diese nicht nur durch kumulative Erweiterungen, sondern auch durch Austausch, Zerstörung oder wiederholte Aufgabe. Das analytische Raster muss also juristische, topographische und chronologische Kriterien enthalten, was die Betrachtung nicht erleichtert, sie aber vielleicht historisch treffender werden lässt.

Entsprechend der Rangordnung in den römischen Kolonien ist mit der Provinzhauptstadt *Narbo Martius* zu beginnen, die sich damit rühmt, die erste Tochter Roms außerhalb Italiens zu sein, und die außerdem die Besonderheit aufweist, zwei aufeinander folgende Koloniegründungen erfahren zu haben. Leider sind die Kenntnisse über das Stadtgefüge noch sehr lückenhaft. Das ist umso mehr zu bedauern, als im Gegensatz zu Béziers, Nîmes, Toulouse oder Arles diese Stadt nicht auf eine einheimische Siedlung folgt, sondern an einem seiner Eigenschaften wegen gewählten Ort gegründet wurde, genauer am linken Ufer des Aude (der antike *Atax*), nahe eines am Rande einer Schwemmebene gelegenen Teichs, des *lacus Rubrensus*, der mit dem Meer durch einen Zufluss verbunden ist. Diese Lage an der Kreuzung eines aufwärts schiffbaren Flusses (Strabon IV 1, 14) und der Küstenstraße von Italien nach Spanien sowie am Ausgang eines Eisenerzbeckens, wo ein intensiverer Abbau ab Ende 1. Jhs. v. Chr. belegt ist, machte aus dieser Stadt Strabon zufolge (IV 1, 12) sehr rasch den Hafen der ganzen *Celtica*. Der Eisenerzabbau, dessen Aktivität über die Jahrhunderte der Kaiserzeit stetig zunimmt, ist in der nordwestlich der Ansiedlung gelegenen Montagne Noire angesiedelt. Doch von der *pulcherrima Narbo* (Martial, *Epigrammata* VIII 72, 4) ist fast nichts erhalten. Das wahrscheinlich aus caesarischer Zeit stammende koloniale Raster hat einige Spuren hinterlassen, da ein wichtiger, den städtischen Abschnitt der *via Domitia* bildender *cardo*, die heutige Rue Droite, und ein *decumanus maximus* sowie einige sekundäre *viae decumanae* nachgewiesen werden konnten. Es wird angenommen, dass die durch dieses rechtwinklige System bestimmten *insulae* 100 m lang waren, aber das rekonstruierte gitterartige Raster bleibt sehr hypothetisch und kann auf dem Gelände nur sporadisch über-

Abb. 21 Arles. Modell der antiken Stadt mit Blick auf die Bebauung zu beiden Seiten der Rhône. Am westlichen Ufer (links) die Hafenanlagen.

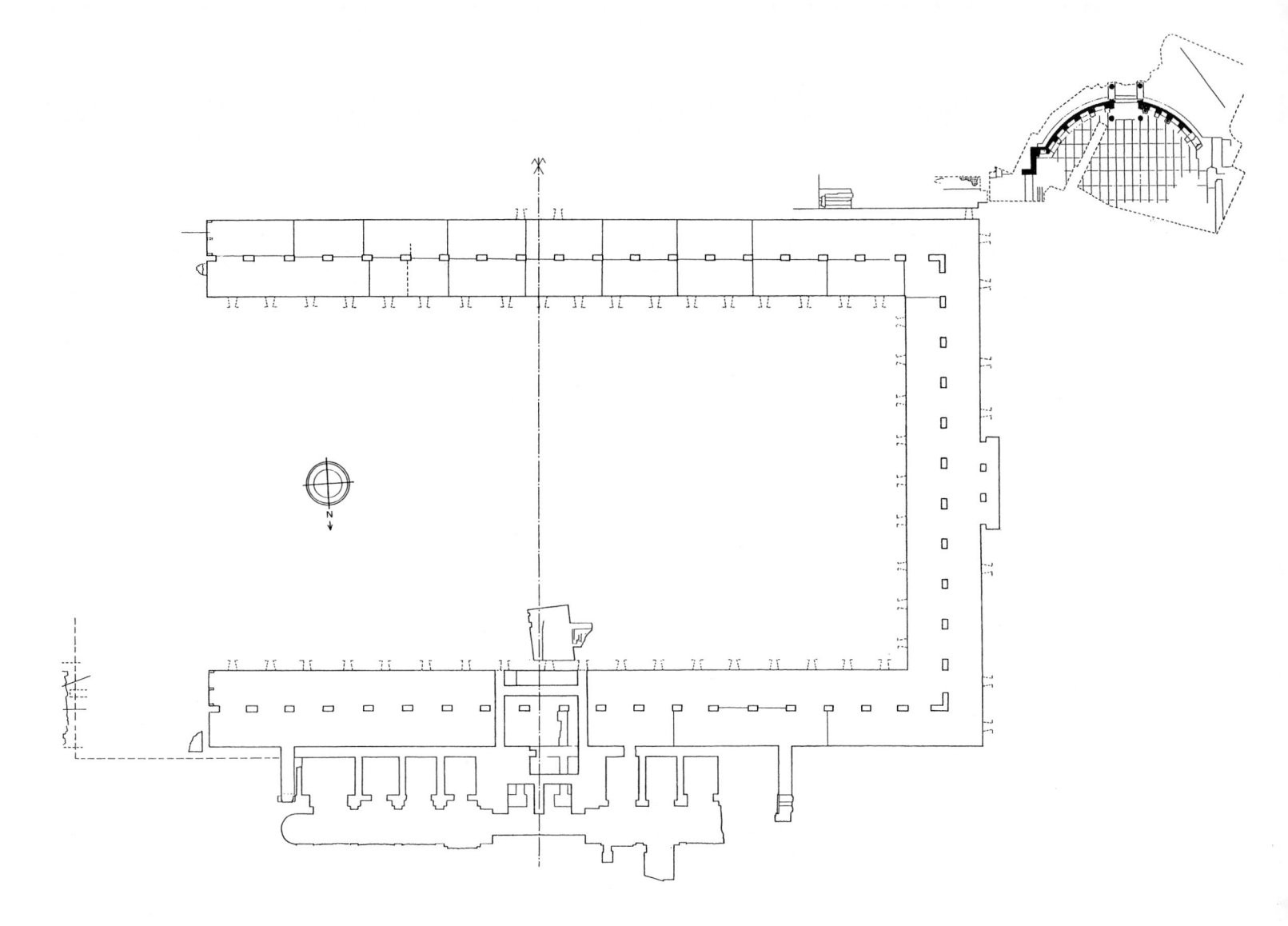

Abb. 22 Arles. Die mächtigen Kryptoportiken stützten – fast vollständig in die Erde verbaut – die oberhalb liegende Esplanade des Forums. Die beiden Portikenflügel bestanden aus zwei mit Flachtrommeln verbundenen Galerien.

prüft werden. Problematischer wird es noch dadurch, dass der Verlauf der Stadtmauer, die in den ersten Jahrzehnten die Kolonie schützte, nicht mehr rekonstruiert werden kann, da 1944 nur geringe Reste eines Erddamms mit einer Bekrönung aus eingerammten Pfählen beobachtet worden waren. Die Ausdehnung der republikanischen Stadt ist somit schwer abzuschätzen. Immerhin kann man feststellen, dass der monumentale Kern in der Nähe der Kreuzung beider Hauptachsen mit Berücksichtigung ihrer Orientierung errichtet wurde. Das älteste Zentrum der Kolonie mag tatsächlich ein im Fundamentbereich durch ein Netz unterirdischer Galerien definiertes Areal eingenommen haben. Diese Galerien wurden manchmal als Kryptoportiken bezeichnet, sind aber wohl eher als *horrea* zu betrachten. Ihr Mauerwerk in *opus reticulatum* bestimmt sie als eine von der Regierung gewollte oder kontrollierte Einrichtung, wie es meistens bei der Verwendung einer solchen Technik außerhalb Italiens der Fall ist, und datiert sie in die zweite Hälfte des 1. Jhs. v. Chr. Ihre zel-

lenartige Verteilung um einen rechteckigen Zentralhof legt nahe, dass sie die Infrastruktur eines Markts bildeten, von dem an der Oberfläche nichts erhalten geblieben ist, der aber wahrscheinlich wie eine vierseitige Portikus aussah. Es ist jedoch nicht auszuschließen, dass an der Stelle des vermuteten *macellum* auch ein erstes Forum bestanden hat, dessen Handels- und Verwaltungsfunktionen zusammengelegt worden sind.

Später wurde ein Komplex, der in der lokalen Tradition als echtes Forum mit einem Kapitol gilt, weiter nördlich auf der bescheidenen Anhöhe der Moulinasses errichtet. Er besteht aus einer mit Steinplatten belegten Fläche, die von Portiken umgeben ist (die heutige Place Bistan), und einem Peribolos, der drei Seiten eines gewaltigen Tempels einschließt, von dem nur noch die Fundamente erhalten sind. Die innere Unterteilung seines Podiums hat vermuten lassen, dass es aus drei *cellae* bestand, weshalb man den Tempel der Kapitolinischen Trias – Jupiter, Juno und Minerva – zugewiesen hat. Andererseits wurde aufgrund einer relativ alten Studie lange angenommen, dass sein bauplastischer Schmuck, besonders die korinthischen Kapitelle aus Carrara-Marmor, von denen einige Fragmente gefunden wurden, in die Regierungszeit Hadrians datiert. Diese sich hartnäckig haltende Behauptung erfordert zwei wichtige Berichtigungen: Angesichts der außerordentlichen Maße des Baus (36 m x 48 m mit *pronaos*) kann die Dreiteilung des Podiums nur einen rein technischen Charakter haben; die Kapitelle ihrerseits, mit einer rekonstruierbaren Höhe von 2,10 m, krönten 18–19 m hohe Säulen und weisen alle Merkmale einer römischen Arbeit aus julisch-claudischer Zeit auf. Es ist übrigens möglich, dass die vor der Küste, auf der Höhe von Saint-Tropez geborgenen Marmorsäulen einem Los für den Tempel von Narbonne gehört haben, was bestätigen würde, dass alle Teile korinthischer Ordnung in Italien entstanden wären. Jedenfalls wird diese frühe Datierung durch die Zeitstellung der aus lokalem Muschelkalk bestehenden Basen, Säulen und Kapitelle aus den den Tempel umschließenden Galerien bestätigt. Deren Stil entspricht, wie bei den Gebälkfragmenten aus der Portikus des Obergeschosses, den regionalen Produkten spätaugusteischer bzw. tiberischer Zeit. Kürzlich wurde sogar vorgeschlagen, sie an den Anfang des 1. Jhs. n. Chr. zu datieren. Schließlich gehen ernst zu nehmende Vermutungen dahin, dass das Kultgebäude ein Tempel für den Kaiserkult war. Wahrscheinlich wurde er nach dem Tod des Augustus gebaut und im Laufe des 2. Jhs. n. Chr. umgebaut oder restauriert, aber nicht errichtet. Die umfangreiche Verwendung von Marmor aus den kaiserlichen Bergwerken von Carrara spricht zugleich für eine solche Datierung und Nutzung. Die epigraphischen Zeugnisse legen außerdem nahe, dass der Tempel auf einen der *pax Augusta* geweihten, an diesem Ort kurz nach 27 v. Chr. errichteten Altar folgte (CIL XII 4335) oder auf einen zweiten, dem *numen Augusti* 11–12 n. Chr. geweihten Tempel (CIL XII 4333), nach dem Vorbild, das in Rom der göttlichen Macht des *princeps* zu Beginn des 1. Jhs. n. Chr. geweiht wurde. Er entspräche somit der für Augustus nach seiner Vergöttlichung errichteten *aedes*, die durch die Inschrift CIL XII 392 belegt ist, und die D. Fishwick, der sie eingehend untersucht hat, mit gutem Grund in flavische Zeit datiert. Diesem Gelehrten können wir aber nicht folgen, wenn er sich weigert, jegliche Beziehung zwischen dieser Inschrift und dem besagten Tempel herzustellen. Aufgrund einer hypothetischen Rekonstruktion einer anderen Inschrift (CIL XII 4393) sieht er in diesem Tempel immer noch das Kapitol der Kolonie. Dieses riesige, vielleicht infolge des großen Brandes von 145 n. Chr. restaurierte oder partiell neu aufgebaute Heiligtum wurde anscheinend nie im Detail vollendet, beurteilt man eine Pilasterbasis, über deren attischer Profilierung ein erst in Umrissen angelegter Girlanden- und Bukranienfries verläuft. Es war doppelt so groß wie die Maison Carrée von Nîmes und blieb über Jahrhunderte der wichtigste Kultbau der Kolonie. In der Zeit von Ausonius gilt es noch als Sinnbild der großen Stadt, denn der Dichter vergleicht es mit dem Kapitol von Rom und schreibt ihm sogar Mauern und Säulen aus Parischem Marmor (*Ordo nobilium urbium* 19, 14–17) zu, um seine Bedeutung zu steigern. Es war aber nur der Tempel für den kolonialen Kult der vergöttlichten Kaiser. Sicher wurde das Provinzialheiligtum, das auch als eine Art Bundesheiligtum fungierte, in dieser Stadt angelegt, wie es besonders für die *capita provinciae* der Iberischen Halbinsel nachgewiesen ist, allerdings zu einem späteren Zeitpunkt, wahrscheinlich unter Vespasian. Wir werden bei der Untersuchung der einzigartigen archäologischen und epigraphischen Dokumentation von Narbonne darauf zurückkommen. Jedenfalls erscheint der frühe Aufschwung dieser mit der neuen offiziellen Religion verbundenen «Municipalgründungen» mit vorherrschend dynastischem Charakter als ein Wesenszug der *Narbonensis*. Wenige Provinzen im Westen – abgesehen wiederum von der *Baetica* – haben so wichtige und zahlreiche Hinweise auf dieses Phänomen geliefert.

Dies bestätigt unter anderem auch die Kolonie Arles (*colonia Iulia Arelate Sextanorum*), die in dem vom Staat schon in der frühen Kaiserzeit eingerichteten System eine entscheidende Rolle gespielt hat und deren Bedeutung als Vorbild bei der Betonung der neuen Formen von Monumentalität und städtischen Lebens nicht weniger maßgebend war als die von Narbonne. Die mittelgroße, an den Hängen und auf dem Gipfel einer leichten Anhöhe in der Nähe eines Rhônebogens am linken Flussufer gebaute Stadt umfasste ursprünglich an die 40 ha. Da die Gründung am Ort des antiken *Theline* liegt, wäre es höchst interessant zu erfahren, wie die Flächen unter die Einheimischen und die Veteranen der VI. Legion verteilt wurden. Auch wenn die *deductio* in diesem besonderen Fall nicht als Sanktion vom Staat geplant war, da die Einwohner während der Belagerung von Marseille Caesar tatkräftig geholfen hatten, ist es kaum anzunehmen, dass sie dieses massive Eindringen als gerechte Belohnung für ihre Loyalität aufgefasst haben. Im besten Fall kann man sich vorstellen, dass Befehle zur Vermeidung jeglicher Gewalt gegeben wurden, aber eine solche Operation bedeutete, dass viele ohne Aussicht auf Wiedergutmachung beraubt wurden. Und man nimmt – jedoch ohne endgültigen Beweis – allgemein an, dass die Mehrheit der

Bevölkerung auf das rechte Rhôneufer umgesiedelt wurde. Es genügt jedenfalls die Arles betreffenden Seiten des *Corpus Inscriptionum Latinarum* durchzublättern, um zu sehen, dass aufgrund der Namensgebung der meisten auf den Weih- oder Grabinschriften erwähnten Personen die Honoratioren von Arles schon in der frühen Kaiserzeit nicht südgallischer, sondern italischer Herkunft sind.

Der ursprüngliche Stadtplan ist trotz der Fortschritte der in den letzten Jahrzehnten durchgeführten Ausgrabungen und Prospektionen noch an vielen Stellen unklar. Das erste Ziel der Kolonisten war anscheinend die Gestaltung und Konsolidierung der Flussufer, denn die günstige Lage hatte aus Arles schon immer einen wichtigen Hafen und Umschlagplatz gemacht. Dem Arles der vorkolonialen Zeit war es schon vor anderen städtischen Gründungen ab dem 2. Jh. v. Chr. gelungen, Vorteile aus der allmählichen Eingliederung der *Transalpina* in das Handelsnetz des westlichen Mittelmeeres zu ziehen. Deshalb zielten die ältesten, in die Jahre 40–30 v. Chr. zu datierenden Baumaßnahmen der Kolonisten darauf ab, über Hunderte von Metern hinweg Erddämme über einem Gerüst aus aneinander gereihten Weinamphoren an beiden Ufern aufzuschütten. Diese ersten, um 30 v. Chr. beschädigten, wenn nicht gar zerstörten Arbeiten wurden nicht fortgesetzt, da in den Jahren 20–10 v. Chr. gemauerte Kais angelegt wurden. In der gleichen Zeit, d. h. in der frühen Regierungszeit des Augustus, wurde die Stadt mit einer Mauer umfasst. Dieser Vorgang ist charakteristisch für die städtischen Gründungen dieser Zeit, auch wenn er in der damals im Westen herrschenden Friedenszeit weniger Verteidigungszwängen als einer Demonstration von Macht und Autonomie entsprach. Nur der östliche Teil der Stadtmauer ist erhalten geblieben. Der übrige Verlauf wird noch diskutiert, da nur wenige Strukturen erhalten sind. Diese aus fein gepickten Bruchsteinen errichtete Mauer umschloss Viertel, deren Raster noch nicht einheitlich war. Allein die untere Stadt scheint ein nach den Himmelsrichtungen ausgerichtetes Flursystem besessen zu haben. Weiter westlich wurden im Bereich der Kryptoportiken die Spuren einer unveränderten alten Siedlung aufgedeckt. Die römischen Architekten haben anscheinend wenigstens in diesem Bereich das ältere Straßensystem übernommen, was ihren Pragmatismus belegt und die Diskontinuität in Ausrichtung und Rhythmus des Gitternetzes erklärt. Dieser Aspekt sollte jedoch nicht die Programmatik und die funktionelle Effizienz der ersten kolonialen Urbanisierung verdecken (Abb. 21).

Die beiden Komponenten des monumentalen Zentrums wurden gemäß Vitruv (*De architectura* I 7, 1) aufgrund einer *arearum electio*, einer Wahl der öffentlichen Flächen, auf beide Seiten des *cardo maximus* verteilt. Das Herzstück der Komposition bildete natürlich das Forum. Der wegen des natürlichen Bodengefälles nötige Ausgleich der Niveaus für die Anlage einer großen Esplanade erforderte zuerst den Bau einer mächtigen, fast vollständig unterirdischen Substruktion, einer л-förmigen Kryptoportikus, deren Flügel circa 86 m x 59 m maßen (Abb. 22). Letztere bestanden aus zwei parallelen und miteinander durch eine Reihe von Flachtonnen verbundenen Galerien, deren Nutzung über die Jahrhunderte variiert haben mag. Die Portiken, die den Forumsplatz über diesen Kryptoportiken umschlossen, haben kaum Spuren hinterlassen. Nur Säulentrommeln, Gesimse und ein Kapitell – letzteres ohne gesicherte Herkunft – ermöglichen die Rekonstruktion einer 8 m hohen korinthischen Ordnung mit Gebälk und *mutuli*. Die Qualität der Profilierung und besonders der Bügelkymatien spricht für die Anwesenheit italischer, sogar römischer Handwerker in den Jahren 25–10 v. Chr.,

Abb. 23
Arles. Der «clipeus virtutis». (Schild der Tugend) war Augustus im Jahr 27 v. Chr. vom Senat angeboten worden. Die Titulatur in diesem marmornen Exemplar aus Arles legt eine Datierung auf 26 v. Chr. nahe; es besitzt also auch symbolischen Wert.

Abb. 24
Arles. Porträt des Marcellus. Dieses sehr qualitätvolle Porträt wurde offenbar in Rom hergestellt. Lange wurde es als lokale Darstellungsform des jungen Oktavian gedeutet.

Abb. 25
Detail des Porträts des Marcellus: die «barbula», der feine Bart.

allein schon wegen der systematischen Verwendung von Carrara-Marmor, mit dessen Bearbeitung die lokalen Werkstätten nicht vertraut waren. Diese Architekturfragmente, die bezüglich Material und Qualität mit zeitgleichen Exemplaren aus Städten wie Limyra in der Türkei, Tarragona in Spanien oder Cherchel in Algerien vergleichbar sind, gehören zweifellos zu einem öffentlichen Gebäude, dessen Ausführung von der Zentralgewalt überwacht wurde. Diese Esplanade nahm eine Fläche von ca. 3200 m² innerhalb der Portiken ein. In deren Mitte stand anscheinend ein kleines Heiligtum, ein *sacellum* unter einem Baldachin, nach den Marmorteilen, besonders den verzierten Pilastern, zu urteilen, die in einem Depot ganz unten in den Kryptoportiken gefunden wurden. Dieses Heiligtum wurde vielleicht zugleich dem *genius Augusti* und den lokalen Gottheiten der Kolonie, den *lares publici*, geweiht. Zwei außergewöhnliche Stücke scheinen von dort zu stammen: Das erste ist der «Schild der Tugend», der *clipeus virtutis*, die heute beste bekannte Replik des golden Originals, das Augustus 27 v. Chr. vom Senat geschenkt bekam und das in der römischen Curia untergebracht war (Abb. 23). Die Titulatur des *princeps* auf dem Exemplar von Arles legt 26 v. Chr. als leicht abweichende, aktualisierte Datierung nahe, was beweist, dass es außer seinem symbolischen Wert auch eine Bedeutung für die Gründung hatte, indem es auf den Beginn der Arbeiten am monumentalen Zentrum nach dem Besuch des Augustus auf dem Weg nach Spanien hinweist. Das zweite Stück ist ein wunderschönes Porträt eines Mitglieds der kaiserlichen Familie. Lange wurde es von der regio-

Abb. 26 Arles. Modell des Stadtzentrums, Ende des 1. Jhs. n. Chr.

ORGANISATION UND STRUKTUR | 43

Abb. 27a.b
Arles. Detail einiger Marmorgesimse der Bühnenfront. Qualität und Regelmäßigkeit der Motive, insbesondere der Kymatien (Profile), weisen mit Sicherheit auf die Anwesenheit italischer Steinmetze, vermutlich sogar stadtrömischer Herkunft hin.

nalen Tradition dem jungen Oktavian zugewiesen, in der Annahme, dass dieser kurz nach dem Tod seines Adoptivvaters Caesar dargestellt sei, wegen des leichten Backenbarts (*barbula*), der tatsächlich als Zeichen der Trauer interpretiert werden kann. Doch verbieten verschiedene Details seines Gesichts und seiner Frisur eine solche Identifikation, wenn auch die Qualität der Skulptur und die tadellosen Gesichtszüge, die den nächsten Mitgliedern der *domus imperatoria* eigen sind, für eine offizielle Schenkung des Augustus selbst sprechen (Abb. 24. 25). Vor nicht allzu langer Zeit wurde das Porträt oft als das des Caius oder des Lucius Caesar, angesehen, die der Zuwendung ihres Großvaters Augustus durch einen zu frühen Tod beraubt wurden, der sie als Adoptivsöhne zu seinen Erben hatte machen wollen. Heute sieht man in diesem Porträt aufgrund der Arbeiten von J.-Ch. Balty eher M. Claudius Marcellus, den Neffen des Augustus, Sohn seiner Schwester Octavia und ersten potentiellen Nachfolger des *princeps*. Der 43 v. Chr. geborene junge Mann hatte 27–25 v. Chr. seinen Onkel in der Kampagne gegen die Kantabrer begleitet. Bedenkt man, dass damals der noch jugendliche Marcellus mit *barbula* Augustus in die *Narbonensis*, d. h. nach Arles, gefolgt war, so kann er sehr wohl mit einem offiziellen Bildnis in der Kolonie geehrt worden sein. Mit seinem unerwarteten Tod 23 v. Chr. wird die Zeitspanne jedenfalls kleiner, und die Aufstellung des Porträts liegt daher zeitlich dicht bei der des *clipeus*. Diese zeitliche Übereinstimmung, die einen engen Zusammenhang zwischen den beiden bedeutenden Objekten sichert, bestätigt die Bedeutung dieser Jahre für die Stadt und zeugt von der erstaunlichen Fürsorge, die ihr seitens der Machthaber zuteil wurde, just als ihre Gestaltung die entscheidende Phase erlebte.

Der zweite, für den augusteischen Städtebau charakteristische Pol des monumentalen Zentrums ist das Theater. Arles ist nicht vorstellbar ohne Theater. Ganz oben auf der Anhöhe gelegen und nach einer *via cardinalis* ausgerichtet beherrschte dieser Bau den religiös-politischen

*Abb. 28
Arles. Außenmauer des Theaters: dorische und ionische Friese des Gebälks. Die Ausführung stammt offensichtlich von lokalen Handwerkern, die übereinander liegenden Friese gehören jedoch in die späthellenistische Tradition.*

Raum. Dadurch, dass seine *cavea* ganz auf künstlichen Substruktionen erbaut wurde, wirkte das Theater noch gewaltiger. Die 102 m breite *cavea*, die in drei *maeniana* unterteilt eine Kapazität von beinahe 10 000 Plätzen bot, endete auf der Höhe der *orchestra* mit den Ehrenplätzen, die der lokalen Prominenz und den städtischen Beamten vorbehalten waren. Die Bühnenwand war auf drei Stockwerken mit ca. hundert farbigen Marmorsäulen ausgestattet, unter denen der *marmor Numidicum*, der berühmte «Giallo antico» aus Chemtou in Algerien, zu einem der ersten Male außerhalb Italiens zum Einsatz kam (Abb. 26). Wie P. Pensabene bereits betont hat, bezeichnen dieses wie andere strukturelle und dekorative Details den Bau als eine der frühesten und bezüglich des Maßstabs treusten Umsetzungen des Marcellustheaters in Rom, das gerade vollendet worden war. Wie die *ornamenta* des Forums zeugen die des Theaters, und besonders die prächtigen Ziergesimse der *scaenae frons*, von der aktiven Anwesenheit wandernder italischer Handwerker (Abb. 27a.b). Sehr bald werden diese von lokalen Werkstätten abgelöst, die aus lokalem Steinmaterial, wenn auch auf eine etwas schwerfällige, aber genaue Art die römischen Vorbilder reproduzierten (Abb. 28). Unabhängig von dieser schillernden Architektonik, die dem Publikum ständig das Bild eines echten Palastes vor Augen führte, wissen wir dank der Untersuchungen von G. Sauron, dass der sehr symbolträchtige Dekor das gesamte Theater mehr oder weniger mit dem augusteischen Wohnsitz auf dem Palatin gleichsetzte. In der Mitte der *orchestra* stand ein Altar. Die die Ecken schmückenden Schwäne, Vögel von Delos, und die Datteln tragende Palme, die an den Dekor der Anten-Kapitelle des Apollotempels *in circo* in Rom erinnert, weisen darauf hin, dass er dem Apollo geweiht war. In der zentralen Nische des *pulpitum* stand vor der Bühne ein weiterer Altar, der auf seiner Schauseite den berühmten, an den Dreifuß gelehnten Apollo mit Kithara aus Delphi darstellte (Abb. 29. 30). Dieses Bild wurde auf beiden Seiten von einem Lorbeerbaum flankiert, genau so wie im Haus des Augustus, das in dem berühmten Text von Ovid beschrieben wird (*Tristia* III 33–58). Die Anspielung

Abb. 29
Arles. Theater: Der Altar des Apoll von Delphi. Der fehlende Kopf lässt den Schluss zu, dass der Kopf des Kaisers eingesetzt werden sollte. Augustus oder seine Nachfolger wären dann «in habitu Apollinis» mit den Attributen von Apoll dargestellt worden.

Abb. 30
Arles. Theater: Altar mit Schwänen. Ihrer hervorragenden Qualität nach dürfte dieses mit dem Apoll von Delphi vergleichbare Stück in einer der neuattischen Werkstätten Roms entstanden sein.

Abb. 31 Arles. Blick auf die Innenseite der Exedra beim Musée Arlaten. Dieser Bau zählt zu den bedeutensten Zeugnissen des antiken Arles.

war umso deutlicher, als zwei weitere, kleinere Altäre, die symmetrisch zu beiden Seiten des vorigen aufgestellt waren, eine Eichenkrone trugen, die, wie wir wissen, stets über der Tür der *domus* des *princeps* erneuert wurde. Diese Umsetzung der vegetabilen Symbole in Stein, die den Wohnsitz auf dem Palatin kennzeichneten, zusammen mit der Verherrlichung des Gottes Apollo, dessen Tempel die Mitte dieses Wohnsitzes bildete, ergab ein umso wirkungsvolleres Zusammenspiel von Andeutungen und Bezügen, zumal das Bild des Augustus nach dem Schema der Hüftmantelstatue, dessen wunderbar erhaltenes Gesicht eine Replik des Augustus von Prima Porta ist, die zentrale Nische der Bühnenwand über der «Königstür» schmückte. Es bestätigte die schützende Präsenz des ersten Kaisers. Dieser war von zwei Venusfiguren begleitet, gleichsam eingerahmt, deren Bedeutung nicht immer richtig erfasst wurde. Die eine davon ist die berühmte Venus von Arles. Sie wurde 1651 im Theater geborgen und löste eine große Begeisterung aus. Noch bevor sie nach Versailles transportiert und dem König geschenkt wurde, hatte man sie in einer heute als unpassend empfundenen Weise restauriert.

Diese Restaurierungen wurden vom Bildhauer Girardon mehr oder weniger geschickt ergänzt oder verbessert. Die Identifizierung des bei der Entdeckung vor Ort gemachten Gipsabgusses durch J. Formigé 1911 hat es ermöglicht, die ursprüngliche Gestalt der Statue teilweise wiederherzustellen. Heute sieht man in dieser in hymettischem Marmor ausgeführten Arbeit die Replik eines Werkes des Praxiteles, vielleicht die Aphrodite von Thespiae, die von diesem berühmten athenischen Bildhauer am Beginn seiner Karriere, jedenfalls vor der Aphrodite von Knidos, gearbeitet wurde. Diese Zuschreibung ist trotz aller jüngeren Einwände durchaus vereinbar mit der Verwendung dieses Typus für die Kultstatue der Venus Victrix im Heiligtum des Pompeiustheaters in Rom. Die Anwesenheit einer Statue dieses Typus im Theater von Arles ist durch die Nähe einer anderen praxitelischen Aphrodite, deren schöne Marmorbüste 1823 gefunden wurde, sehr plausibel. Überlebensgroß, wurde sie wahrscheinlich in einen drapierten Statuenkörper mit entblößter linker Schulter eingesetzt. Diese Besonderheit ermöglicht es, sie mit der Venus Genetrix des Caesartempels, der mythischen Gründerin der *gens Iulia* gleichzusetzen. Die Verwendung dieser beiden offiziellen Venustypen im Stil des klassizistischen Eklektizismus der frühen Prinzipatszeit nimmt auf der ohnehin symbolträchtigen *scaenae frons* dieses Theaters eine semantische Kraft und ideologische Tragweite an, die kein zeitgenössischer Bau in der Provinz für sich beanspruchen konnte. Betrachtet man die erlesene Qualität der neoattischen Altäre und offiziellen Statuen, so erkennt man darin ein Programm, das mit der Darstellung eines Monarchen als Schützling Apollos und Nachkomme der Venus die Bewohner der Kolonie an der Prachtentfaltung des Palatins in Rom und der neuen Apolloheiligtümer teilhaben ließ. Bei anderen Theatern, besonders in Spanien, übermittelt die Plastik ähnliche Botschaften, man denke zum Beispiel an Merida (*Augusta Emerita*) oder Cartagena (*Carthago Nova*), aber nirgendwo fanden sich so viele «städtische» Symbole im Sinne von «stadtrömisch» wie in Arles. Solch ein als Ausdruck der sakralen Macht konzipierter Bau mit seiner ganzen dekorativen Pracht stellte in der julisch-claudischen Stadt das deutlichste Zeichen von Römertum dar. Als streng hierarchisierter Versammlungsort kodifizierte er mitten im städtischen Raster einen neuen Modus räumlicher Gestaltung. Bevor dem Amphitheater und dann dem Zirkus der Vorzug gegeben wurde, behauptet sich das Theater als Identifikationstopos für die koloniale Bevölkerung und starkes Mittel der Teilhabe, wenn nicht der Assimilierung, für die Einheimischen in Stadt und Land. Dies ist umso bemerkenswerter, als die wichtigsten Teile des Baus – wie die übereinanderliegenden Friese (dorischer Fries und Blattranken) an der Außenmauer der *cavea* – in den Jahren 20–10 v. Chr. vollendet waren. Dies gilt selbst dann, wenn einige Elemente des ikonographischen Programms erst gegen Ende der Regierungszeit des Augustus oder nach dessen Tod eingerichtet wurden.

In der frühen Kaiserzeit beschränkte sich Arles nicht allein auf diese beiden «Orte des Konsens», das Forum und das Theater. Sehr bald wurde das Forum durch einen zweiten Platz ergänzt: Auf der Westseite des Forums entstand unter Tiberius oder Claudius – und nicht unter den Flaviern, wie kürzlich vorgeschlagen wurde – eine mit Steinplatten ausgelegte Esplanade, eine Art *forum adiectum*, die südlich wie nördlich – aus verständlichen Symmetriegründen – mit einer halbkreisförmigen, reich verzierten Exedra abschloss. Die Reste der südlichen Struktur im Hof des heutigen Musée Arlaten zählen zu den bedeutungsvollsten Zeugen der antiken Stadt, obwohl sie teilweise durch einen Abschnitt der spätantiken Stadtmauer verdeckt werden (Abb. 31). Dieser Platz wurde durch ein in seiner Achse stehendes Podium, das wahrscheinlich einen Tempel trug, nach Westen verlängert. Dagegen lag südlich des religiösen und bürgerlichen Komplexes ein anderes, anscheinend sehr weites, mit Steinplatten ausgelegtes Areal, dessen Funktion und Verbindung zum monumentalen Zentrum schwer fassbar bleiben (Abb. 32). Wenn auch der Exedrabau tatsächlich erst in

*Abb. 32
Arles. Rekonstruiertes Modell des «forum adiectum», d. h. der an die Westseite des Forums anschließenden Esplanade.*

Abb. 33
Arles. Blattrankenfries
aus dem Tempel für das
Herrscherhaus.

Abb. 34
Arles. «Forum
adiectum»: Platte
mit Maske des
Jupiter Ammon.

Abb. 35
Detail, Jupiter Ammon.

ORGANISATION UND STRUKTUR | 49

julisch-claudischer Zeit ausgeführt wurde, war sein Standort doch bereits seit der Ausarbeitung des augusteischen Programms vorgesehen. Der Tempel seinerseits muss dem *divus Augustus* geweiht worden sein. Der Blattrankenfries und die Platten mit bärtigem Kopf im Medaillon, der dem Kopf des Jupiter Ammon an den Portiken des Augustusforums ähnelt, aber nicht mit diesen identisch ist, sprechen für eine solche Zuweisung (Abb. 33–35). Bezieht man hypothetisch einen Lebensmittelmarkt (*macellum*) am Nordrand des ersten Forums mit ein, so zeigt die Kolonie Arles in den ersten Jahrzehnten der Kaiserzeit alle Komponenten eines zugleich funktionellen und symbolischen Städtebaus, der durch das Vorbild Roms geprägt war. Ein Indiz bestätigt die Reichweite dieser Annahme: Analysen von kürzlich in verschiedenen julisch-claudischen Bauten entnommenen Mörtelproben zeigen die Sorgfalt, mit der ihre stabile Zusammensetzung gewährleistet wurde und die bis ins 2. Jh. n. Chr. unverändert beibehalten wird. Alles geschieht, als hätten die bei den ersten Gründungen beteiligten italischen Werkstätten diesbezüglich genaue Vorschriften hinterlassen, die dauerhaft umgesetzt wurden.

Orange wurde nicht einmal zehn Jahre nach der Kolonie Arles in der Konföderation der Kavaren von ehemaligen Soldaten der II. Legion *Gallica*, die nach 27 v. Chr. den Beinamen *Augusta* erhielt, gegründet. Ihr Name *colonia Iulia Firma Secundanorum Arausio* leitet sich daraus ab. Sie zählt zu den Städten römischen Rechts, deren Reichtum an Bauten noch auf ihre programmatische Kohärenz schließen lässt. Selbst wenn *Arausio* seit dem Ende des 2. Jhs. v. Chr. als Ort einer schrecklichen Niederlage der römischen Legionen gegenüber den Kimbern und Teutonen bekannt ist, scheint nur der im Süden durch einen frühgeschichtlichen Wall abgeschnittene Hügel Saint-Eutrope vor der *deductio* bewohnt gewesen zu sein. Im Gegensatz zu Arles, wurde hier also die *colonia* der Veteranen quasi auf Neuland errichtet. Obwohl lange ein rechtwinkliges, von einer Mauer mit symmetrischem, polygonalem Verlauf ganz umschlossenes Raster postuliert wurde, weist die am Nordhang der felsigen Anhöhe gebaute Kolonie eine nur wenig regelmäßige Planimetrie auf. Berücksichtigt man allein die aus dem Gelände gewonnenen Informationen, so zeigt sich das Straßennetz eher zufallsbedingt, und die Stadtmauer kann nur in ihren Süd- und Westabschnitten verfolgt werden. Nur die zwei wichtigsten Baudenkmäler – das Theater und der Peribolos des benachbarten Tempels – folgen einer einheitlichen Orientierung, die der durch den Stadtbogen auf dem *pomerium* definierten Achse und der Verlängerung der langen, auf 40 m erhaltenen Arkadenmauer (Rue Pontillac) entspricht (Abb. 36).

Wegen seiner drei Tore, der Attika und der reichen, alle Felder schmückenden Reliefs wurde der Stadtbogen, der den Besucher im Norden an der Grenze des *pomerium* empfängt, teilweise in die Zeit des Mark Aurel oder Septimius Severus datiert. Die Analyse des Bauschmuckes und des ikonographischen Programms ermöglicht hingegen, den Bau an den Regierungsbeginn des Tiberius zu stellen, d. h. in eine Zeit, in der es nötig war, mit Nachdruck erneut die Macht der römischen Armee zu bekräftigen. Die Felder mit der «Beute» (Stapel von anscheinend dem Feind abgenommenen Waffen und Ausrüstungsteilen) und «Trophäen» (im Boden steckende Pfähle, an denen die Beute hängt und an die die Gefangenen gekettet sind) erinnern sehr deutlich daran, dass jeglicher Widerstandsversuch zum Scheitern verurteilt ist. Man kann sich vorstellen, dass in einer von Veteranen bewohnten Stadt wie Orange diese abschreckende Thematik vor allem nach außen gerichtet war und zum ehrenvollen Gedenken an den 19 n. Chr. früh verstorbenen Germanicus dienen sollte. Eine bei Sevilla kürzlich wiedergefundene Inschrift, die *tabula Siarensis*, auf der die postumen Ehrungen, die diesem außergewöhnlichen General zuteil wurden, im Detail beschrieben sind, enthält Anweisungen bezüglich der Ausgestaltung der Bögen, die ihm an verschiedenen Orten des Kaiserreichs gewidmet werden sollen. Diese Anweisungen passen sehr gut zum Bogen von Orange (Abb. 37).

Die ursprüngliche Ausdehnung der Stadt war anscheinend wesentlich geringer, als man noch vor kurzem dachte. Sie wurde vom Fluss Meyne geschützt, den die römischen Ingenieure näher zum Hügel hin umgeleitet hatten. Jedenfalls wurde von Anfang an die exponierte Lage auf dem Bergrücken optimal für eine echte Inszenierung der wichtigsten öffentlichen Gebäude genutzt. Wenn der Besucher durch den Torbogen kam und die Hauptstraße, den *cardo maximus*, entlang weiterging, sah er an den Nordhängen des Hügels Saint-Eutrope einen großen, vermutlich kultischen Baukomplex, von dem nur die stark veränderten Fundamente erhalten sind. Diese Ruine, die im 19. Jh. durch das Eintiefen eines Reservoirs zum Vorschein kam und vielleicht zu monumentalen Propyläen gehört hat, lässt sich schwer interpretieren. Weiter oben erinnert ein in die mittelalterliche Burg eingegliederter Bau an einen Tempel, der in die frühe Prinzipatszeit datiert und vielleicht als Kapitol gedeutet werden kann. Diese Bauten, die in der Verlängerung der Symmetrieachse des an das Theater angrenzenden Tempels errichtet wurden, boten einen durchdachten, monumentalen Prospekt, dessen sich nur wenige Städte im Westen rühmen konnten. Das große, am Fuß des Hügels

Abb. 36 Orange. Plan der antiken Stadt nach den letzten Ausgrabungen.

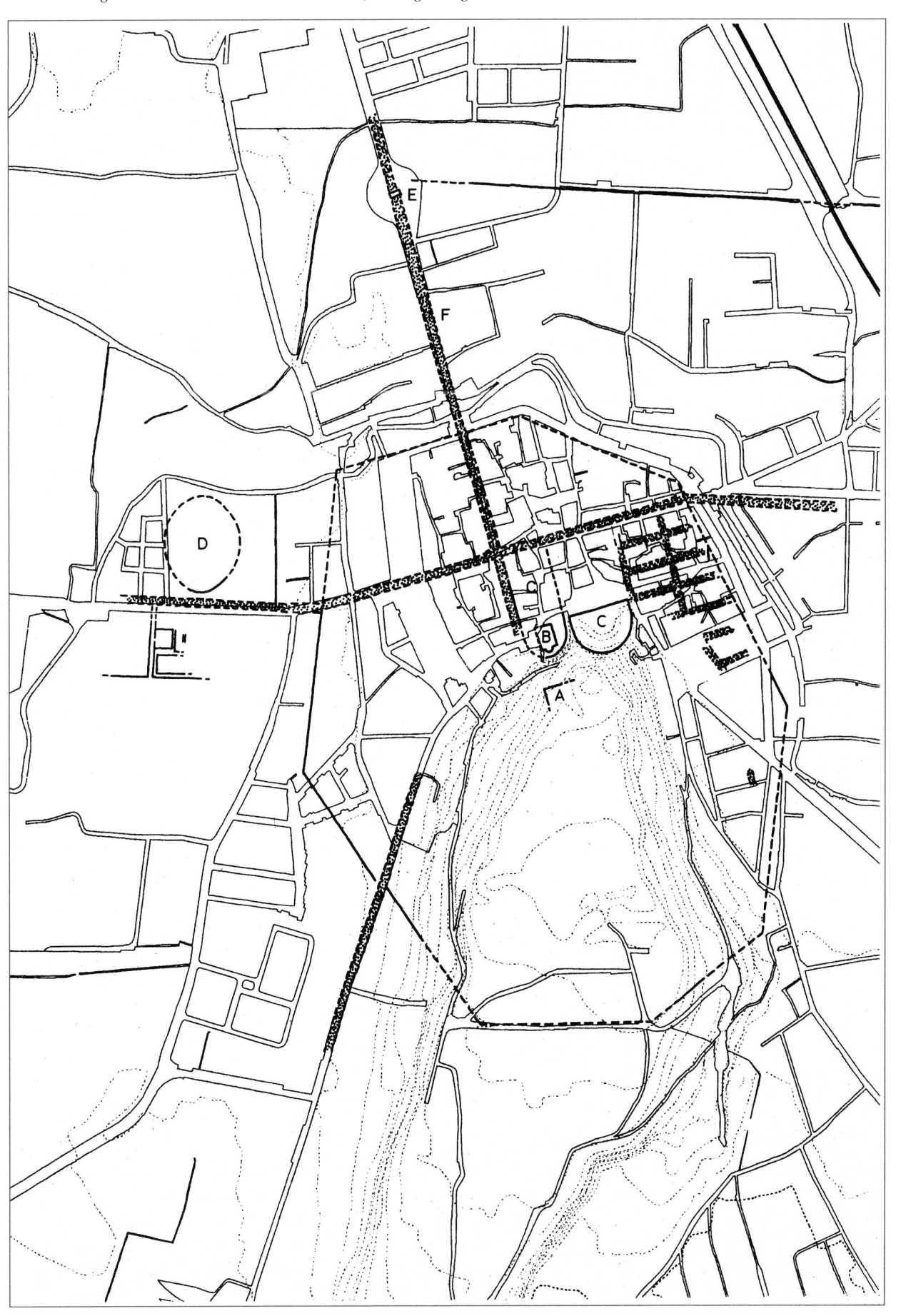

A: Kapitol
B: Tempel für den Kaiserkult
C: Theater
D: Lage des Amphitheaters
E: Triumphbogen
F: «cardo maximus»
(eine der Hauptstraßen)

ORGANISATION UND STRUKTUR | 51

neben dem Theater gelegene Heiligtum, dessen Gründungsdatum immer noch diskutiert wird und von dem nur die Bauphase des 2. Jhs. n. Chr. bekannt ist, bildete den Auftakt dieses Prospekts. Dieser Lage wegen nimmt man heute an, dass der Entwurf, wenn nicht die Ausführung dieses Tempels auf die frühe julisch-claudische Zeit zurückgeht. Umgeben von einem runden Peribolos mit gegenüber der Tempelplattform erhöhter, umlaufender Portikus ähnelt er einer Anlage für den Kaiserkult, weniger einem einer orientalischen Gottheit wie z. B. Kybele geweihten Heiligtum, was aufgrund der Anwesenheit einer Krypta im Podium lange behauptet wurde. Der unmittelbare Zusammenhang dieses Gebäudes mit dem des Theaters im Sinne eines Bauprogramms ist nicht nur durch das Aneinandergrenzen und die Orientierung beider Gebäude gesichert, sondern auch durch deren organische Verbindung miteinander. Eine in das Theater integrierte Arkadenreihe ermöglicht es, von einem zum anderen Bauwerk hinüberzugehen. Auch die Ähnlichkeit des architektonischen Konzepts, die Gebäude mittels eines Halbrunds in den Hang zu bauen, spricht für ein derartiges Konzept. Aber täuschen wir uns nicht: Trotz der enormen Ausmaße des Theaters kam dem Tempel die höchste gesellschaftliche und politische Bedeutung in der Kaiserzeit zu.

Das Theater von Orange ist in seiner Kategorie zusammen mit dem von Aspendos in der Türkei das besterhaltene der römischen Welt (Abb. 38, vgl. 15). Durch seinen guten Zustand erscheint es riesig, wobei es kaum größer ist als das von Arles (103 m im Durchmesser). An die Hügel angeschmiegt, konnte es ungefähr 7000 Zuschauer aufnehmen. Einigen Inschriften zufolge (CIL XII 1241), waren die drei Sitzreihen unten an der *cavea* den Rittern und verschiedenen Korporationen vorbehalten. Die 37 m hohe, zum Teil wiederaufgebaute Bühnenwand bestätigt wie in Arles, aber in viel besser lesbarer Form, die Bedeutung der ikonographischen Gestaltung für die allgemeine

Abb. 37
Orange. Der Stadtbogen war möglicherweise dem im Jahr 19. n. Chr. verstorbenen Germanicus gewidmet.

Abb. 38 Orange. Eindrucksvolle Luftaufnahme des Theaters mit «cavea» (Zuschauerrund) und Bühne.

Struktur des Bauwerks: Zwei übereinanderliegende Ordnungen im Mittelteil der *scaenae frons* und drei Ordnungen an den Seiten belebten eine riesige, palastartige Fassade, in der sich eine breite, axiale Nische mit den Säulen eines Baldachins – *valva regia* – auf der Höhe der Bühne öffnete. Die *portae hospitales* ihrerseits öffneten sich in den viereckigen Exedren. Dieser vor kurzem untersuchte Aufbau aus grauem Granit, farbigem und weißem Marmor hat trotz der übermäßigen Restaurierungen des letzten Jahrhunderts den Hauptteil seines spezifischen Dekors zurückerhalten: der Kentaurenfries aus Marmor, von dem einige wichtige Fragmente erhalten sind, schmückte die erste Ordnung des mittleren Teils, während die zweite Ordnung mit einem Fries wagenfahrender Viktorien ausgestattet war. Ein Fries mit einem dionysischen Umzug bestimmte alle Bestandteile der unteren Ordnung. Der Fries der zweiten Ordnung bestand nur aus einem Hohlzungenmuster. Im Gegensatz zum Theater von Arles scheinen die hier vereinten Themen eher zusammenhangslos, was wahrscheinlich mit den wiederholten Instandsetzungen der figürlichen Verkleidungen im Laufe der Jahrhunderte zusammenhängt. Doch entwickelt das Gesamtkonzept der seit ihrem Bau unveränderten *scaenae frons* eine typisch augusteische Semantik, wie es G. Sauron gezeigt hat. Besonders der mittlere Teil, in dem die Rundung einer Exedra neben die geraden Linien des Baldachins gestellt wird, verband die Themen des Himmels (konkav) und der Erde (viereckige Volumen) mit dem Akzent auf deren Versöhnung in der neuen, vom Goldenen Zeitalter des Prinzipats begründeten kosmischen Ordnung. Die *valva regia* symbolisierte mit dieser vielfältigen, ganz neuen und spektakulären Architektur die erneuerte Eintracht, deren Garant Augustus mit seiner Zugehörigkeit zu beiden Teilen der Welt durch die Statue in der Rundbogennische dargestellt wird. Es gibt also ein entscheidendes Indiz, das die Datierung des gesamten Theaters in augusteische Zeit erlaubt. Diese Chronologie, die spätere Änderungen nicht ausschließt, wurde kürzlich aufgrund stilistischer und archäologischer Beobachtungen bestätigt.

Diese aus Tempel und Theater bestehende monumentale Anlage – heute der Anziehungspunkt für alle Besucher – war lange der urbane Kern der Kolonie. Hinter der Bühnenwand des Gebäudes öffnete sich ein von Portiken städtischen Raster. Der verfügbare Raum wurde zudem dadurch begrenzt, dass mehr als die Südhälfte des von der Stadtmauer eingeschlossenen Areals wegen der felsigen Steilhänge des Hügels Saint-Eutrope nicht genutzt werden konnte. Diese Häufung öffentlicher Gebäude, die auch in anderen vergleichbaren Kolonialgründungen auf Kosten der Siedlung beobachtet werden kann, erklärt wahrscheinlich, warum die Stadt sehr bald ihren Mauerring gesprengt hat. Im Westen, in der Flur La Brunette, wurde vor kurzem eine Anlage *extra muros* untersucht, die einen großen, rechteckigen Platz ergab, in dem A. Bouet den *campus* der Kolonie vermutet. Unmittelbar östlich einer Nord-Süd-Achse schließt sich der Sitz des Jugendvereins (*schola*) an, dessen auf dem Kataster erwähntes Kultgebäude (*aedes*) anscheinend identifiziert wurde. Diese um ein *atrium* angelegte *schola* besaß ein Thermengebäude, wie es bei einem *campus* für paramilitärische Übungen der *iuventus* üblich war (Abb. 39). Eine solche, für Veteranen-Kolonien charakteristische Anlage – bekanntestes italisches Beispiel ist die Therme in Pompeji aus der Zeit Sullas – dürfte in Orange höchstwahrscheinlich in die ersten Jahrzehnte des 1. Jhs. n. Chr. gehören. Somit würde sie demselben Bauprogramm angehören wie der Stadtbogen und der große Tempel. Später entsteht *extra muros* in der Nähe der Anlage für die Jugend das Amphitheater und bestätigt so deren Bestimmung.

Die zahlreichen Grabungen der letzten 25 Jahre in Fréjus erlauben eine relativ klare Vorstellung der ersten kaiserzeitlichen Stadtanlage von *forum Iulii Octavanorum colonia Pacensis Classica*. Es liegt am westlichen Ende eines Sandsteinplateaus unweit der Küste, am linken Ufer des Reyran, der nun ein Nebenfluss des Argens ist. Von Caesar als Markt für die Versorgung seiner Truppen während der Belagerung von Marseille konzipiert, entwickelt sich die oktavianische Siedlung rasch zu einem rechtwinkligen Netz, in dessen zweiter, in die Jahre 10–8 v. Chr. datierenden Phase längliche *insulae* entstehen. Ihre Schmalseiten stoßen auf die *cardines*, deren Ausrichtung 34° nach Nordwesten beträgt (Abb. 40). Dieses Gitternetz scheint die ganze Nordhälfte des Stadtareals überzogen zu haben und ist umso bemerkenswerter, als die öffentlichen Gebäude perfekt eingepasst wurden. Dies setzt einen regulierenden Gesamtplan voraus, der in den Ansiedlungen der Region selten festgestellt wurde. Mit einem von einer 3700 m langen Mauer eingeschlossenen Areal von 45 ha weist die Kolonie römischen Rechts von Anfang an eine Struktur auf, die der allgemein verbreiteten Vorstellung von einer «römischen Stadt» entspricht, zumal ihre monumentale Mauer noch heute zur Steigerung ihrer *dignitas* beiträgt. Man hat in der Architektur der Tore – ob

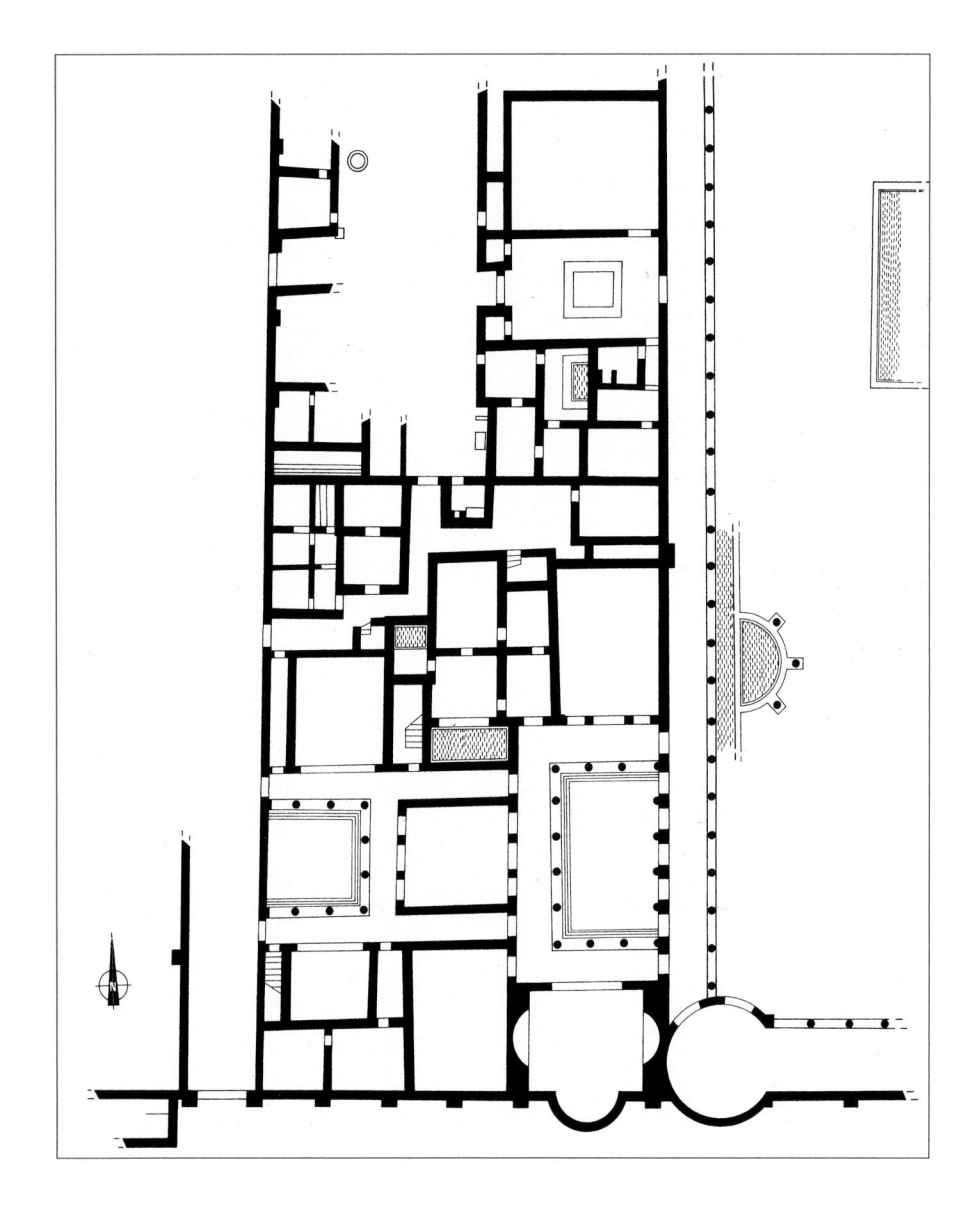

Abb. 39 Orange. Plan der Bebauung unterhalb des modernen Stadtviertels La Brunette mit der hypothetischen Lage des sich rechts anschließenden «campus» (Trainingsplatz).

umgebener, viereckiger Platz. Dieser war zugleich Eingangsbereich für die Zuschauer und Forumsanbau, wenn man annimmt, dass sich das Forum unmittelbar westlich in der Verlängerung des Tempels anschloss, von dem es durch eine Reihe von Becken mit Wasserspielen – eine Art *nymphaeum* mit mindestens zwei verschiedenen Bauphasen – getrennt war. Die durch die Mauer der Rue Pontillac markierte Westgrenze dieses Platzes entsprach vermutlich dem *cardo maximus*. Reste der dort verwendeten Steinplatten sind übrigens immer noch in mehreren Kellern des Stadtviertels zu sehen. Bedenkt man, dass alle um diese Plätze verteilten Verwaltungs- und Justizgebäude, darunter ein *tabularium* oder Archivgebäude, das in flavischer Zeit das berühmte Marmorkataster beherbergte, noch unbekannt sind, so ermisst man die Bedeutung der von den Bauten eingenommenen Fläche im

«Zangentore», wie die so genannte Porte des Gaules und die Porte de Saint-Pons, oder Tore mit kreisförmigem Innenhof, wie die so genannte Porte de Rome – sukzessive Bauphasen erkannt, die in die Regierungszeit des Tiberius datieren (Abb. 41). Sicher darf man annehmen, dass sie schon seit der Errichtung der Stadtmauer in einer bescheideneren Form bestanden haben. Der Mauerverlauf weist mehrere Besonderheiten in Gestalt zweier Anbauten auf: Die Butte Saint-Antoine im Süden bildet eine kleine autonome Festung als Bastion zum Meer. Eine Mauer versperrt den Zugang zur Stadt und in der Ostecke befindet sich eine ebenfalls vorspringende, aber nicht abgetrennte Plattform. Beide Bereiche wurden mit komplexen Strukturen bebaut, bei denen unklar bleibt, ob sie privater oder öffentlicher Natur waren. In beiden Fällen handelt es sich um hauptsächlich in augusteische Zeit datierende *domus* in der Art städtischer Paläste, die um Peristyle angelegt und mit zahlreichen Räumen ausgestattet waren, von denen sich einige um Nebenhöfe gruppierten. Man hat darin Verwaltungs- und Wohnareale erkennen wollen, die dem Statthalter der Provinz und/oder dem Flottenpräfekten und deren Dienstpersonal vorbehalten gewesen wären. Die Frage muss aber offen bleiben.

Das in der Nähe der Nordecke der Stadtmauer erbaute Theater überzog mit seinem *porticus post scaenam* drei *insulae*. Wahrscheinlich in den ersten Jahrzehnten des 1. Jhs. n. Chr. errichtet, bestand es im Bereich der höheren Sitzreihen (*summa cavea*) nur aus Holzstrukturen, von

Abb. 40 Fréjus. Rekonstruierte Gesamtansicht der antiken Stadt.

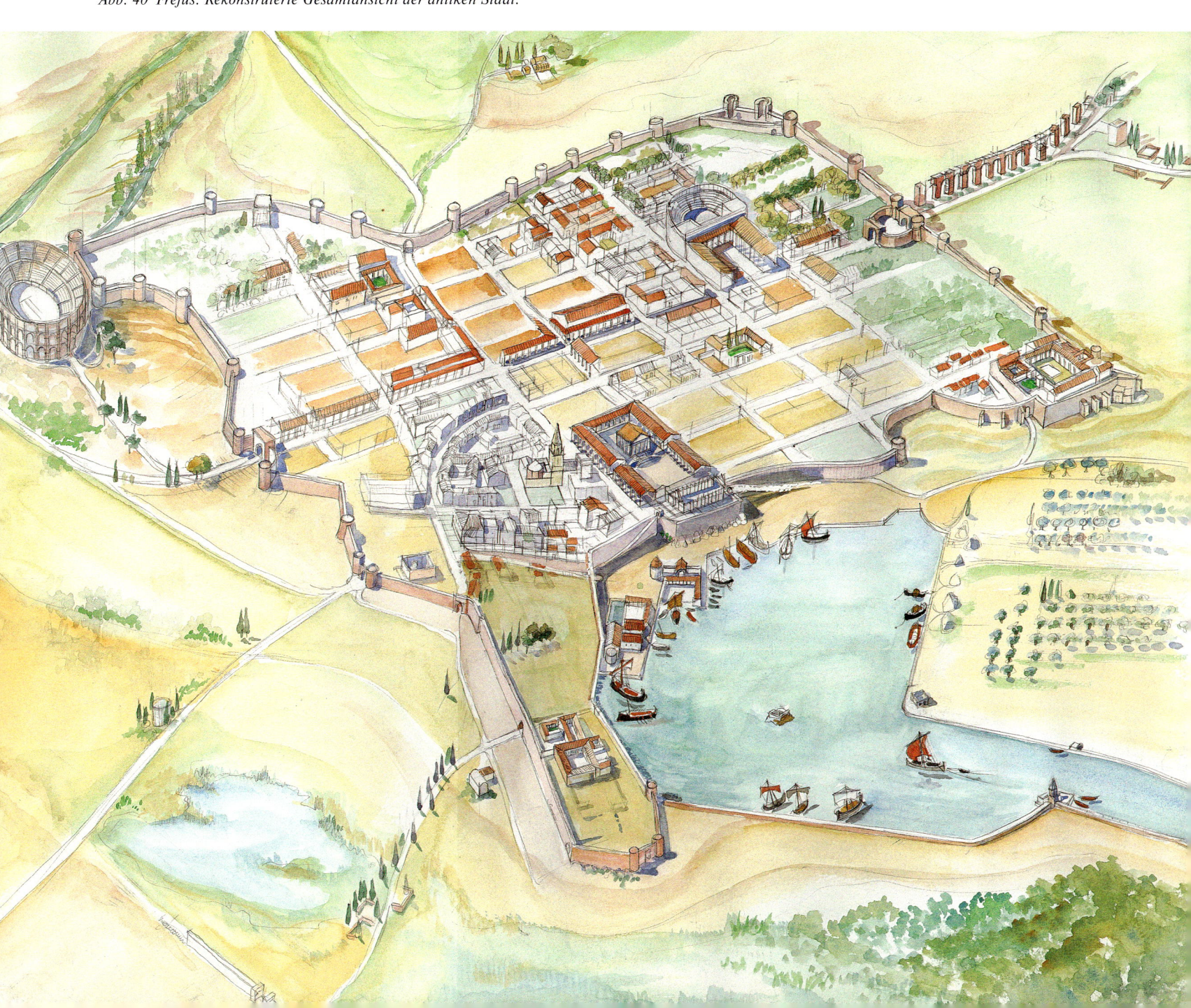

denen nicht bekannt ist, ob sie von Anfang an vorgesehen waren oder erst später dazugekommen sind. Jedenfalls wurde der Bau im Laufe der Zeit mehrmals erweitert und restauriert. Das Forum, von dem nichts erhalten ist, wird südöstlich der Kreuzung beider Hauptachsen vermutet. Diese, das klassische Schema der kolonialen Pläne durchbrechende Verschiebung soll zu einer weiteren Versetzung des Mauerverlaufs geführt haben, um die vermutete Gerichtsbasilika zu integrieren. Unter dem Justizpalast und in seiner Umgebung durchgeführte Grabungen haben zwei Plattformen zutage gefördert – die nördliche höher gelegen als die andere –, deren Zweck vorerst offen bleiben

Abb. 41
Fréjus. Rekonstruktion der «porte de Rome» in ihrer späten Ausbauphase.

56 | Organisation und Struktur

muss. Es gibt keinerlei Indizien, um an dieser Stelle ein Kultareal mit einem zentralen Platz zu sehen, den ein Tempel beherrschte. Die vor Ort mehrfach gefundenen großen Steinplatten und eine monumentale Treppe an der Grenze beider Esplanaden sprechen aber für einen bedeutenden Platz. Besonders das Fehlen jeglicher Spur umlaufender Portiken sorgt weiterhin für Unklarheit bei der Definition dieser Strukturen. Die verschiedenen Thermen, Brunnen und Nymphäen können ihrerseits nicht vor dem Bau des Aquädukts in Betrieb gewesen sein, dessen Datierung immer noch diskutiert wird, aber nicht vor der ausgehenden julisch-claudischen Zeit anzusetzen sein dürfte.

Der ursprüngliche Plan der Kolonie Fréjus wurde maßgeblich durch ihre Rolle als Hafen bestimmt. Die Ernennung zur Kolonie war erfolgt, als Oktavian dort die Kriegsflotte unterbrachte, bestehend aus in *Actium* abgefangenen Schiffen. Im Laufe des 1. Jhs. n. Chr. beschreibt Tacitus die Stadt als «Riegel zur See» – *claustra maris* (*Historiae* III 43). M. Janon hat zu Recht vorgeschlagen, dass die beiden über den Hafen hinausragenden Vorsprünge, die in der Antike durch mächtige Stützmauern verstärkt wurden, ihren Ursprung in alexandrinischen Vorbildern hatten, vor allem wenn man annimmt, dass beide von palastartigen Strukturen besetzt waren, und wenn man sich an die Existenz einer kleinen, wahrscheinlich künstlichen Insel mitten im Hafenbecken erinnert. Es ist schließlich festzustellen, dass in Fréjus noch kein Gebäude für den Kaiserkult identifiziert werden konnte. Dies hat aber keine weitere Bedeutung, da die Erhaltung naturgemäß zufallsbedingt ist. Die vielen Inschriften aus der Stadt und ihrer Region, die von *seviri Augustales* stammen, zeugen übrigens von der frühen Aktivität dieses Kollegiums, dem die Organisation der Feierlichkeiten zu Ehren der vergöttlichten Kaiser oblag.

Die zwei letzten römischen Kolonien – Béziers und Valence – haben keine Baureste geliefert, deren Bedeutung oder Anordnung die bei der Betrachtung der vier vorigen Siedlungen festgestellten Hauptmerkmale in Frage stellen würden. Trotz der Vielfalt, die durch die spezifischen Anforderungen aufgrund der jeweiligen Lage und unterschiedlichen Funktionen innerhalb des von Rom in den ersten Jahrzehnten der Kaiserzeit eingerichteten Systems bedingt ist, zeugt jede Kolonie auf ihre Art von der Vorrangstellung, die den öffentlichen Plätzen und Monumenten eingeräumt wird, und vom Niveau der strukturellen wie symbolischen Ausführung ihrer Stadtplanung. Doch müssen wir zumindest den Fall von Béziers näher betrachten, denn diese Stadt hat eine einzigartige Reihe von Porträts geliefert, die einen wesentlichen Aspekt der Beziehung dieses als Veteranen-Kolonie gegründeten Ortes zur Zentralgewalt besonders verständlich werden lässt.

Die *colonia Iulia Septimanorum Baeterrae* wurde an der Stelle eines sehr alten, *Besara* genannten *oppidum* auf einem Vorgebirge am linken Ufers des Orb angelegt. Ein fast regelmäßiges Straßennetz, das *insulae* von 75 m x 37,5 m (2 x 1 *actus*) beschreibt, konnte im südlichen Teil der Stadt nachgewiesen werden. Das am Ort des heutigen Rathauses gelegene Forum dehnte sich westlich des *cardo maximus* aus, erstreckte sich über den wichtigsten *decumanus* und erreichte somit eine Ausdehnung von 129 m x 77 m. Dort wurden Reste einer Portikus in ionischer Ordnung gefunden. An der Westgrenze des städtischen Areals stand wahrscheinlich ein Bogen, von dem mehrere Fragmente – insbesondere die eines Waffenfrieses – aufgrund stilistischer Kriterien in die augusteische Zeit datiert werden könnten. Die Schauspielgebäude – Theater und Amphitheater – sind anscheinend später, wohl in flavischer Zeit, errichtet worden. Die julisch-claudischen Porträts, die 1844 in den Ruinen eines antiken Gebäudes unweit der Nordwestecke des öffentlichen Platzes gefunden wurden, sind von besonderem Interesse. Im Gegensatz zu einigen früheren Behauptungen gehören sie nicht zu einem Tempel des Kaiserkultes, sondern dürften eher aus einer dynastischen Galerie stammen. Diese befand sich auf dem Forum selbst oder noch wahrscheinlicher in der Justizbasilika, da die Porträts erstaunlich gut erhalten sind und demnach nicht im Freien ausgestellt waren. Entsprechende Galerien entsprachen einer gängigen Praxis während der frühen Kaiserzeit, wie z. B. diejenigen aus Velleia oder Roselle belegen. Die ihnen von J.-Ch. Balty vor kurzem gewidmete Untersuchung zeigt, dass die Sammlung im Laufe der Zeit erweitert wurde, der Entwicklung der kaiserlichen Familie folgend. Das bisher älteste Bildnis stellt Oktavian dar und ist noch in die Zeit des Triumvirats zu datieren (Abb. 42). Es gehörte vielleicht zu einer Statuengruppe, die den Gründungsakt der Kolonie wiedergab. Die drei Porträts von Agrippa (Abb. 43), Julia und Agrippa Postumus, letzterer wahrscheinlich mit den Bildnissen seiner Brüder Caius und Lucius Caesar, wären demnach in den Jahren 12–11 v. Chr. aufgestellt worden. Die *Caesares* spielten eine wichtige politische Rolle, da sie sehr bald von Augustus zu potentiellen Erben erhoben worden waren. Die *colonia* von Béziers scheint – wie andere Veteranenkolonien dieser Zeit – sehr enge Beziehungen zu Agrippas Familie gepflegt zu haben, da Gaius Caesar selbst zu ihren *duumviri* zählte. Nach dem zu frühen Hinscheiden beider *Caesares* 2 und 4 n. Chr. kam in der Regierungszeit des zweiten Kaisers eine weitere Serie mit den Porträts von Tiberius, Livia, Germanicus

Abb. 42
Oktavian von Béziers aus dem Musée Saint-Raymond in Toulouse.

Abb. 43
Porträt des Agrippa aus dem Musée Saint-Raymond in Toulouse.

und Drusus dem Jüngeren hinzu. Einige Jahre später wurde die Gruppe durch ein Bildnis der Antonia Minor, Gattin von Drusus dem Älteren, bereichert. All diese Werke aus Carrara-Marmor wurden natürlich in römischen Werkstätten geschaffen, wie ihre hervorragende Qualität und ihre Orientierung an den offiziellen Vorbildern belegt. Ihre Präsenz zeugt also – wie zum Beispiel auch in Arles: *clipeus virtutis* und Porträt des Marcellus – von einer engen und dauerhaften Beziehung zur Zentralgewalt, also dem Willen der lokalen Führungsschicht zum besten Einvernehmen mit dem Kaiserhaus, gleichgültig welch manchmal brutale Veränderungen sich in der *domus imperatoria* auch immer abspielen mochten. Dieses ikonographische Ensemble, das mit Sorgfalt während des ganzen ersten Abschnitts der julisch-claudischen Zeit aktualisiert wurde, ist in diesem Umfang und dieser Qualität bisher einzigartig in der *Narbonensis*. Es zeigt, dass die Kolonie schon früh mit einem Gebäude für den Kaiserkult und einem Sitz für die *Augustales* ausgestattet worden war.

Die latinischen Kolonien und allgemeiner die über das *ius latii* verfügenden Gemeinden werden in der Hierarchie der römischen Städte theoretisch niedriger eingestuft als die römischen Kolonien, die die volle *civitas* genießen. Wie P. Le Roux betont, erleichterte das latinische Recht aber die Integration der Eliten, was dem Zusammenleben von Römern und Einheimischen innerhalb derselben

Gemeinschaft zuträglich ist, indem es die rechtlichen und politischen Lösungen des Siegers durchsetzt, ohne der schon bestehenden *natio* zu schaden. Der unter den Honoratioren entstehende Wetteifer, die höchsten Gemeindeaufgaben zu übernehmen und die mit deren Ausübung verbundenen, erblichen Privilegien zu bekommen, ist ein starker Assimilierungsfaktor, den sich der Staat langfristig zunutze machen wird. Das Phänomen lässt sich in der *Narbonensis* umso mehr erkennen, als einige dieser Städte aus uns zum großen Teil noch unbekannten Gründen seit der augusteischen Zeit bevorzugt wurden und eine Spitzenrolle in der Verbreitung des neuen Städtebaus und der dadurch entstandenen Lebensweisen bekamen.

Die Rechtslage von *Aquae Sextiae* (Aix-en-Provence) ist für die frühe und mittlere Kaiserzeit nach wie vor schwer auszumachen. Die peregrine Stadt genoss bestimmt seit ihrer Gründung das *ius latii*, wie weiter oben erwähnt, aber der Zeitpunkt der Erlangung des Status einer Kolonie mit latinischem Recht kann nicht näher fixiert werden. Man kann höchstens aufgrund ihrer vollständigen, die Wörter *Iulia Augusta* (CIL XII 982) aufführenden Nomenklatur annehmen, dass sie Augustus ihren Status verdankt. Die epigraphisch bezeugte Veränderung des Kollegiums der höchsten Magistrate, die von vier (Quattuorvirat) auf zwei (Duumvirat) reduziert werden, lässt annehmen, dass Aix-en-Provence in die Klasse der Kolonien römischen Rechts aufstieg. Aber auch hier bleibt der genaue Zeitpunkt dieser Beförderung unklar. Sie wurde gewöhnlich der flavischen Zeit zugeordnet, aber die neue Entdeckung einer Weihinschrift zweier Freigelassener für ihren Herrn, den Duumvir L. Antonius Rufus, deren Schreibweise nach J. Gascou beweist, dass sie «kaum nach der julisch-claudischen Zeit» gemeißelt wurde, legt eine Datierung dieser Episode spätestens in den Beginn der Regierungszeit Vespasians nahe. Jedenfalls scheint *Aquae Sextiae Salluviorum* eine ganz gewöhnliche Stadt der *Narbonensis* von geringer Bedeutung gegenüber dem Rivalen Arles geblieben zu sein. Von ihrer Geschichte während der ersten Jahrhunderte der Kaiserzeit ist übrigens kaum etwas bekannt. Die antiken Schriftsteller erwähnen nur die allmähliche Abkühlung ihrer Quellen, was für die Entwicklung der thermalen Aktivitäten, denen es den Namen und wahrscheinlich die Lage verdankt, kein gutes Omen war.

Unabhängig von dieser relativen Bescheidenheit ist die Spärlichkeit der Überreste aus dem antiken Aix mit der seit der Spätantike um sich greifenden systematischen Wiederverwendung der Materialien zu erklären. Dazu kommt noch die Einstellung einer desinteressierten neuzeitlichen Elite, die die Vergangenheit als unwürdig betrachtete, im Vergleich mit der unter dem Ancien Régime erlangten Bedeutung der Stadt als Sitz des Parlaments der Provence. Also war die Zerstörung des Palais Comtal 1786 nur das Ergebnis eines langen Prozesses, der für die gallo-römische Stadt ruinös im eigentlichen Sinne gewesen ist und dem auch die Porte d'Italie und die Tour de l'Horloge zum Opfer fielen (Abb. 44). Und so verschwanden eines der besterhaltenen, monumentalen Stadttore der *Narbonensis* und der anscheinend eindrucksvollste Grabturm seiner Art spurlos. Das im gesamten städtischen Bereich schwer zu rekonstruierende Straßennetz bildet jedenfalls kein einheitliches Raster. Das im östlichen Teil zu ahnende System aus *insulae*, deren Ausgangsachse anscheinend der wichtigste *decumanus* war, kann nicht überall identifiziert werden und es wurde die Existenz eines oder vielleicht zweier weiterer rechtwinkliger Systeme postuliert. Zudem bleiben Fragen bezüglich des Verlaufs bzw. selbst des Bestehens einer frühen Stadtmauer. Die heute verschwundene Porte d'Italie, die den Durchgang der *via Aurelia* in der Südostecke der Stadt feierlich gestaltete, war eines der wenigen gesicherten Mauerelemente. Von zwei runden Türmen mit ca. 9 m Durchmesser flankiert, die im oberen Register mit angebauten oder vorgeblendeten Elementen geschmückt waren, bildete sie ein so genanntes Zangentor, wie sie uns in Arles und Fréjus begegnen. Die Besonderheit des Baus von Aix besteht darin, dass dieses Tor zu einem geschlossenen Hof, einer Art *cavaedium*, führte. Die Zeichnungen aus dem 15. bis 18. Jh. haben davon genaue, wenn auch nicht übereinstimmende Bilder geliefert. Dieses herausragende Monument mit seiner zurückhaltenden symbolischen Ausstrahlung lässt sich zeitlich nur schwer einordnen. Aus uns nicht verständlichen Gründen haben es die meisten Archäologen in die Zeit der Erhebung von Aix in den Rang einer römischen Kolonie datiert. In der Tat spricht nichts für diese Hypothese. Die typologischen Aspekte, auf die wir hier nicht näher eingehen können, widersprechen keineswegs einer Datierung in die augusteische oder julisch-claudische Zeit. Sicher können spätere Umbauten und Ausbesserungen nicht ausgeschlossen werden, deren Spuren vielleicht in den auf den Stichen zu beobachtenden Unterschieden zwischen der so genannten Tour du Trésor und der Tour du Chaperon festgehalten wurden. Es ist aber möglich, dass dieses Tor nicht zeitgleich mit der Stadtmauer entstanden ist. Auch wenn der Bau der Mauer wegen der sehr spärlichen Reste oft in Frage gestellt wurde, scheint es schwierig, sich deren Ausführung nicht im Laufe des 1. Jhs. n. Chr. vorzustellen. Der einzige identifizierbare Teil einer Kurtine ist die Einfriedung von La Seds an der Westgrenze der Stadt. Mit

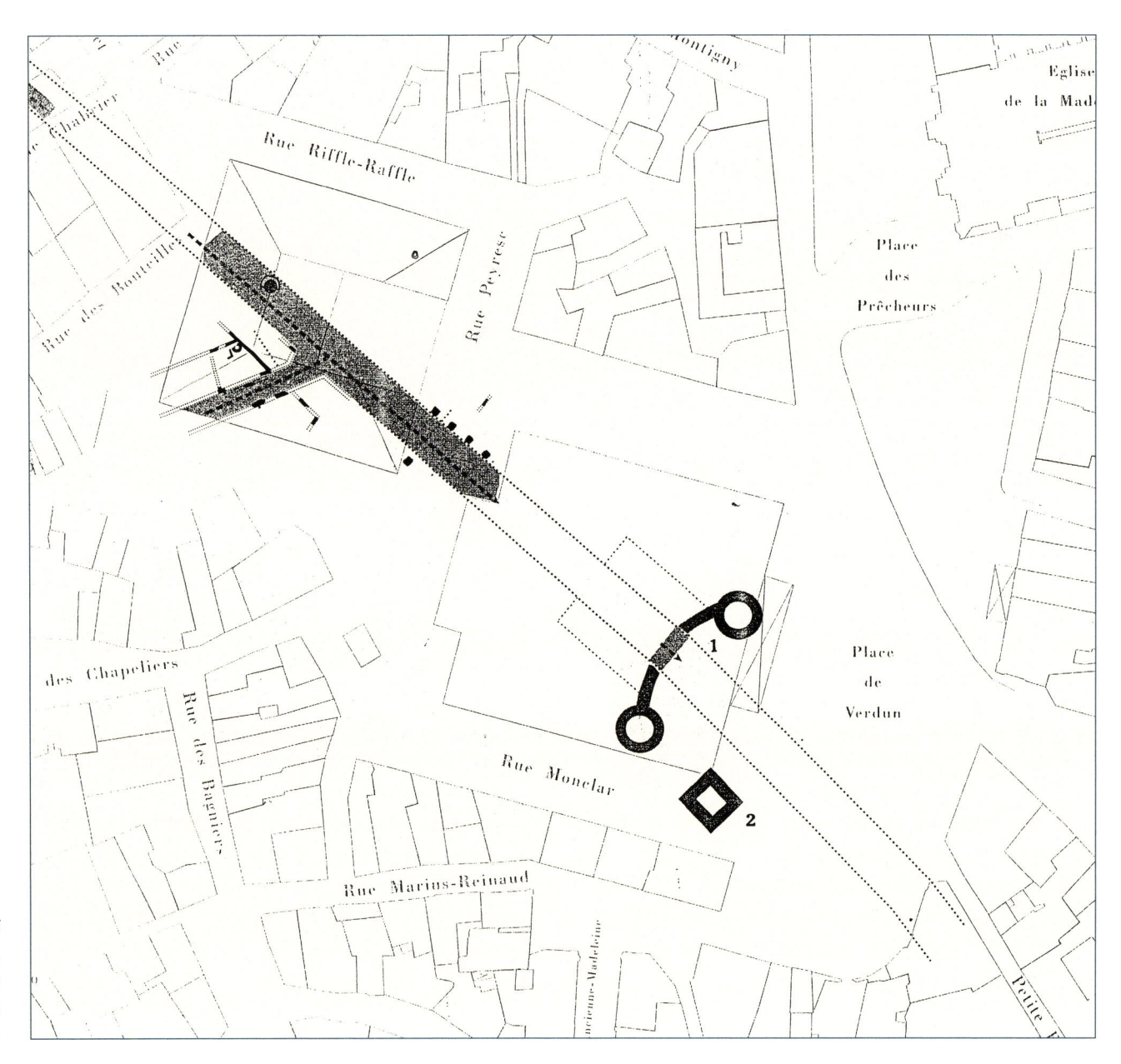

Abb. 44
Aix-en-Provence.
Plan der Porte d'Italie
(1) und der Tour de
l'Horloge (2).

einer Breite von 2,20 m bis 2,50 m ist sie mit denjenigen von Arles, Fréjus oder Vienne vergleichbar und entspricht den frühkaiserzeitlichen Stadtmauern der *Narbonensis*. Ihr kleines Quaderwerk ist in dieser Zeit charakteristisch für diese Art von Bauwerken. Ihr Verlauf bleibt sehr unsicher. Die in der Regel vorgeschlagene Rekonstruktion folgt den fassbaren Grenzen der umliegenden Nekropolen und in den Sektoren Nord und Süd stützt sie sich auf kaum identifizierbare Spuren, die genauso gut von Stützmauern herrühren könnten. Jedenfalls passt die Unregelmäßigkeit des daraus entstandenen Plans zur Phase der latinischen Kolonie.

Die wenig bekannten öffentlichen Gebäude der ältesten römischen Stadt Frankreichs zeigen sich in ihrem juristisch-administrativen Zentrum nicht besonders eindeutig. Die Annahme eines rechteckigen Forums, das auf seiner schmalen Nordseite durch ein als Justizbasilika identifiziertes Gebäude – 1984–1986 unter dem Dom ausgegraben – begrenzt wird, ist plausibel, wenn auch die fragliche, durch zwei *cardines* abgegrenzte *insula* zu peripher zu liegen scheint, um solch eine zentrale Funktion zu übernehmen. Außerdem liegt die *basilica* im jetzigen Zustand 1,30 m über den Portiken des Platzes und wird nur durch eine Fassade mit acht Säulen, von denen nur einige Sockelplatten (Plinthen) beobachtet wurden, als solche identifiziert. Der Komplex kann aufgrund stratigraphischer Kriterien in das ausgehende 1. Jh. n. Chr. datiert werden. Daraus ergibt sich die grundlegende Frage nach dem ersten Forum, demjenigen der latinischen Kolonie, die wohl kaum ohne die für ihre Funktion notwendigen Gebäude und Einrichtungen bestehen konnte. Sollte jenes nicht durch das aktuelle Forum überdeckt oder in flavischer Zeit vollständig zerstört worden sein, so bleibt sein Standort noch zu lokalisieren. Im Bereich der Thermalquellen, wo wichtige Baureste zu erwarten wären, sind die Suchergebnisse bisher enttäuschend gewesen. Nur ein einem Markt ähnlicher Portikusbau, der durch seine Bauweise um die Mitte des 1. Jhs. n. Chr. datiert wird, konnte ausgemacht werden. In unmittelbarer Nähe jedoch belegen die Bestandteile eines Kurgebäudes mit *pediluvium*, *praefurnium*, Hypokaustenraum und vor allem einem 1996 freigelegten viereckigen Becken mit Stufen die Bedeutung der Heilquellen im antiken Stadtkern.

Ein entscheidendes Ereignis stellte aber die kürzliche Freilegung eines außerordentlich gut erhaltenen Theaters im Nordwesten des städtischen Areals dar, in einem Stadtviertel, in dem seit dem 16. Jh. ein Schauspielhaus vermutet wurde. Schon R. Ambard, Pionier der Topographie von Aix, hatte es infolge seiner Untersuchungen als Amphitheater bezeichnet. Die in den Jahren 2002–2004 von N. Nin durchgeführten Ausgrabungen erwiesen es schließlich als Theater. Mit seinen rekonstruierten Ausmaßen – der Durchmesser wird auf über 100 m geschätzt – zählt es zu den größten Exemplaren der *Narbonensis*. Der Bau dürfte also kaum kleiner als die Theater von Arles und Orange, aber deutlich größer als die von Fréjus und Vaison gewesen sein. Seine teilweise an den Hang angelehnte *cavea* war südöstlich orientiert; der obere Teil wurde von abgeteilten Aufschüttungen gestützt. Zwölf der unteren Stufen, die dem ersten *maenianum* entsprechen, sind erhalten geblieben. Sie bestehen aus sehr harten, perfekt behauenen Kalksteinblöcken und weisen noch erstaunlich frische Kanten auf, wie auch die nun freigelegte, zwei *cunei* trennende Treppe. Von den innenliegenden Gängen für die Zuschauer ist eine ringförmige, 2,60 m breite Galerie gefunden worden, in deren nördlichem Teil das 3,50 m hohe Tonnengewölbe noch erhalten ist. Die wenigen bisher geborgenen Fragmente des Bühnenwanddekors (Gesimse und Kapitelle) legen aufgrund ihres Stils und ihrer Motive eine Ausführung am Ende der augusteischen Regierungszeit oder spätestens in der frühen julisch-claudischen Zeit nahe (Abb. 45–47). Diese Ent-

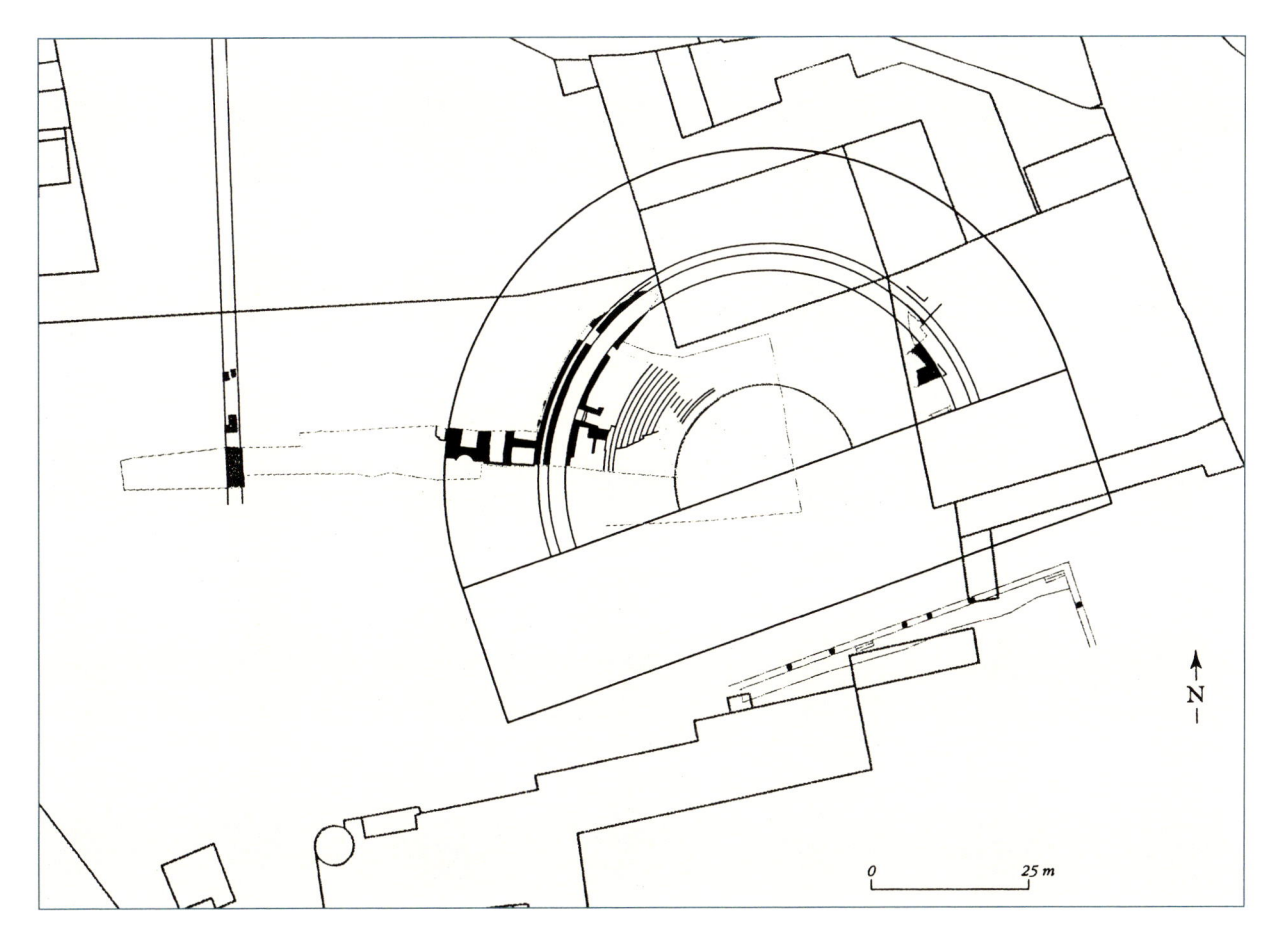

Abb. 45
Aix-en-Provence.
Baureste des Theaters: Plan und Lage; nach Ausgrabungen von N. Nin.

deckung ist umso interessanter, als sie die Integration einer schon im 19. Jh. beobachteten, durch seine Lage und Orientierung als *porticus post scaenam* identifizierten Portikus in einen kohärenten Baukomplex ermöglicht. Was damals als *campus* in Verbindung mit dem hypothetischen Theater bezeichnet wurde, kann nun als klassische Form eines viereckigen, mit Kolonnaden gesäumten Platzes hinter dem Bühnenhaus gelten. Beim heutigen Forschungsstand können aus dem Vorhandensein eines so ausgearbeiteten und allem Anschein nach frühen Baukomplexes noch keine Schlüsse gezogen werden. Aber es ist klar, dass der westliche, nahe an der Stadtmauer gelegene Sektor von Aix zur Zeit des ersten kaiserlichen Städtebaus einen der Versammlungsorte der Bevölkerung gebildet hat, trotz seiner Entfernung zum Forum oder dem als solches angesprochenen Ort. Was wir von anderen zeitgleichen römischen (Orange) oder latinischen (Nîmes) Kolonien wissen, hat uns gelehrt, dass das Theater mit seinen Annexen im Gegensatz zu den späteren Amphitheatern nie für sich allein stand. Andere für die Definition von *urbanitas* entscheidende Gebäude dürften also in der Nähe angenommen werden. Das sollte nicht ohne Wirkung auf unsere noch sehr lückenhafte Gesamtvorstellung der Stadtstruktur von *Aquae Sextiae* bleiben.

Trotzdem erreichte diese Stadt nie die Monumentalität, die Nîmes, Hauptstadt der Arekomiker, sehr früh aufwies. Wir haben weiter oben erwähnt, dass Nîmes schon in augusteischer Zeit ein privilegierter Status verliehen wurde, und dass es zu einem unbestimmten Zeitpunkt den Ehrentitel *colonia* mit dem Recht, den sakralen Beinamen des ersten Kaisers, *Augusta*, seiner Nomenklatur beizufügen, erlangte. Ohne je das römische Recht erhalten zu haben, scheint die *colonia Augusta Nemausus* eine Position eingenommen zu haben, durch die sie wiederholt in Wettstreit mit der Hauptstadt Narbonne geriet. Laut einer neuen Untersuchung hat sich die Stadt seit der augusteischen Zeit zu einer echten regionalen Metropole entwickelt, wenngleich sie in den letzten Jahrzehnten der Republik eine mit *Glanum* vergleichbare Entwicklung und Statusänderung durchgemacht hat. Jedenfalls zeigt sich Augustus aus uns unbekannten Gründen ihr gegenüber sehr wohlwollend. Eine der wichtigen offi-

Abb. 46
Aix-en-Provence. Das Theater: Erhaltener Teil der unteren «cavea» (Zuschauerrund).

Abb. 47
Aix-en-Provence. Das Theater: Umgang und Drainage gegen die Feuchtigkeit mit teilweise erhaltenem Gewölbe.

Abb. 48
Nîmes. Die Porte d'Auguste. Das Tor war ursprünglich von zwei Türmen flankiert und enthielt ein
«cavaedium» (Hof).

Abb. 49
Nîmes. Porte d'Auguste. Anhand stilistischer Unterschiede können zwei Bauphasen festgestellt werden, die jedoch beide augusteisch sind.

Abb. 50 Nîmes. Die Tour Magne. Dieser für die Verteidigung der Stadt wertlose Turm bezieht einen vorrömischen Vorgängerbau in seine Konstruktion ein und hatte im Wesentlichen die Aufgabe, auf das Augusteum am Fuße des Hügels hinzuweisen.

ziellen Inschriften der Stadt erinnert daran, dass er ihr die Stadtmauer und Tore geschenkt hat. Jedoch ist der Wortlaut nicht so eindeutig, wie man früher dachte – meint die fragliche Schenkung das Recht zu bauen oder die reine Bezahlung des Baus? –, wahrt aber die Spur einer wichtigen Handlung, in der das persönliche Wohlwollen des Kaisers seinen Ausdruck gefunden hat. Wie auch immer die Umstände gewesen sein mögen, dieses Wohlwollen ist noch heute auf dem Gelände sichtbar. Die augusteische Mauer ist von einheitlicher Bauweise, trotz des Einsatzes verschiedener Gruppen von Handwerkern, wie P. Varène nachweisen konnte. Sie verläuft über eine Strecke von 6 km, die sogar an den Hängen und auf den Kämmen des Mont Cavalier im Detail rekonstruiert werden kann. Sie umschloss eine Fläche von 220 ha und zählte annähernd 80 Türme, wenn man von den 43 identifizierten Tortürmen ausgeht. Von den flankierenden Türmen abgesehen, stellt das ausgezeichnet erhaltene Tor Porte d'Auguste eines der konkretesten Beispiele des so genannten *Cavaedium*-Typs dar (Abb. 48.49). Die durch die Inschrift suggerierte Zeitstellung von 16–15 v. Chr. deckt sich mit den Untersuchungsergebnissen der korinthischen Kapitelle, vor allem hinsichtlich des Kapitells links an der Fassade. Die von weitem zu sehende Tour Magne beherrschte die ganze Anlage und verwandelte einen vorrömischen Turm, der ihr einverleibt worden war, in ein Monument. Die Tour Magne wurde zur gleichen Zeit wie die Stadtmauer gebaut und besteht aus einer unregelmäßigen Fundamentierung, die einen achteckigen, mehrstöckigen Turm trägt, an dem die Reste von zwei unterschiedlichen, übereinanderliegenden Pilasterordnungen zu erkennen sind (Abb. 50). P. Varène hat gezeigt, dass der Bau keine Verteidigungsfunktion haben konnte und vor allem dazu diente, auf das weiter unten, am Fuß des Hügels stehende *Augusteum* hinzuweisen. Die Einzelheiten dieses Bauwerks werden weiter unten behandelt.

Man kann sehr wohl davon ausgehen, dass die Gestaltung dieser auf dem Areal eines alten *oppidum* errichteten Stadt das Führungsgremium nicht gleichgültig ließ, das übrigens am ganzen Gebiet interessiert war: Entlang der gesamten *via Domitia*, der großen Einfallstraße nach Westen, wurden Centuriationsspuren (rechtwinklige Raster auf dem Land zur Verteilung des Bodens) nachgewiesen, die ungefähr zeitgleich mit dem augusteischen städtebaulichen Programm entstanden sind. Im Gegensatz zu der in Arles beobachteten Situation, wo das Programm in dem Komplex des Forum-Theaters seinen Ausgangspunkt hat, scheint das Bauprogramm hier auf zwei relativ weit voneinander entfernt liegenden Punkten aufzubauen: Der eine ist die Quelle am Fuß des Mont Cavalier, ein traditionsreicher, heiliger Ort und auch der Grund für die Ansiedlung; der zweite ist ein weniger am Rand des Stadtareals liegendes Forum (Abb. 51).

Um die Quelle entwickelte sich sehr früh ein einheimisches Heiligtum, das von den Römern in einen Ort für den Kaiserkult umgewandelt wurde. Was heute davon zu sehen ist, stammt von einer völligen Neugestaltung durch Landschaftsarchitekten des 18. Jhs., die nach der Freilegung der Überreste und der Instandsetzung der Kanäle, die von der Quelle ins Stadtzentrum führten, einen der schönsten Gärten Frankreichs gestaltet haben, zumindest in städtischem Kontext. Aber diese Architekten haben, vielleicht ohne sich dessen bewusst zu sein, die Ausmaße und Aufteilung des antiken Heiligtums beibehalten, von dem ein sehr schöner, zu Unrecht Diana-Tempel genannter

Abb. 51
Nîmes. Der Südhang des Mont Cavalier, die Tour Magne (A) und das Augusteum (B).

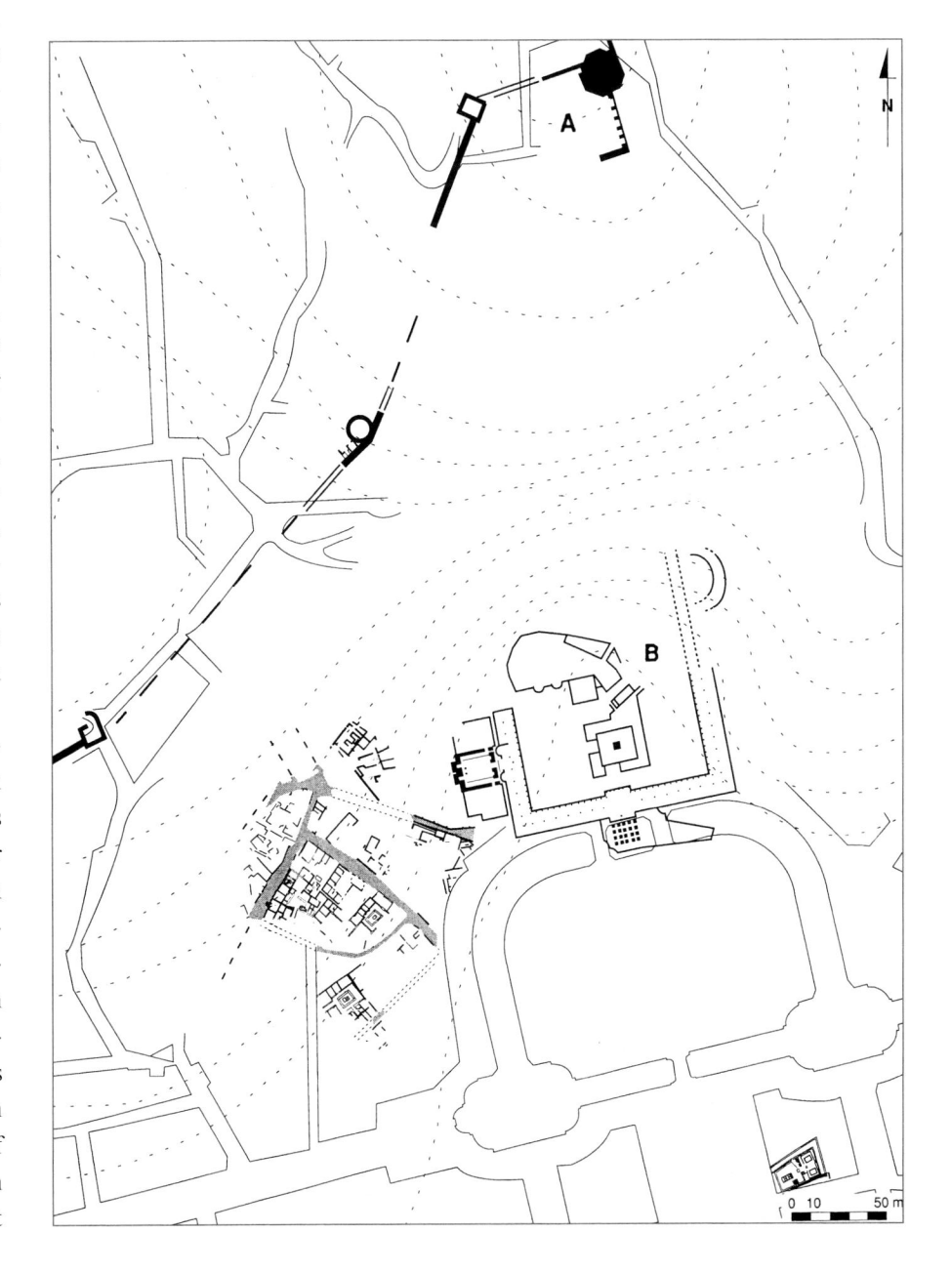

Abb. 52 Nîmes. Altarsockel aus dem Augusteum mit Rankenfries.

Raum mit erhaltenem aufgehendem Mauerwerk noch besteht. Dieses Heiligtum umfasste ursprünglich ein sehr großes Areal, in dessen Mitte ein quadratisches Nymphaeum das Quellwasser aus einem am Fuß des Hügels liegenden, unregelmäßigen Becken sammelte. In der Mitte des Nymphaeums erhob sich ein hoher viereckiger Sockel, auf dem ein monumentaler, von vier fein ausgearbeiteten Säulen flankierter Altar prangte (Abb. 52). Über kleine bewegliche Brücken gelangte man zum Sockel und zu dem von Wasser umgebenen Altar. Im Westen, am Rande der Portikus, traf man auf den so genannten Diana-Tempel, einen mit Tonnengewölbe überdeckten Saal, dessen Innenwände in regelmäßigen Abständen von abwechselnd mit Dreiecks- und Halbkreisgiebeln bekrönten Nischen gegliedert waren (Abb. 53a.b). Er stand in der Achse des Altars und hatte eine klare, religiöse Funktion, die andere Nutzungen als Bibliothek, Versammlungsraum oder ähnliches aber nicht ausschloss. An der nordöstlichen Grenze des Kultbezirks lehnte sich ein heute nicht mehr erhaltenes Theater an den Hügel, wobei die Bühnenwand der Orientierung der Säulenreihen der künftigen Portikus entsprach. Nach Süden, zur Stadt hin überquerte die Fassadenportikus ein letztes Quellwasser-Sammelbecken. An dieser Stelle erweiterte sie sich zu einem Vestibül mit Säulen, zu über eine Brücke erreichbaren Propyläen.

Der anscheinend einzigartige Komplex stimmte die Archäologen anfangs ratlos. Dann konnte nachgewiesen werden, dass die Inschriften und der Stil der erhaltenen Hauptmonumente – z. B. die 25 v. Chr. datierten, bei dem Quellbecken gefundenen Weihinschriften und die den Altarsockel krönenden Blattranken, die im letzten Jahrzehnt v. Chr. ausgeführt wurden – von einem auf die augusteische Zeit zurückgehenden Gesamtkonzept, wenn nicht von einer Gesamtausführung zeugen. Eine Ausnahme bilden die im frühen 2. Jh. n. Chr. unter Hadrian neu gebauten Propyläen. Zudem wurden Vergleichsbeispiele an verschiedenen Orten des Kaiserreichs gefunden. Tatsächlich erlauben die von einigen Autoren (Philon von Alexandria, z. B. *Legatio ad Gaium* 150) vorgelegten oder in Inschriften (z. B. die von Ferento in Italien, CIL XI 2, 7431) enthaltenen Beschreibungen die These, dass der Komplex aus Nîmes ziemlich genau einem im Osten *Sebasteion* bzw. im Westen *Augusteum* genannten, dem Kaiser und den vergöttlichten Mitgliedern seiner Familie geweihten Heiligtum entsprach. Die Anwesenheit eines Theaters in Nîmes – das einzige bekannte in dieser Stadt – entspricht dem, was wir aus verschiedenen, in der Nähe des Altars gefundenen Inschriften über die Theatervorstellungen und die jedes Jahr stattfindenden gymnischen und musischen Wettkämpfe wissen. Letztere griffen auf eine Variante der «griechischen Spiele» aus dem augusteischen Heiligtum von Neapel zurück, mit dem die Honoratioren von Nîmes zu gewissen Zeiten (besonders im 2. Jh. n. Chr.) privilegierte Beziehungen unterhielten.

Diese Anlagen genügten drei Anforderungen: Die Ressourcen der Quelle zu nutzen, die Loyalität der Gemeinde kundzutun und der Bevölkerung Flächen zum Flanieren und zur Entspannung bereitzustellen. Durch ihre Randlage war ein Anschluss an ein Forum unmöglich. Also musste ein zum städtischen Straßennetz günstig gelegener Platz ausgewählt werden und daher steht das Forum, das an seiner Nordseite an der Ost-West-Achse (*decumanus maximus*) entlangführt und der Orientierung des Heiligtums folgt, im Zusammenhang mit den östlichen Stadtvierteln. Von dem genannten Areal steht nur noch der Tempel, der es im Süden beherrschte: die Maison Carrée.

Es gibt in Frankreich kaum ein berühmteres antikes Denkmal als dieses. Seit kurzem wissen wir, unter welchen Bedingungen der Bau beschlossen wurde. Die in seiner Umgebung durchgeführten Grabungen haben nicht nur die von uns vorgeschlagene Datierung in die ersten Jahre unserer Zeitrechnung bestätigt, sondern auch gezeigt, dass zwei Bauphasen existierten. Zwei viereckige Monumente unbekannter Bestimmung sollten in diesem Bereich entstehen, aber ihre Fundamente wurden wieder zugeschüttet. Dann begann der Bau des künftigen Tempels der *Cae-*

Abb. 53a.b
Nîmes. Ansicht und Schnitt durch die «cella», d. h. den inneren Hauptraum, des Diana-Tempels; nach R. Naumann.

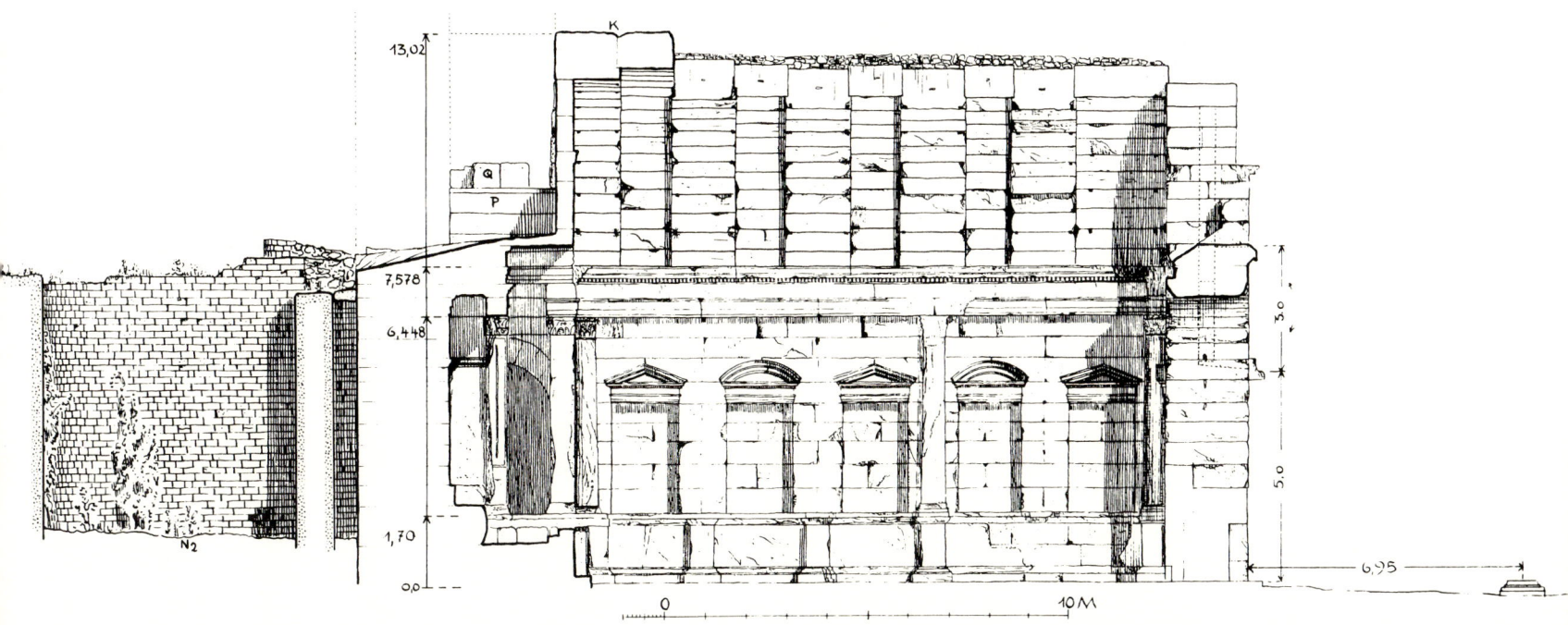

Organisation und Struktur | 67

Abb. 55
Nîmes. Detail des Gebälks an der Südseite der Maison Carrée nach der 2006 ausgeführten Reinigung und Restaurierung.

Abb. 54
Nîmes. Westseite der Maison Carrée. Der untere Teil des Tempels ist relativ schlicht gehalten, während der obere Teil mit seinen korinthischen Kapitellen, dem Fries und dem Gesims reich geschmückt ist.

sares, der Maison Carrée (Abb. 54). Diese Programmänderung verfügte die mit der Familie des Agrippa sympathisierende Bürgergemeinschaft wohl als Reaktion auf den schockierenden Tod des Lucius Caesar 2 n. Chr. in Massilia, des Sohnes von Agrippa und Julia, der wie sein älterer Bruder von Augustus als mutmaßlicher Erbe ausersehen war. Sie setzte aber natürlich eine Genehmigung durch den Provinzstatthalter als Vertreter der Zentralgewalt voraus, da es sich in diesem Fall um eines der ersten Heiligtümer für den Herrscherkult im Westen handelte. Die genauere Bestimmung von Plan und Ausführung einer solchen Gründung konnte jedenfalls nicht der alleinigen Entscheidung der örtlichen Honoratioren und lokalen Bauherren überlassen werden. In einem durch und durch von Symbolik gekennzeichneten Bauwerk wie diesem sollten nur die neuesten «städtischen» Vorbilder in einer gut abgestimmten Komposition ausgeführt werden. Der außergewöhnliche Zustand des Gebäudes erlaubt noch, seine semantische Bedeutung und das immanente Streben nach Aktualität zu ermessen. Der kleine Tempel stand auf einem Podium mit zentraler Treppe, in der Mitte eines mit Portiken umgebenen, erhöhten Platzes, gegenüber dem anschließenden Forum. Er besaß sechs Säulen an der Fassade und elf an den Langseiten, von denen nur die drei ersten frei standen, während die übrigen acht den Wänden des Kultraumes, der *cella*, vorgeblendet waren. Dieser Grundriss eines so genannten Pseudo-Peripteros ist charakteristisch für die hellenistische Architektur. Er leitet sich hier aber direkt von dem Schema des großen Apollotempels auf dem Marsfeld in Rom ab, der diesem Gott als Garant für die Macht zuvor errichtet worden war. Die Maison Carrée war zumindest bezüglich des Grundrisses und der Ordnung gewissermaßen dessen treue, aber kleinere Kopie. Ihr Dekor ist, von unten nach oben betrachtet, durch eine relative Strenge gekennzeichnet, die auf der Höhe der korinthischen Kapitelle plötzlich zu explodieren scheint. Letztere sind sorgfältige, aber manchmal plumpe Kopien der zur selben Zeit in Rom für den Tempel des Mars Ultor ausgeführten Kapitelle und des von Blattranken beherrschten Frieses, welche mit ihren aufeinanderfolgenden Voluten das gesamte Feld mit einer üppigen dekorativen Blütenentfaltung besetzen, die von den Reliefs der *Ara Pacis* auf dem Marsfeld übernommen ist. Das Gebäude erscheint buchstäblich von einer üppigen Vegetation bedeckt. Diese Wirkung ist beabsichtigt: Der Besucher soll den Eindruck von unerschöpflichem, wenn auch streng geregeltem Reichtum und Vitalität bekommen (Abb. 55). Die grundlegende Idee ist die des von Texten und Monumenten besungenen Goldenen Zeitalters, das sich durch die neue Staatsordnung für alle eröffnen soll. Dem entspricht auch die Tatsache, dass der Tempel den beiden Adoptivsöhnen des Augustus geweiht war, deren Popularität in der *Narbonensis*, und besonders in Nîmes, sehr groß war: Caius, der Ältere, war schon im Jahre 4 n. Chr. gestorben. Die zweite Zeile der am Architrav in den Jahren 4 oder 5 n. Chr. angebrachten Weihinschrift bezeichnet die beiden früh verstorbenen jungen Männer als *principes iuventutis,* «Fürsten der Jugend», und setzt sie so den bei den Römern sehr populären Dioskuren Castor und Pollux gleich. Wollte man im Detail die Struktur und den Bauschmuck dieses Tempels untersuchen, so wäre es ein leichtes, die technischen Mängel und die rhythmischen Unregelmäßigkeiten aufzuzeigen, die ihn als regionale Ausführung auf der Grundlage offizieller, mehr oder weniger angeglichener Vorlagen erweisen, an dem verschiedene Handwerker in unterschiedlicher Qualität gearbeitet haben. Wichtig ist nur, dass ein Tempel für den Herrscherkult das Forum von Nîmes beherrschte, und dass er die Rolle übernimmt, die dem Kapitol in den frühen römischen Städten der Republik zukam. In der Achse dieses Tempels wurde 80 m weiter nördlich 1833 am anderen Ende des Forums ein Gebäude freigelegt, das schon bald darauf zerstört wurde. J.-Ch. Balty identifizierte es als *curia* der Stadt. Die Lage dieses Raumes (*aula*), sein annähernd quadratischer Grundriss (15 m x 13,50 m) und reicher Dekor – mehrere verschiedenfarbige Marmore wurden vor Ort geborgen und in der Vorhalle fanden sich zwei Säulen – bestimmen ihn als einen Versammlungsort des lokalen Senats. Diese Gegenüberstellung von Tempel und *curia* drückte in Nîmes besser als in jeder anderen zeitgenössischen Ansiedlung das Wesen eines Systems aus, in dem die Autonomie der Gemeinde ausdrücklich unter der Führung, und auch der Kontrolle der Zentralgewalt stand.

Die 121 v. Chr. unterworfenen Allobroger lebten bisher zumeist in Dörfern und es lag ihnen sehr viel daran, aus ihrer Hauptstadt *Vienna*, Vienne, eine echte Metropole zu machen, glaubt man Strabon (IV 1, 11). Aber außer einer ersten Ansiedlung in der Ebene des Schwemmlandes ab der Mitte des 2. Jhs. v. Chr. ist uns fast nichts über die vorkaiserzeitliche Stadt bekannt. Die gallische Ansiedlung lag auf einem Vorgebirge am Zusammenfluss der Rhône und Gère und kontrollierte die Wasser- und Landwege nach Norden und in die Alpen. Erst seit der Regierung des Augustus weist sie Umgestaltungen auf, die ihr Areal erweitern und tiefgreifend verändern. Spätestens 36 v. Chr. zum Rang einer latinischen Kolonie erhoben, hat sie anscheinend vom Zusammentreffen eines Naturphänomens und eines politischen Willens profitiert: Der nun tief eingeschnittene Rhônelauf zog sich von den Böschungen des linken Ufers langsam zurück und ab den 20er Jahren v. Chr. unternehmen die städtischen Beamten, wahrscheinlich mit Unterschützung der Zentralgewalt, ungewöhnlich große städtebauliche Maßnahmen. Der günstige Verlauf des Flusses ist aber nicht von langer Dauer. Schon zur Zeit des Tiberius reichen die in den unteren westlichen Vierteln ergriffenen Dränagemaßnahmen nicht mehr aus, was zu größeren Baumaßnahmen führt. Ein Areal von ca. 50 ha wird innerhalb weniger Jahrzehnte an beiden Ufern um 1,50 bis 2 m erhöht. Etwa zur gleichen Zeit – unter Caligula und noch vor Erlangung des Status einer römischen Kolonie – wird die schon von Augustus gewährte Stadtmauer von Vienne auf einer Länge von 7,5 km gebaut. Wie in Nîmes folgt sie im Norden und Osten den Kammlinien und berücksichtigt die Talausgänge. Sie schließt – wiederum wie in Nîmes – eine Fläche von über 200 ha ein, wobei die südlichen Viertel ungeschützt bleiben. Während die auf den Hügeln 2,50 m, in der Ebene bis zu 4 m breite Mauer mit kleinen Bruchsteinen verkleidet war, bestanden die Tore aus Kalksteinquadern, so genanntem *opus quadratum*.

Solch ein Aufschwung setzt die Initiative und den Beitrag der örtlichen, das römische Recht genießenden Honoratioren voraus, selbst wenn nach den epigraphischen Quellen die Mauer – wie die von Nîmes – anscheinend teilweise von der Zentralgewalt bezahlt wurde. Natürlich ist eine Familie wie die *Valerii Asiatici*, die seit der frühen Kaiserzeit städtische Beamten stellte, und aus der ein sehr reiches Mitglied im Jahre 35 dank der Protektion der *domus imperatoria* zum *consul suffectus* erhoben werden sollte, an diesen Vorgängen beteiligt gewesen und ihr Beitrag zum Aufbau der Infrastrukturen der Kolonie kann als höchst wahrscheinlich angenommen werden. Aber auch andere *gentes* aus dem Stamm der Allobroger, deren Eliten sehr früh mit Rom, später mit hochrangigen Bürgern aus anderen Städten enge Beziehungen geknüpft haben, könnten hier erwähnt werden. Als Beispiel kann man T. Iulius Valerianus nennen, ein Bürger aus Nyon, der seine ganze Laufbahn in Vienne absolviert hat und später in den Ritterstand erhoben wurde. Die Weihinschriften für die Mitglieder der kaiserlichen Familie, die in Vienne häufiger als in jeder anderen Stadt der *Narbonensis* auftreten, zeugen von einer frühen Treuepflicht der *domi nobiles*. Wir wissen auch, dass Vienne mit Nîmes zu den zwei Städten nicht nur der *Narbonensis*, sondern auch sämtlicher gallischer Provinzen zählt, in denen die größte

*Abb. 56
Vienne. Hochrelief eines julisch-claudischen Kaiserkopfs: Porträt des Augustus.*

Anzahl von Mitgliedern der beiden römischen Adelsstände registriert wurde. Fragmente aus dem Musée Lapidaire erlauben die hypothetische, aber sehr wahrscheinliche Rekonstruktion eines monumentalen Altars mit einigen Motiven, die sich an die in die ersten Regierungsjahre des Tiberius datierbare *Ara Pacis Augustae* anlehnen (Abb. 56). R. Robert zieht daher eine positive Bilanz der Beziehungen zwischen den städtischen Eliten und den ersten beiden Kaisern, wenn auch um den Preis von *dissensiones* mit der lokalen Bevölkerung, folgt man der kurzen Darstellung von Velleius Paterculus (II 121, 1) über Unruhen nach der Niederlage des Varus in Germanien.

Die Stadt wird tatsächlich sehr rasch mit einer außerordentlichen, sowohl zivilen und religiösen wie auch kommerziellen Infrastruktur ausgestattet. Dank der Prospektionen von P. André weiß man heute, dass ein weiter, von Portiken umgebener öffentlicher Platz zum 280 m langen Forum gehörte, dessen Bau sich über mehrere Jahrzehnte hinzog, und dessen Konzeption weit in die Regierungsjahre des Augustus zurückgeht. An beiden Enden dieses Platzes schloss sich ein religiöses Areal an. Im Westen war dies der Tempel der Livia, im Osten ein zu einem monumentalen Altar reduziertes Heiligtum, vergleichbar dem *Augusteum* von Nîmes. Aus diesem riesigen Komplex, dessen Reste in den Kellern der modernen Stadtviertel gefunden wurden, bleiben im aufgehenden Mauerwerk nur der westliche Tempel und zwei aneinandergebaute Arkaden der öffentlichen Esplanade übrig. Die stilistischen Details der Letzteren weisen zwar auf das Ende des 1. Jhs. n. Chr. hin und markieren die Fertigstellung des Komplexes, aber die Infrastrukturarbeiten und Enteignungsmaßnahmen liegen viel weiter zurück. Der Tempel, als Hauptbestandteil und Ausgangsachse dieser gewaltigen Inszenierung, liefert den Beweis für das Alter dieses Projekts: Es handelt sich um einen Peripteros ohne *posticum*, dessen *cella* an der Fassade und den Längsseiten von einer freistehenden Kolonnade aus sechs Säulen umstanden wird (vgl. Abb. 12). Die Mauer der Rückseite hingegen wird nur durch zwei Eckpfeiler betont, zieht über die Ecken bis zur Portikus der Längsseiten weiter und bildet jeweils zwi-schen Portikus und Ecke ein durch zwei Pfeiler abgegrenztes Joch. Im Gegensatz zur Maison Carrée von Nîmes gehört die korinthische Ordnung dieses Baus in mindestens zwei unterschiedliche Perioden: Die ältesten Kapitelle wurden am Ende der 20er Jahre v. Chr. geschaffen, was der Zeitstellung der Podiumsprofilierung entspricht. Die Fassadenkapitelle hingegen gehen von deutlich nach der Zeitenwende entstandenen Vorbildern aus. Die beiden aufeinander folgenden Inschriften bestätigen diese Beobachtungen: Diejenige des Frieses scheint ursprünglich eine Widmung an Roma und Augustus enthalten zu haben, die spätere des Architravs lässt an Livia, die 29 verstorbene und 41 n. Chr. vergöttlichte Gattin des Augustus denken. Durch seine Mängel verrät der Baukomplex das Wirken lokaler Handwerker.

Dieses ehrgeizige Programm wurde wahrscheinlich in claudischer Zeit durch ein an den Hang des Mont Pipet angelehntes Theater ergänzt (Abb. 57); darauf weist eine Statue der Antonia Minor auf der *scaenae frons* hin. Es war aber nur ein Teil einer großen Spiel- und Kultanlage, da zu der Zeit eine auf das Schauspielgebäude hin ausgerichtete Terrasse von etwa 1 ha einen gewaltigen, mit einer *porticus triplex* umgebenen, heute geschleiften Tempel aufnahm. Dieses in den 40er Jahren n. Chr. gebaute Heiligtum – der Chouin, ein harter lokaler Kalkstein, kam damals langsam in Verwendung – sollte nicht mit der *aedes in summa cavea* verwechselt werden, einer einfachen Kapelle mit querrechteckigem Grundriss, die auf der Achse der *cavea* und in der Mitte der oberen Portikus liegt. Sie nimmt dabei die ganze Breite der Portikus ein und erinnert durch ihre Form und Lage an den Ceres-Tempel auf dem höchsten Punkt des Theaters von *Leptis Magna*. Die *aedes* ist in der *Narbonensis* das einzige Beispiel, das das Schema des Pompeiustheaters in Rom aufgreift. Nach den vereinzelten Dekorfragmenten zu schließen, weist ihre eher apollinische als dionysische Konnotation trotz allem, was schon darüber gesagt wurde, auf einen mit dem Kaiserkult verbundenen Bau hin. Wie dem auch sei, diese erstaunliche religiöse Komposition aus zwei eng miteinander verbundenen Teilen ungleicher Bedeutung beherrschte das ganze städtische Areal und fiel den Reisenden rhôneab und rhôneauf als Symbol der romanisierten Stadt auf. In einem solchen Zusammenhang bekommt auch das Theater eine besondere Bedeutung. Die Statuen der Bühnenwand, die, selbst wenn diese Typologie kürzlich bestritten wurde, einem Vorbild ähneln, das dem der Karyatiden des Erechtheion nah verwandt ist, stehen denen des *forum Augustum* sehr nah und demonstrieren damit eindeutig das im Forum ausgeführte ideologische Programm der Öffentlichkeit (Abb. 58). Dabei war das Theater, wie es St. Maggi so treffend formuliert hat, nur die «Resonanzkiste» des Forums.

Wenig später werden in den dem Fluss abgewonnenen, erhöht liegenden südlichen Stadtvierteln die größten bisher bekannten Speichergebäude oder öffentlichen *horrea* der westlichen Provinzen eingerichtet. In der Regierungszeit des Tiberius geplant, werden sie unter Claudius fertiggestellt. Gemäß den Rekonstruktionsvorschlägen betrug ihre Fläche 4 bis 6 ha. Solche Anlagen lassen sich nicht allein durch die Handelsaktivitäten der Hafenstadt erklären. Nur die Anforderungen der *annonae*, d. h. der Versorgung Roms mit Getreide, rechtfertigen nach A. Le Bot-Helly deren Einrichtung. Die Erlangung des latinischen Rechts durch die Stadt wird den Umfang der ihr anvertrauten Aufgaben nur noch vergrößern. Aber die Qualität des auf dem Boden der Allobroger wachsenden Korns, dessen Ruf laut Plinius dem Älteren (*Naturalis historia* 18, 85) Rom erreicht hatte, war sicher nicht unbedeutend bei dieser sowohl strategischen wie wirtschaftlichen Wahl.

Schließlich sollte noch die Einrichtung eines riesigen Komplexes von beinahe 8 ha am rechten Rhôneufer erwähnt werden, dessen Deutung umstritten ist: das Palais du Miroir (Spiegelpalast). Der unter Nero begonnene Bau hat sich möglicherweise über mehrere Jahrzehnte hingezogen. Im derzeitigen Stand seiner Freilegung weist er zwei Thermengebäude auf, das des Palais du Miroir im Westen und das der Lutteurs (Ringer) im Osten, beide durch eine mit Exedren und Brunnen ausgestalteten Portikus miteinander verbunden. Ein gewaltiger, einer Portikus ähnelnder Bau grenzte im Osten die tiefer angelegte, große mittlere Terrasse von etwa 5 ha gegen den Fluss ab. Auf-

Abb. 57
Vienne. Oberhalb der Mitte der Zuschauerränge befand sich ein Tempel, bzw. ein Gebäude mit «cella».

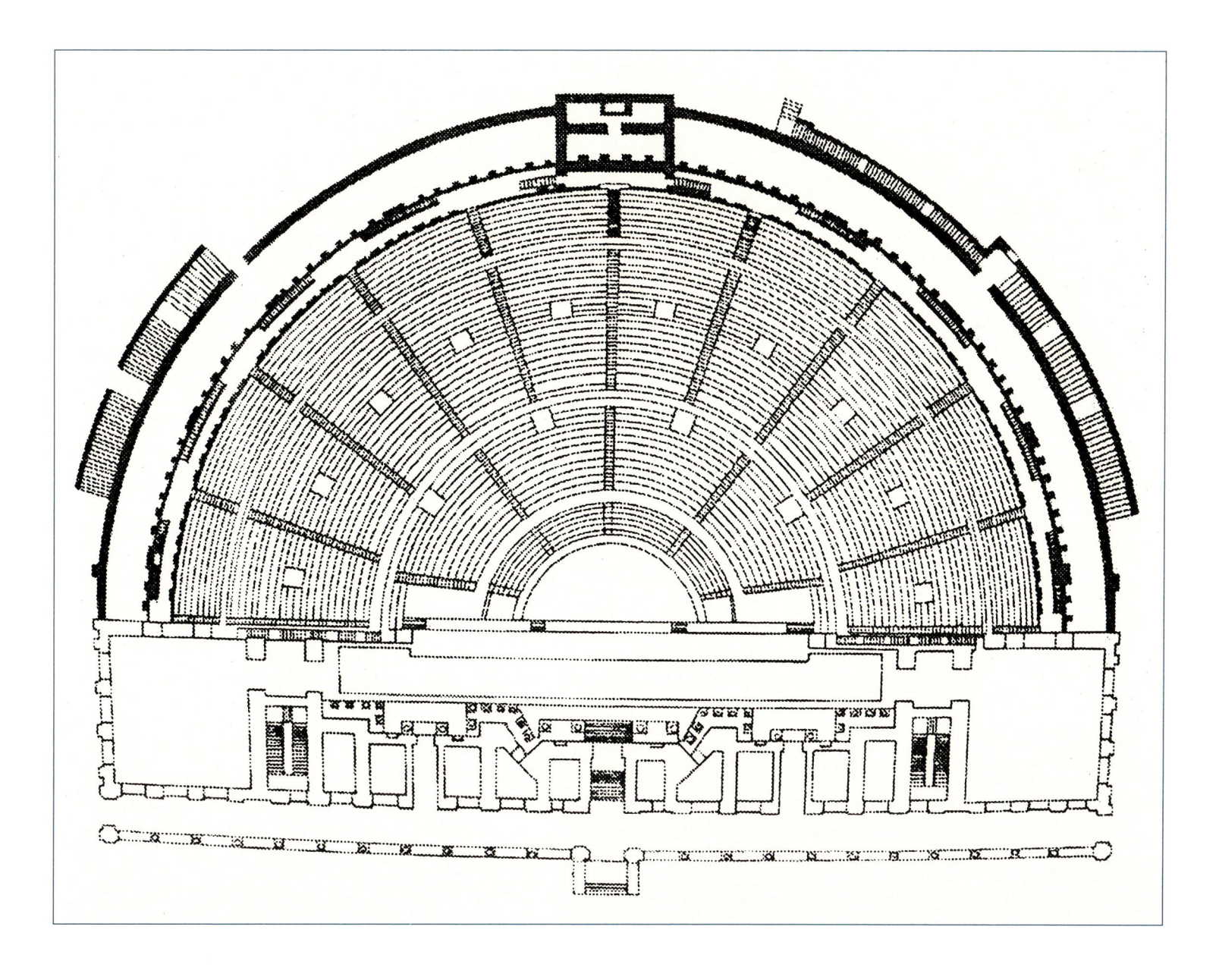

Abb. 58
Vienne. Kolossalstatue aus dem Theater: Peplophore, den Karyatiden des Erechtheion in Athen ähnlich.

grund einer vergleichenden Analyse konnte A. Bouet in dieser Anlage mit einiger Wahrscheinlichkeit einen gymnasialen Komplex erkennen. Er ist anscheinend nach Normen konzipiert worden, die ihn in die Nähe verschiedener kaiserzeitlicher Bauwerke Kleinasiens rücken, und dürfte gelegentlich als *campus* für die seit Augustus als paramilitärische Organisation strukturierte junge Prominenz der Stadt gedient haben. Die gigantischen Ausmaße einer solchen Anlage zeugen jedenfalls zusammen mit anderen oben erwähnten Strukturen von den Möglichkeiten der städtischen Gemeinde und ihrer wirtschaftlichen Bedeutung.

Die ohne Zweifel viel bescheidenere Stadt *Apta Iulia* (Apt) wurde, wie ihrem Namen zu entnehmen ist, von Caesar als Hauptstadt des Stammes der *Albici*, derber Bergbewohner, deren Wildheit von Rom gefürchtet wurde, gegründet. Zwischen 40 und 27 v. Chr. in den Rang einer latinischen Kolonie erhoben, hat sie noch keine spektakulären Reste geliefert, scheint aber einen raschen Aufstieg unter Augustus erfahren zu haben. Obwohl die Siedlung von der *via Domitia* ausgespart wird, ist sie doch mit einem rechtwinkligen Straßennetz ausgestattet, von dem eine der Hauptachsen, der *decumanus maximus*, gut identifiziert wurde. Nördlich dieser sich mit der Rue des Marchands deckenden Achse stand ein großes Theater, dessen Spuren im gekrümmten Verlauf der mittelalterlichen und modernen Parzellen sichtbar sind. Es war kürzlich Gegenstand einer eingehenden Untersuchung nach einer Reihe von Prospektionen in den Kellern der dortigen Wohnhäuser. Die ersten Rekonstruktionen schreiben ihm ein Fassungsvermögen von 6000 bis 7000 Zuschauern mit einer Fassadenlänge von 89 m und zwei angenommenen *maeniana* zu. Viele Fragmente von Marmorgesimsen ermöglichen, im Einklang mit den in verschiedenen Sondierungen gefundenen Scherben, eine grobe Datierung des Baus ins 1. Jh. n. Chr. Die Lage des Theaters und die unmittelbare Nähe einer *porticus post scaenam*, deren Reste auf derselben Achse südlich des *decumanus* zum Vorschein kamen, bestätigen dessen Bedeutung innerhalb dieser frühkaiserzeitlichen Stadt. Entsprechend der für die ganze julisch-claudische Zeit geltenden Normen der augusteischen Stadt, bildete das Theater von Apt aufgrund seiner zentralen Lage, seines Umfangs und seines Dekors, zumindest bis zum Beginn des 2. Jhs. n. Chr., eines der repräsentativsten Elemente der antiken Stadtarchitektur.

Die entscheidende Bedeutung der ersten kaiserzeitlichen Jahrzehnte für die Gründungen mit latinischem Recht wird durch Toulouse (*Tolosa*), dem Hauptort der *civitas* der Tektosagen, bestätigt. Alle während der letzten Jahre durchgeführten Arbeiten bestätigen die Annahme, dass vor dem 1. Jh. n. Chr. noch keine Siedlung an dieser Stelle existierte. Im Gegensatz zu älteren Vermutungen wurde die Stadt mit Mauer und Straßennetz in einem Zug entworfen und in relativ kurzer Zeit am Ende der Regierungszeit des Augustus oder unter Tiberius erbaut. Laut R. de Filippo wurde damals ein ganzes städtebauliches Programm für diese, wahrscheinlich unter dem ersten Kaiser zum Rang einer Kolonie erhobene Gemeinde latinischen Rechts in die Wege geleitet. Das Forum stand an der Kreuzung beider Hauptachsen, durch den *cardo maximus* im Westen abgegrenzt und durch den *decumanus maximus* in zwei Zonen – die sakrale nördlich und die öffentliche südlich – unterteilt. Wenn die Ausdehnung des Komplexes auch unsicher bleibt, lassen seine Lage in der Mitte des rechtwinkligen Rasters und seine Nord-Süd-Orientierung keinen Zweifel mehr zu. Die Schwierigkeiten beginnen mit dem Kultbereich, der an der Nordseite, in der Verlängerung des Platzes stand. Der große Tempel, dessen wuchtiges Podium auf dem Platz Esquirol gefunden wurde, dürfte von einem auf drei Seiten mit einer Doppelportikus ausgestatteten Peribolos umgeben gewesen sein. Nun aber stehen sich zwei, jeweils auf Grabungsergebnissen basierende Theorien gegenüber, was hinsichtlich der angeblichen Unanfechtbarkeit der stratigraphischen Analyse zu denken gibt. Die eine setzt die Portikus in die Zeit der ersten Stadtanlage und datiert den religiösen Komplex in die beiden ersten Jahrzehnte unserer Zeitrechnung. Die andere nimmt die Entstehung des Komplexes nach 60 n. Chr. an, so dass er am Ende der Regierung Neros oder unter den Flaviern gebaut worden wäre. Zu diesem Streit über die Chronologie kommt noch eine Debatte über die verehrte Gottheit hinzu. Die Befürworter einer früheren Datierung sehen in diesem Tempel, mit Recht scheint mir, einen Bau für den Kaiserkult, diejenigen einer späteren Datierung plädieren für ein Kapitol. Hier taucht eine Frage erneut auf, die sich bei Narbonne gestellt hatte. Im Kontext des julisch-claudischen *Tolosa* erscheint uns die Hypothese einer *aedes Augusti* oder *Romae et Augusti* plausibler als die eines *capitolium*. Letzteres kann aber sehr wohl später, bei der Erlangung des Status einer Kolonie, errichtet worden sein – doch wo? Wir werden darauf zurückkommen müssen. Aber allein die Tatsache, dass solche Unsicherheiten nach den jüngsten Felduntersuchungen bestehen, zeigt deutlich, dass die Forscher die Probleme noch nicht adäquat eingeschätzt haben und dass die uns zur Verfügung stehenden konzeptionellen Mittel nur selten ermöglichen, im Hinblick auf eine globale Definition der Städte programmorientiert zu denken.

Die eine Fläche von 90 ha einschließende Mauer von Toulouse wurde in den Jahren 20–30 n. Chr. gebaut und bildet in gewisser Hinsicht den Abschluss der augusteisch-tiberischen Arbeiten. Ihr über etwas mehr als einen Halbkreis gezogener Verlauf von 3 km Länge ließ die Ufer der Garonne frei. Etwa 50 Türme und drei Haupttore wurden identifiziert. Vor dem so genannten Narbonensis-Tor im Süden stand ein Triumphbogen, der im 16. Jh. beim Schleifen des Château Narbonnais entdeckt und dann zerstört wurde. Die erhaltenen Zeichnungen zeigen, dass die Fassade wie beim Bogen von Carpentras Gefangene beiderseits einer Trophäe darstellte. Dass ein solches Monument die Besucher aus der Hauptstadt der Provinz empfing, bevor sie die Mauer passiert hatten, ist sicher nicht ohne Bedeutung. Es ging darum zu zeigen, dass am westlichen Ende der weiten *Narbonensis* die Integration der Werte und der Ideologie des Siegers auf dem in den Städten des Rhônetals von Orange bis Arles erreichten Niveau stand.

Es wäre höchst interessant, das ungefähre Datum des Theaterbaus, dessen Orientierung durch die Arbeiten von A. Badie präzisiert wurde, zu erfahren. Seine rigorose Ausrichtung an der Tempelfassade zeugt vom Zusammenhang dieser beiden Gebäude als für die frühkaiserzeitlichen Städte charakteristische Pole. Bei diesen Untersuchungen wurde auch eine *porticus post scaenam* nachgewiesen, die die Anlage dieses ersten monumentalen Zentrums von *Tolosa* ergänzt.

Wir werden die Betrachtung der Anlagen der ersten kaiserzeitlichen Jahrzehnte mit der Untersuchung der Bauten in den Zentren zweier anderer, weniger bedeutender Gemeinden latinischen Rechts abschließen, bei denen aber trotz der relativ bescheidenen Baureste deutlich zu sehen ist, wie schnell den Bedürfnissen der Bevölkerung, die nach *dignitas* verlangte, nachgekommen wurde. In Alba-la-Romaine (*Alba*, Ardèche), dem Hauptort der *civitas* der *Helvii*, bleibt die Lage des Forums umstritten. Plinius zählte den Ort zu den *oppida latina*, denen Oktavian, oder vielleicht schon Caesar, den Status einer Kolonie verlieh. In dem auf einer Schwemmterrasse angelegten, rechtwinkligen Raster können mehrere Plätze, die von Portiken umgeben und mehr oder weniger axial gerichtete, aber schwer definierbare Anbauten besitzen, für das Forum in Betracht gezogen werden. Zwei davon liegen nördlich der Ansiedlung und ein dritter westlich des Theaters. Letzterer erscheint heute als ein religiöser Annex des politischen und administrativen Zentrums der Stadt, wobei der auf die Nordportikus übergreifende Bau als Tempel identifiziert werden könnte. Die Probleme der Ausgräber beim Aufbau einer relativen Chronologie dieser sehr schlecht erhaltenen Bauten erlaubt beim heutigen Kenntnisstand jedoch keine Definition eines zusammenhängenden Programms. Der einzige, für eine Beurteilung des ersten kaiserzeitlichen Programms verwertbare Bau ist das an der südöstlichen Grenze des Stadtareals errichtete Theater. Seine in einen Hang eingeschriebene *cavea* war 73 m breit und hinter der Bühnenwand erstreckte sich ein Hof mit Portikus – eine echte *porticus post scaenam* –, eines der seltenen Beispiele, die in der *Narbonensis* in fast vollständigem Zustand erfasst werden konnten. Etwa 69 m lang und 23 m breit wird dieser Hof, wahrscheinlich zu einem späteren Zeitpunkt, mit einem Zentralgebäude ausgestattet, das ein Tempel für einen offiziellen Kult gewesen sein könnte. Die erste Ausführung des Theaters fällt anscheinend in augusteische Zeit, mit wichtigen Ausbesserungen in den Jahren 30–45 und im 2. Jh. n. Chr. Es fasste 4000 bis 5000 Zuschauer, und die Haupteingänge lagen zuoberst in der *cavea*. Trotz mancher archaischer und experimenteller Aspekte seiner Anfangsphase, gekennzeichnet durch eine polygonale Umrissgestaltung der mehr als einen Halbkreis beschreibenden *cavea*, zeugt dieser Bau von einem demonstrativen Willen. Man stellte sich den Städten zur Seite, die den Anforderungen des neuen Städtebaus entsprachen und über die Vorzüge einer gewissen *amoenitas* verfügten, aus der auch mehrere frühe wassertechnische Anlagen hervorgegangen sind. Man muss jedoch einräumen, dass die Thermen an der so genannten Planchette als private und nicht als öffentliche Anlage, wie man zuerst angenommen hat, zu betrachten sind.

Der Fall von Château-Roussillon, *colonia Iulia Ruscino*, am Rande von Perpignan, ist nicht weniger suggestiv. Diese latinische Kolonie, die auf einer aus dem 6. Jh. v. Chr. stammenden iberischen Siedlung errichtet wurde und als Hauptort der *Sordones* oder *Sordi* fungierte, gab den Grundriss eines im südwestlichen Teil des Stadtareals gebauten Forums preis, das um eine zentrale kleinere, aber wohlgeordnete Fläche von 34 m x 23 m angelegt war. Der Haupteingang lag zwischen den Läden der Ostseite, während die ganze Westseite von einer Basilika klassischen Grundrisses eingenommen wurde, wobei das Hauptschiff ziemlich schmal erscheint und die Proportion insgesamt eher länglich ist. Wie die anscheinend zeitgleiche Basilika von *Glanum* öffnete sie sich zum Platz mit einer Kolonnade, deren Stylobat auf einem fünfstufigen Sockel ruhte.

Am Nordende war sie mit einem viereckigen Saal mit Vorraum verbunden, der mit Recht als *curia* identifiziert wurde. Letztere wurde wahrscheinlich später gebaut, denn sie sprengt gewissermaßen die Grenzen des Stadtrasters. Verglichen mit dem Forum von *Glanum*, mit dem es typologisch verwandt ist, lässt dasjenige von *Ruscino* einen spürbaren Fortschritt in der Geschlossenheit und der organischen Eingliederung der Einzelteile erkennen, selbst wenn bis heute noch kein axiales Gebäude oder Kultareal in der Nähe gefunden werden konnte. Der städtische Abschnitt der wahrscheinlich der Ostseite des Forums entlangführenden *via Domitia* hat vielleicht die Trennung zwischen dem profanen und dem religiösen Bereich gebildet, wenn nicht am östlichen Rand des Platzes in den Mauern, die als Anten der *tabernae* interpretiert werden, die Reste eines Tempels zu sehen sind. Das scheint aber eher unwahrscheinlich. Obwohl alle Versuche gescheitert sind, dieses Ensemble aufgrund stratigraphischer Kriterien zu datieren, liefert eine der ältesten auf dem Fundplatz geborgenen Weihinschriften einen wichtigen Hinweis, da sie kaum später als 8 n. Chr. sein kann. Konzeption und Bau der Hauptstrukturen müssen also in den Jahren der Zeitenwende liegen. Wir erinnern schließlich daran, dass das sicher nicht zu den größten der Provinz zählende Forum von *Ruscino* eine der wichtigsten Gruppen von Ehreninschriften der römischen Welt geliefert hat: ca. vierzig Weihinschriften, meistens von Skulpturenbasen, wurden dort geborgen. Obwohl das Forum in seinem heutigen Zustand nur die Unterbauten von vier Sockeln aufweist, davon zwei mit ausreichenden Maßen, um an Skulpturengruppen oder Reiterbilder denken zu lassen, muss man sich vorstellen, dass seit dem Ende der julisch-claudischen Zeit viele Statuen hier zusammenkamen: Porträtstatuen von Beamten und Priestern, von bedeutenden Persönlichkeiten aus der Umgebung der Kaiser, Statuen den Kaisern selber und ihrer Familie standen, man möchte fast sagen in einer politisch bedeutungsvollen Nähe und Vertrautheit nebeneinander. Wie von E. Rosso festgestellt, scheinen die Honoratioren lokaler Herkunft durch ihre Loyalitätsbezeugung dem Herrscherhaus eine Ausgangsbasis für die Verbreitung der dynastischen Idee geliefert zu haben. Die Weihinschriften für Tiberius, Drusus den Jüngeren und Germanicus, die wahrscheinlich zur selben Gruppe gehörten, wurden in der Nähe des im Norden des Forums gelegenen Postaments gefunden. Bis Caligula aber werden die Statuenreihen immer reicher mit neuen Huldigungen ausgeschmückt, in denen sich die in der *domus Augusta* geschehenen Veränderungen widerspiegeln. Nur wenige westliche Städte lassen die frühe Absicht, über «kanonische» Denkmäler zu verfügen und in diesen einen echten Konsens durch die Verbreitung der Bilder und Inschriften auszudrücken, so klar ermessen.

Der Vollständigkeit halber sollte man zwei weitere Kolonien, Hauptorte von *civitates* kurz streifen: Carpentras (*Carpentorate*), Hauptort der *Memini*, und Cavaillon (*Cabellio*), Hauptort der *Cavares*. Leider kann hier die antike Stadtanlage nicht rekonstruiert werden. Zwei Bauten aber tragen noch die Spur einer politisch bedeutsamen Monumentalität. Der eintorige Bogen über einer der damaligen Hauptachsen der Stadt Carpentras ist intakt geblieben. Er gehört ans Ende des zweiten Jahrzehnts des 1. Jhs. n. Chr. und wurde wahrscheinlich errichtet, um der siegreichen Feldzüge des Tiberius, des Sohnes des Stadtgründers, zu gedenken. Die darauf dargestellten Trophäen sind von keltischen und germanischen Besiegten flankiert, bei denen die die Bogenfiguren von *Glanum* kennzeichnende Menschlichkeit vergebens zu suchen ist. Es handelt sich um massige Silhouetten, von denen einige mit Tierfellen bekleidet sind, und die demonstrativ als Barbaren behandelt werden (Abb. 59). Der ikonographische Diskurs zielt hier offensichtlich nicht auf die Assimilierung, sondern betont die Macht der römischen Waffen, was auch keineswegs durch die feine Ausführung der Blüten in den Arkaden gemildert wird. In Cavaillon, wo mehrere Hauptstraßen, darunter der mit der *via Domitia* identische

Abb. 59
Carpentras. Das Relief auf dem Stadtbogen zeigt mit Tierfellen bekleidete Barbaren.

*Abb. 60
Aquädukt von Nîmes.
Der Pont du Gard.*

*Abb. 61
Aquädukt von Nîmes.
Vermauerte Arkaden des
Pont-Rou. Zu sehen sind
die Spuren ungeschickter
Ausbesserungen wegen
eines Lecks (mangelhafte
Abdichtung des Kanals)
oder wegen Rissen im
Mauerwerk (ungleich-
mäßige Setzung).*

cardo, festgestellt wurden, sollen zwei durch ihren Dekor ans Ende der Regierungszeit des Augustus datierte Bögen ursprünglich beiderseits eines Tempels gestanden haben, ganz in der Nähe des Ortes, wo vermutlich das Forum zu lokalisieren ist. Im 19. Jh. versetzt und als Tetrapylon wieder aufgebaut, zeigen sie eine bemerkenswerte regionale Interpretation des in Rom zur gleichen Zeit ausgeführten vegetabilen Dekors (Blattranken der die Torbögen flankierenden Pilaster), und die sehr fein ausgeführten Kassetten der Laibungen demonstrieren die Qualität der lokalen Werkstätten. Diese Monumente, obgleich heute aus ihrem Zusammenhang gelöst, zeugen auf verschiedenen Ebenen von der Vitalität dieser Gemeinden und von der Weise, wie sie sich am politischen und künstlerischen Leben der damaligen Zeit beteiligten.

Schließlich sollte Marseille nicht vergessen werden, wo jüngere Untersuchungen zur Entdeckung der Lage und Orientierung der Hauptbestandteile des kaiserzeitlichen Zentrums geführt haben. Die anscheinend unter den Flaviern zum Rang einer Ehrenkolonie erhobene Stadt verfügte seit der hellenistischen Zeit über ein Theater, von dem man heute weiß, dass es mit einem großen gepflasterten Platz, der gerne als Forum angesehen wird, unmittelbar verbunden war. Entlang dieses Areals erstreckte sich eine große, über den Resten der Caves Saint-Sauveur liegende bauliche Struktur. Nach der von H. Trézigny vorgeschlagenen Rekonstruktion hätte sie eine organische Verbindung zwischen dem «Forum», auf das sie durch eine ionische Portikus mündete, und dem 15 m höher gelegenen Lenche-Platz gebildet, nimmt man das hypothetische Vorhandensein des oberen Saals an. Ein anderer, weiter südlich gelegener Platz scheint zu demselben Komplex gehört zu haben. An der Küste ergänzen ein großes Thermengebäude und Lagerhäuser, die F. Benoit ausgegraben hat, diese in jeder Hinsicht bescheidene Bebauung. Die Untersuchungen der Hafenbecken, besonders im Bereich des Jules-Verne-Platzes unter der Leitung von A. Hesnard, haben jedoch gezeigt, dass deren Nutzung ständig zunahm, trotz der unausweichlichen Verschlammung, die wiederholte Instandhaltungsmaßnahmen nötig machte. Die Existenz einer Zollstation der *Quadragesima Galliarum*, eine von Augustus eingeführte Zollgebühr, in Marseille zeugt von der anhaltenden Bedeutung der Stadt als Handelsplatz. Die Erhebung dieser Steuer war auf die wichtigsten Transitzentren und Verkehrsknotenpunkte, wie zum Beispiel Lyon und Trier, beschränkt.

Diese Blütezeit der Städte, die von den Provinzstatthaltern im Auftrag des Imperiums angeregt, gefördert und gesteuert wurde, war ohne eine adäquat entwickelte Raumplanung nicht denkbar. In diesem Zusammenhang stellen die Aquädukte eine wesentliche Komponente des Systems dar, und ihre Verbreitung rund um die Städte gehört zu den damaligen Errungenschaften. Die Einführung der Druckwasserleitung ist eines der typischsten Kennzeichen des Römertums und keine Siedlung konnte sich dieser Maßnahme entziehen, mochte sie auch noch so kostspielig sein. Um Vienne wurden nicht weniger als elf Aquädukte gezählt. Selbst wenn nicht alle gleichzeitig in Betrieb waren, erscheint ihre theoretische Kapazität mit 100 000 m^3 enorm hoch. Auch *Aquae Sextiae* wurde im 1. Jh. n. Chr. von vier Aquädukten versorgt. Die von mehreren Forschergruppen, insbesondere vom Architekten J.-L. Paillet, durchgeführten Untersuchungen haben unsere Kenntnisse über Funktion und Technik dieser Bauwerke, von denen lange nur die obertägigen Abschnitte von Interesse waren, beträchtlich erweitert. So konnte zum Beispiel der die Brunnen und Thermen von *Glanum* speisende Aquädukt identifiziert werden: Das Wasser kam aus einem Staubecken, dessen konvexe, an beiden Enden in eine Kalksteinwand eingefügte Bogenstaumauer knapp westlich der Stadt einen kleinen Bach aus dem Tal von La Baume aufstaute. Diese Anlage, eine der ältesten ihrer Art, stellt eine Glanzleistung dar und zeugt von der Bedeutung, die der reichlichen Verfügbarkeit wenn auch minderwertigen Wassers in dieser latinischen Kolonie beigemessen wurde, deren Wohlstand teilweise auf der Transhumanz der Herden aus La Crau basierte.

Der bemerkenswerteste Fall aber ist der Aquädukt von Nîmes, der das Wasser aus der Fontaine d'Eure bei Uzès, etwa 20 km von der Stadt entfernt, herleitete. Von ihm kannte man bis vor kurzem nur den Pont du Gard. Wie der Aquädukt von Segovia in Spanien hat dieses wunderbare, fast 49 m hohe Bauwerk schon immer die Beobachter fasziniert. Mit seinen drei übereinanderfolgenden Arkaden, der Sorgfalt seiner Mauern aus großen Werksteinen, die das Licht widerspiegeln, und der Harmonie seiner Proportionen ist er eines der Symbole der römischen Präsenz in Gallien. In der letzten Zeit wurden andere derartige Werke von der Vegetation befreit und sorgfältig untersucht. Ob es sich um den Pont du Bornègre mit seinen drei Arkaden von 70 m Länge, die 37 Bogenstellungen des Pont-Rou bei Vers oder die 39 Bogenstellungen des Pont de la Lône handelt, verdienen diese oberirdischen Abschnitte umso mehr unsere Aufmerksamkeit, als sie alle Merkmale, die von den Restauratoren des 19. Jhs. beim Pont du Gard entfernt wurden, aufweisen (Abb. 60.61, vgl. 9). So lassen sich verschiedene Reparaturen oder Ausbesserungen beobachten, die oft kurz nach der Fertigstellung des Baus, meistens wegen der mangelhaften Abdichtung des Kanals anfielen. Man kann sich die

Abb. 62a.b
Zwei Ansichten der Reste des Aquädukts von Fréjus. Die aus kleinen, horizontal geschichteten Werksteinen gebauten Pfeiler wurden oft mit Streben verstärkt.

Schwierigkeiten vorstellen, mit denen die antiken Geometer, nur mit ihrem *chorobat* ausgerüstet, fertig werden mussten. Dieses Visierinstrument verfügte nur über eine relative Genauigkeit, die die Beibehaltung einer schwachen, aber konstanten Neigung auf längeren Strecken gefährden konnte. Es gibt auch schon früh Fälle von Wasserdiebstahl, bei denen der Kanal angebohrt wurde, um Wasser durch Holzleitungen für die Bewässerung oder den persönlichen Bedarf abzuzapfen. Vor allem entdeckt man die unlösbaren Probleme der Kalkablagerung innerhalb des Kanals, in dessen Kurven der Kalkbelag mehrere Dutzend Zentimeter erreichen konnte. Die theoretische mittlere Wasserführung von 20 000 m^3 pro Tag wurde dadurch empfindlich reduziert. Diese riesige Baustelle, deren Effizienz J.-L. Paillet in seiner letzten Untersuchung gezeigt hat, kennzeichnet den Einsatz von originären Techniken, vor allem die Integration des Baugerüsts in das Mauerwerk der Pfeiler, deren geschickt auf ganzer Höhe des Baus angebrachte Vorsprünge als Stützen für die Holzbögen und die Hebegeräte gedient haben. Am Ende der Strecke zog der Aquädukt als Tunnel durch die Hügel von Nîmes und mündete in einem 1844 wiedergefundenen Wasserturm. Ursprünglich von einer korinthischen Kolonnade umgeben, maß das Verteilerbecken dieses *castellum divisorium* 5,50 m im Durchmesser. Ein Kai um das Bauwerk ermöglichte Instandsetzungs- und Wartungsarbeiten. An seiner Basis war das Becken ringsum mit Öffnungen versehen, in die Bleirohre von 40 cm Durchmesser eingepasst waren. Auf fünf Kanäle verteilt sicherte dieses Wasser die Versorgung der verschiedenen Stadtviertel. Hier wiederum, mag das System auch noch so genial gewesen sein, dürfte es wegen des enormen auf die Bleileitungen wirkenden Drucks und Widerstands nicht ohne Schwierigkeiten funktioniert haben. Das Baudatum kann nicht enger eingegrenzt werden, doch zieht sich ein solches Bauunternehmen naturgemäß über mehrere Jahrhunderte hin und man kann sich sehr wohl vorstellen, dass das Projekt in augusteischer Zeit konzipiert, wenn nicht begonnen wurde.

Ein ganz anderer Fall ist der Aquädukt von Fréjus, der im Kalkmassiv von Mons beginnt und über eine Strecke von 40 km die größeren Täler auf Brücken oder Mauern überquert, um dann im Ort anzukommen. Er ist zuerst aus großen Werksteinen gebaut, wird dann als mit kleinen, horizontal geschichteten Werksteinen verblendetes *opus caementicium* fortgesetzt, wobei die Bögen aus mit der Schmalseite nach unten gesetzten und vermörtelten Blöcken bestehen (Abb. 62a.b). Der Kanal war über die ganze Strecke gewölbeartig gedeckt und innen mit wasserdicht verputztem Gussbeton verkleidet, was im Vergleich zum Aquädukt von Nîmes einen deutlichen Fortschritt darstellt. Die Armee scheint hier wie in Nîmes auf kaiserlichen Befehl zumindest an einem Teil der Arbeiten teilgenommen zu haben, die in claudischer Zeit abgeschlossen wurden.

DIE ENTWICKLUNG DER STÄDTISCHEN ZENTREN VON DEN FLAVIERN BIS ZU DEN SEVERERN

Der Aufschwung der wichtigsten Städte der Provinz seit den ersten Jahrzehnten der Kaiserzeit, die frühe Pracht der monumentalen Anlagen oder die Effizienz ihrer Infrastrukturen haben manchmal die These gestützt, dass, aus politischen wie wirtschaftlichen Gründen, manche dieser «augusteischen Städte» – ein etwas irreführender, aber in der wissenschaftlichen Literatur oft benutzter Ausdruck – mindestens bis zum Ende des 2. Jhs. n. Chr. nur von dem damals Erreichten gezehrt hätten. Es ist richtig, dass mehrere Gemeinden der *Narbonensis* privilegierten Kontakte mit Agrippa und seinen Söhnen, dann mit dem *princeps* selber und einigen seiner engsten Mitarbeiter, andere sogar mit der Familie des Tiberius, pflegten. Diese günstigen Vorraussetzungen in der frühen Kaiserzeit waren später nie mehr gegeben. Der seit dem Aufenthalt des Augustus in Gallien zwischen 16 und 13 v. Chr. ausgelöste «Bauboom» in der *Narbonensis* findet nicht noch einmal statt.

*Abb. 63
Aufrisse je eines Jochs
im Amphitheater von
Arles (links) und von
Nîmes (rechts).*

Andererseits hat vielleicht die zunehmende Bedeutung der iberischen Provinzen, besonders der *Baetica*, im Handel mit Rom die Quelle des Reichtums anderer Gebiete ausgetrocknet oder zumindest deren frühere Rolle in den Hintergrund gedrängt. Zeitgleich treten aber neue Profitquellen auf, wie zum Beispiel die wachsende Ausbeutung der Marmorsteinbrüche oder marmorartiger Brekzie in der Region oder in benachbarten Gebieten, auf die wir in einem der Wirtschaft gewidmeten Kapitel zurückkommen werden. In der Tat lassen viele Indizien die Vitalität mehrerer Städte erahnen, die ihre städtebauliche Situation nicht nur erhalten und verbessern, sondern oft sogar mit bedeutenden wie auch kostspieligen Bauten ergänzen, deren Auswirkung sich auf die Struktur des städtischen Raumes als entscheidend erweisen kann.

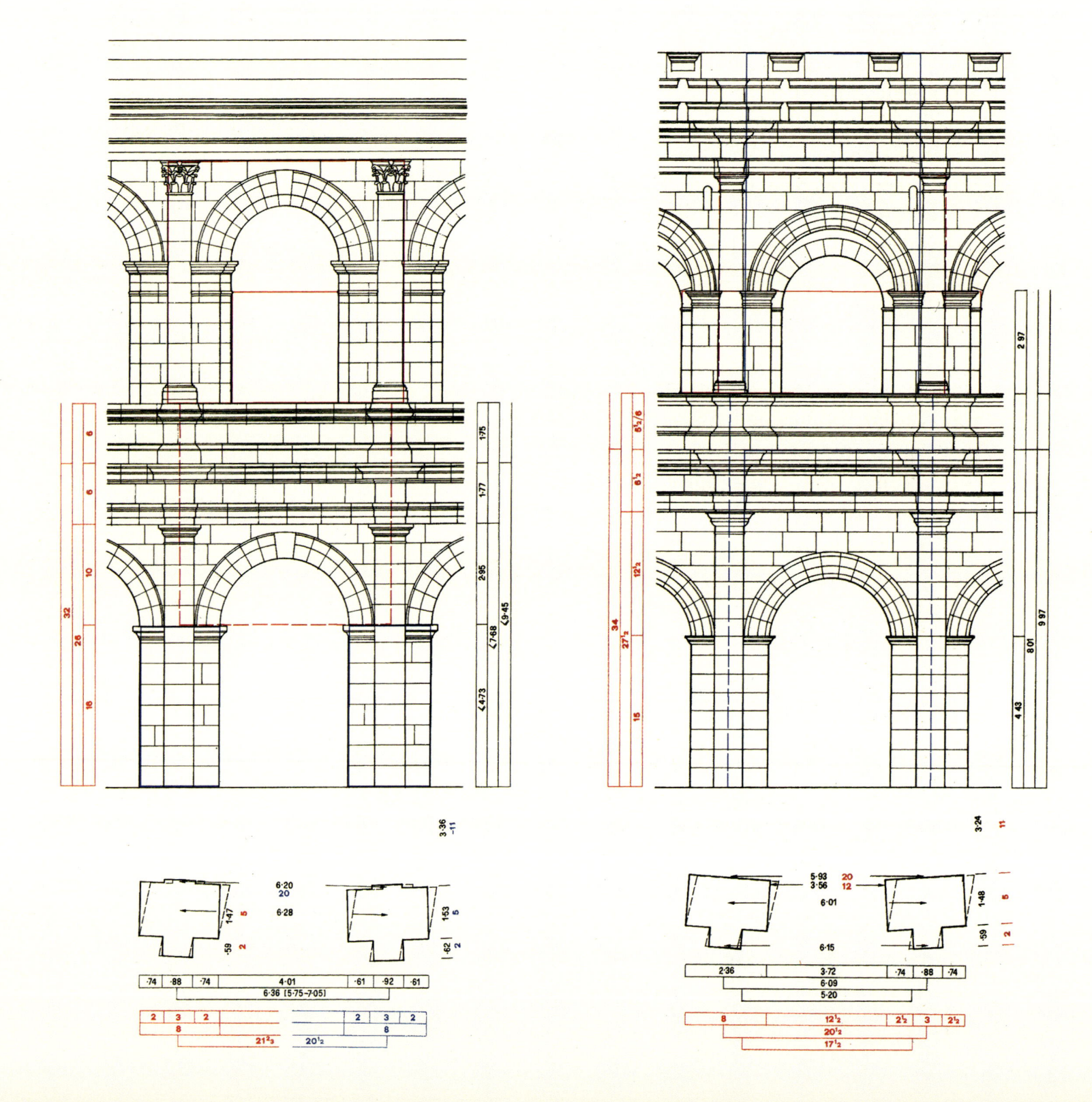

Zwei wichtige Phasen müssen für diese Zeit unterschieden werden, die Phase von Vespasian bis Domitian und die Regierungszeit Hadrians. In der ersten Phase wurde zuerst ein institutionalisierter provinzialer Kaiserkult mit den daraus nicht nur für die Hauptstadt Narbonne resultierenden Folgen eingerichtet. Dann wurden neue Schauspielgebäude eingeführt, die die Hierarchie und die Erschließung der betreffenden Städte endgültig veränderten. Wenn die flavische Zeit insgesamt auch nicht so entscheidend für die *Narbonensis* wie für die iberischen Provinzen war, wo die Romanisierung mit der Gründung einer eindrucksvollen Reihe von Munizipien latinischen Rechts vollendet wird, so ist sie doch durch eine Restitution und Neugestaltung der Gebiete gekennzeichnet. Das berühmte Kataster von Orange legt davon ein sprechendes Zeugnis ab. In der zweiten Phase, die sich fast genau mit seiner Regierungszeit deckt, scheint sich Kaiser Hadrian die Aufgabe gestellt zu haben, Augustus' Werk in der *Narbonensis* wie in vielen anderen Provinzen fortzuführen und zu verbessern. Eines der eingesetzten Mittel ist der Euergetismus, dessen archäologische, ikonographische und epigraphische Spuren in verschiedenen Siedlungen – insbesondere Nîmes, Orange, Vienne und Vaison-la-Romaine – zu beobachten sind. Ein Besuch in den Magazinen der lokalen Lapidarien würde reichen, um viele architektonische Fragmente auszumachen, die aufgrund ihres Dekors und Stils von Monumenten des letzten Drittels des 1. Jhs. und der ersten Hälfte des 2. Jhs. n. Chr. zeugen. Außerdem wird nun die systematische Verwendung von Carrara-Marmor für öffentliche Gebäude in Kontexten wie Nîmes, wo sie in julisch-claudischer Zeit unbekannt oder wenig geläufig war, festgestellt. Es ist ein untrügliches Zeichen der kaiserlichen Fürsorge und der Macht der lokalen Auftraggeber zugleich, denn nur der wachsende Wohlstand der Oberschicht ermöglicht die Wahl solcher Materialien, als Ausdruck ihres sozialen Status und der Akzeptanz römischer Werte. Die für die Herrscher errichteten Ehrenstatuen und Weihinschriften sind in dieser Phase weniger zahlreich als in julisch-claudischen Zeit. Trotzdem findet man in den Städten zahlreiche Kaiserporträts wie die des Titus in Aix-les-Bains (*Aquae*), Domitian in Vaison, Trajan in Nîmes, Carpentras und wahrscheinlich Alba, Hadrian in Vaison und Aix-les-Bains, ganz abgesehen von einer in Saint-Jean-de-Muzols gefundenen Weihinschrift für Hadrian. Hier werden nur die sicher identifizierten Objekte erwähnt. Es gibt aber auch andere, die, ohne einer bestimmten Person aus

Abb. 64
Nîmes. Amphitheater in der Nähe der Stadtmauer.

dem kaiserlichen Umfeld zugewiesen werden zu können, Merkmale derselben Zeit aufweisen, wie z. B. die ans Ende des 1. Jhs. datierbare Panzerstatue aus dem Museum von Orange oder diejenige, die willkürlich in die zentrale Nische des Theaters derselben Stadt gestellt wurde. Letztere wurde lange als ein Augustusbildnis angesehen. Heute ist man sich einig, darin einen Kaiser der antoninischen Zeit zu erkennen. Es wird für die zweite Hälfte des 2. Jhs. und den Anfang des 3. Jhs. n. Chr. zwar schwierig, Spuren einer bedeutenden Aktivität der Ädilen zu finden, aber es gibt durchaus Zeugnisse der Vitalität dieser Gemeinden, ihres Willens, durch regelmäßige Überarbeitungen ihrer ikonographischen Galerien und die Bekräftigung ihrer Treuepflicht gegenüber den aufeinanderfolgenden Dynastien der Entwicklung an der Staatsspitze zu folgen. Es seien hier unter anderem das schöne, im 19. Jh. in Annecy (*Boutae*) entdeckte Porträt von Antoninus Pius, die in *Glanum* kürzlich aufgefundenen Weihinschriften für Mark Aurel und Lucius Verus und die Ehreninschriften für die severischen Kaiser aus Narbonne oder *Glanum* erwähnt. Ganz abgesehen von der außergewöhnlichen Galerie von Kaiserporträts aus der Villa Chiragan in Martres-Tolosane, die von Tiberius bis Maxentius reicht und den Rahmen dieses Buches sprengen würde, sind alle diese Dokumente Indizien einer anhaltenden Einbindung der Führungsschichten in das politische Leben des Kaiserreiches und des relativen Reichtums der kleinen wie großen Städte der Provinz.

Eine Persönlichkeit wie M. Iallius Bassus aus *Alba Helviorum* veranschaulicht gut die Möglichkeiten der nun völlig assimilierten Eliten: Seine epigraphisch nachvollziehbare Laufbahn von 155 bis 170 n. Chr. (CIL XII, 2712–2719) führt ihn unter Antoninus Pius und Mark Aurel bis zu den Propräturen von *Moesia Inferior* und *Pannonia Superior* und macht aus ihm einen der engsten Mitarbeiter der Zentralgewalt. So wird es nicht erstaunen, dass zur gleichen Zeit seine Heimatstadt einen echten Aufschwung erfährt, wobei sie eine Ausdehnung von 30 ha erreicht und fortan mit den Hauptorten der benachbarten *civitates* verbunden ist. Noch bezeichnender ist, dass von den zehn bekannten Senatoren aus Nîmes, deren Laufbahn datiert werden konnte, einige seit dem Ende des 1. Jhs. und die anderen im Laufe des 2. Jhs. n. Chr. tätig waren. Die *Narbonensis* ist in der Tat unter Trajan und Hadrian in römischen Regierungskreisen bestens vertreten, da sie Rom damals drei Konsuln stellt, von denen zwei aus Nîmes stammen: D. Terentius Scaurianus, der, nachdem er 102 oder 104 n. Chr. zum Konsul erhoben worden war, im zweiten Dakischen Krieg eine militärische Aufgabe übernommen hatte und anschließend der zweite Statthalter der neu eroberten Provinz wurde, sowie T. Iulius Maximus Manlianus, der 108 n. Chr. Hadrian als Statthalter von *Pannonia Inferior* ablöste und 112 n. Chr. das Konsulat bekleidete. In dem Zusammenhang sollte man noch daran erinnern, dass Pompeia Plotina, die Gattin Trajans, an der Hadrian sehr hing, aus Nîmes stammte, was sicher nicht ohne positive Folgen für die reichsten unter ihren Landsleuten und die Stadt selbst blieb. Wir werden darauf zurückkommen.

Die Einrichtung des provinzialen Kaiserkults hat keine so eindrucksvollen Spuren hinterlassen, wie in den drei iberischen Hauptstädten. Dennoch bekam die Stadt Narbonne als *caput provinciae* an ihrer Ostgrenze ein Heiligtum, das, soweit sich das beurteilen lässt, wie die meisten Einrichtungen dieser Art vorzustellen ist: ein Tempel, von dem nichts erhalten geblieben ist, ein großer, mit Portiken umgebener Platz für offizielle Zeremonien, dem von Tarragona vergleichbar, sowie ein Schauspielgebäude, hier ein Amphitheater, entsprechend dem Bundesheiligtum der *Tres Galliae* in Lyon, und wahrscheinlich Thermen. Seine Randlage unterscheidet diesen Komplex deutlich von dem weiter oben besprochenen Stadtheiligtum und entspricht der Notwendigkeit, bei der Jahresversammlung die Delegierten aus allen *civitates* der Provinz wie auch ein breites Publikum vom Land zu empfangen. Diese Bestimmung wird durch die Maße des Platzes (160 m x 107 m) wie auch des Amphitheaters, dessen Arena nicht weniger als 75 m x 47 m maß, deutlich zum Ausdruck gebracht. Das auf einem Bogen-System errichtete Amphitheater zählte 72 Bogenstellungen und vier Eingänge. Die besondere Stellung von Narbonne unter den Provinzhauptstädten des Westens wird durch die 1888 gefundene Bronzeinschrift, die berühmte *lex de flamonio Provinciae Narbonensis*, demonstriert, die in etwa dreißig mehr oder weniger gut erhaltenen Zeilen die Funktionen, Rechte und Pflichten des für die Durchführung des provinzialen Kaiserkults zuständigen Priesters, des *flamen* (CIL XII, 6038), außergewöhnlich präzise beschreibt. Von D. Fishwick aus guten Gründen in die Regierungszeit Vespasians datiert, stellt sie für die gesamte römische Welt das einzige epigraphische Dokument dar, mit dem die durch den Staat diktierten Vorschriften rekonstruiert werden können. Sie beschreibt die Rekrutierung und Verpflichtungen des Inhabers dieses sehr einengenden und finanziell belastenden Amtes, das mit dem des Jupiterpriesters, des *flamen Dialis,* zu vergleichen ist. Der *flamen* war für die Errichtung öffentlicher Statuen zuständig und konnte bei seinem Amtsaustritt beschließen, den Rest des für die Liturgien bestimmten Geldes für die Errichtung von Kaiserbildnissen (*statuas imaginesve*) zu verwenden, die nach

*Abb. 65
Nîmes. Amphitheater.
Der Bau entstammt der
2. Hälfte des 1. Jhs.
Seine Arena gehört
heute zu den am besten
erhaltenen des römi-
schen Reiches.*

*Abb. 66
Arles. Das Amphi-
theater zeigt erstmals
die Verwendung von
Bautechniken, die
auch beim Bau des
Kolosseums in Rom
zur Anwendung
kamen.*

der wahrscheinlichsten Textrekonstruktion im Inneren des sakralen Areals, *intra templum*, aufgestellt werden. Diese Regel erklärt teilweise die Verbreitung der oft serienweise kopierten Kaiserbilder, die eine der eklatantesten Äußerungen der allgegenwärtigen Zentralgewalt auch in den entlegensten Provinzen darstellt.

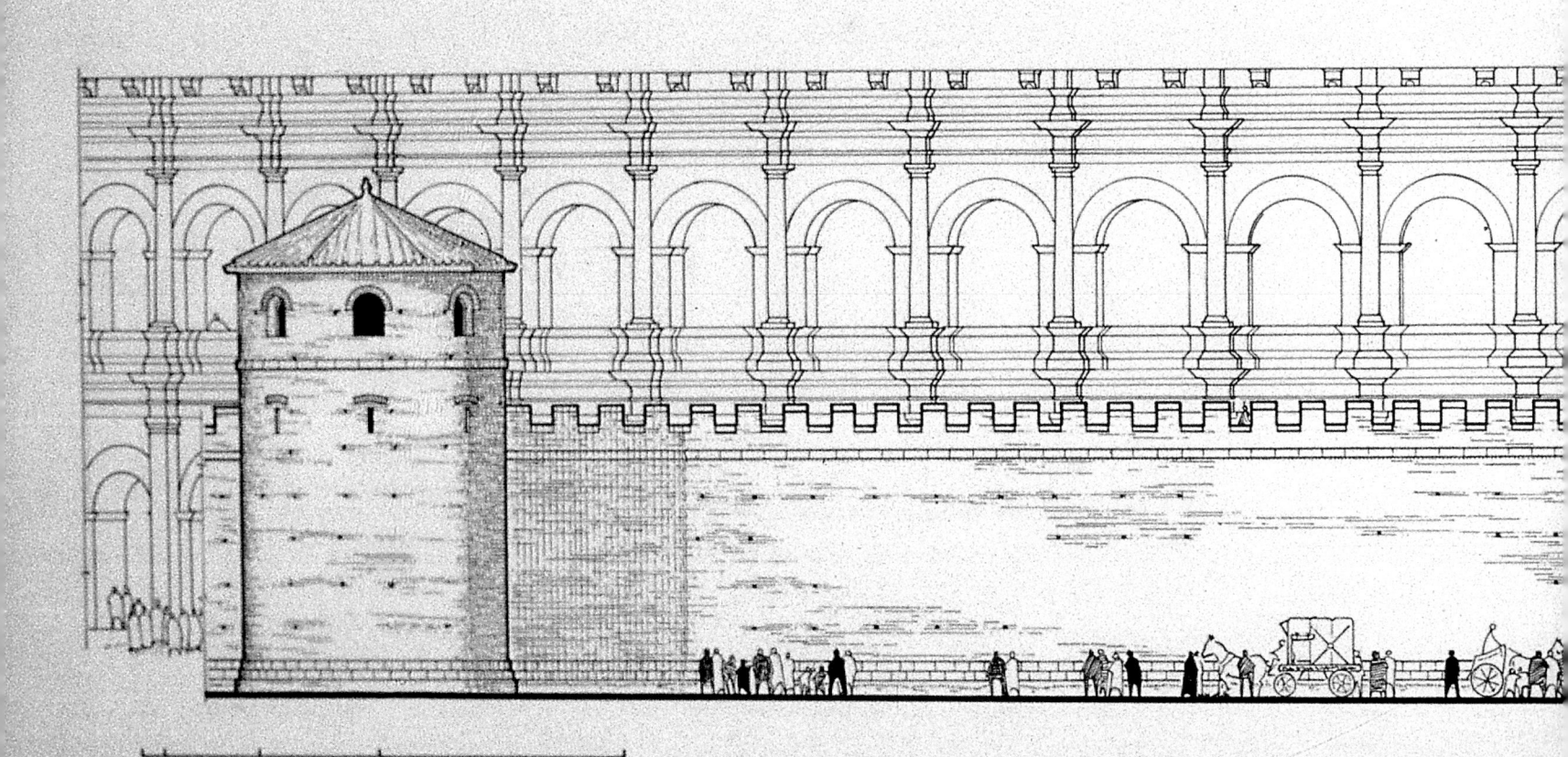

Unter dem Gesichtspunkt der monumentalen städtebaulichen Entwicklung der Städte der *Narbonensis* am Ende des 1. Jhs. n. Chr. ist die Einführung von Amphitheatern das folgenschwerste Phänomen. Es ist sicher kein Zufall, dass in Narbonne eines von ihnen als festlicher Annexbau des neuen öffentlichen Heiligtums gewählt wurde, während in Tarragona an dieser Stelle ein Hippodrom (*circus*) begegnet. Das mächtige, unerreichbare und unerreichte Vorbild, das das *amphitheatrum Flavium* (das Kolosseum) in Rom darstellte, übte anscheinend in diesem Gebiet einen beträchtlichen Einfluss aus. Denn schon früh strebten mehrere, oft benachbarte Städte – unabhängig von ihrem rechtlichen Status und der Herkunft ihrer Bürger –, nach einem Schauspielgebäude neuen Typs, das sehr bald das Theater, Prunkstück und Symbol der augusteischen Stadt, ablösen sollte. Das Fehlen archäologischer Spuren spricht dafür, dass viele dieser Gebäude ziemlich bescheiden gewesen sein dürften. Es ist auch zu berücksichtigen, dass viele blutige Schauspiele, die dort aufgeführt wurden, durch wenige bauliche Eingriffe auch in den Theatern oder sogar auf den Foren stattfinden konnten. Inschriften erwähnen Gladiatorenkämpfe (*munera*) oder Jagden (*venationes*) in *Aquae Sextiae* (Aix-en-Provence), *Dea Vocontiorum* (Die) oder *Vienna* (Vienne). An anderen Orten wurde die Lage des Amphitheaters ausgemacht, aber das Gebäude selbst bleibt weitgehend unbekannt: Dies ist der Fall für Orange, wo es westlich der Stadtmauer vor der Stadt lokalisiert ist, in der Nähe eines wichtigen, aber schwer zu identifizierenden Komplexes, dem so genannten La Brunette. Die hervorragendsten Exemplare sind natürlich die von Arles und Nîmes. Arles wurde schon in den 80er Jahren n. Chr. mit einem ein Oval von 136 m x 108 m beschreibenden Amphitheater ausgestattet (Abb. 63), Nîmes wenig später, nach einer in den Aufschüttungen der Fundamente entdeckten Münze von Domitian zu urteilen, mit einem Bau desselben Typs von 133 m x 101 m. In beiden Fällen zeugen zerstörte Baureste (Mauer- oder Mosaikfragmente), die in den Sondierungen entdeckt wurden, von einer zweiten Bauphase, die die früheren Strukturen tiefgreifend veränderte. Im Gegensatz zum Theater, das am Straßennetz der caesarischen Kolonie ausgerichtet war, scheint das Amphitheater in Arles unter Berücksichtigung des Geländeverlaufs und der Nähe der Ausfallstraßen angelegt worden zu sein. Dasselbe gilt für Nîmes (Abb. 64). Und in beiden Städten bestätigt die Nähe der Stadtmauer – in Arles greift der Bau sogar auf die Mauer über – das Bestreben, diese massive Struktur, deren Fassungsvermögen den Bedarf der Bevölkerung weit überschritt, am Rande des städtischen Areals zu errichten. Diese Erweiterungen wurden also aufgrund neuer Forderungen des *populus* eingeführt, denen die lokalen Euergeten mit entsprechenden Aufwendungen nachkamen, sprengten aber die Grenzen des julisch-claudischen Stadtrasters und veränderten dessen Hierarchien und Verkehrswege. Mit dieser neuen Phase entsteht eine andere Ausformung städtischen Lebens, bei der die «demagogischen» Elemente gegenüber dem Ausdruck der bürgerlichen und religiösen Werte die Oberhand gewinnen. Es wäre jetzt interessant zu sehen, wie sich diese beiden, fast völlig zeitgleichen Varianten desselben Typus durch verschiedene technische und ornamentale Details unterscheiden. Die Rivalität zwischen der Kolonie latinischen Rechts, Nîmes, und der Kolonie römischen Rechts, Arles, erklärt nicht alles, selbst wenn die *aemulatio municipalis* zweifellos eine Rolle gespielt hat. In einem solchen provinzialen Kontext, wo nicht alle für das Kolosseum in Rom gefundenen Lösungen übernommen werden können, bleibt diese Periode in vieler Hinsicht experimentell. So ist der untere Umgang in Arles mit Steinplatten gedeckt, in Nîmes aber mit Tonnen eingewölbt, was im Hinblick auf die Stabilität einen deutlichen Fortschritt bedeutet. Genauso verhält es sich mit dem Umgang des ersten Stockwerks, wo das Auflagersystem der zur Fassade rechtwinkligen Gewölbe besser ausgearbeitet scheint als in Arles (Abb 65.66, vgl. 10). Die Bögen des Erdgeschosses weisen regelmäßigere Öffnungen auf als die von Arles. Dafür stellt man in der römischen Kolonie einen feineren Geschmack im Dekor fest. Dort sind die Pilaster der unteren Bögen in toskanischer Ordnung ausgeführt, während die Bögen des ersten Geschosses, von Halbsäulen korinthischer Ordnung flankiert, ein vorzügliches Relief bekommen, was in Nîmes nicht der Fall ist. Dort besitzen beide Geschosse Pilaster mit toskanischen Kapitellen, zu denen noch ein Attikageschoss hinzukommt. Jedenfalls wird das Amphitheater nun in den Ansiedlungen, die entsprechende Mittel für den Bau aufbringen konnten, zum Kennzeichen der *urbanitas*: Die von P. Varène gut herausgearbeitete plastische Kontinuität zwischen der augusteischen Stadtmauer und der gerundeten Fassade der Arena drückt sehr deutlich den Anspruch aus, dem sich nähernden Reisenden das Prestige und alle Versprechungen der *amoenitas urbis* anzukündigen (Abb. 67). Die Stadt der spätflavischen Zeit hebt sich nun von derjenigen der augusteischen Zeit ab, als noch das Theater der privilegierte Treffpunkt des

Abb. 67
Nîmes. Rekonstruktion des Amphitheaters und der anschließenden Kurtinen der Stadtmauer im Aufriss.

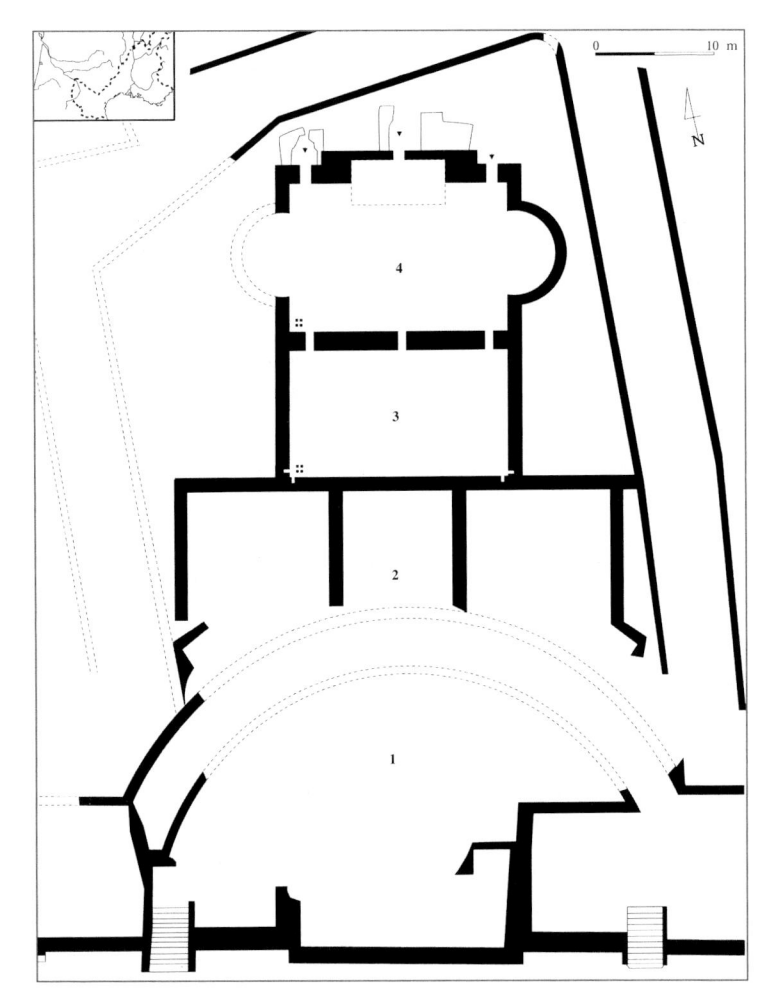

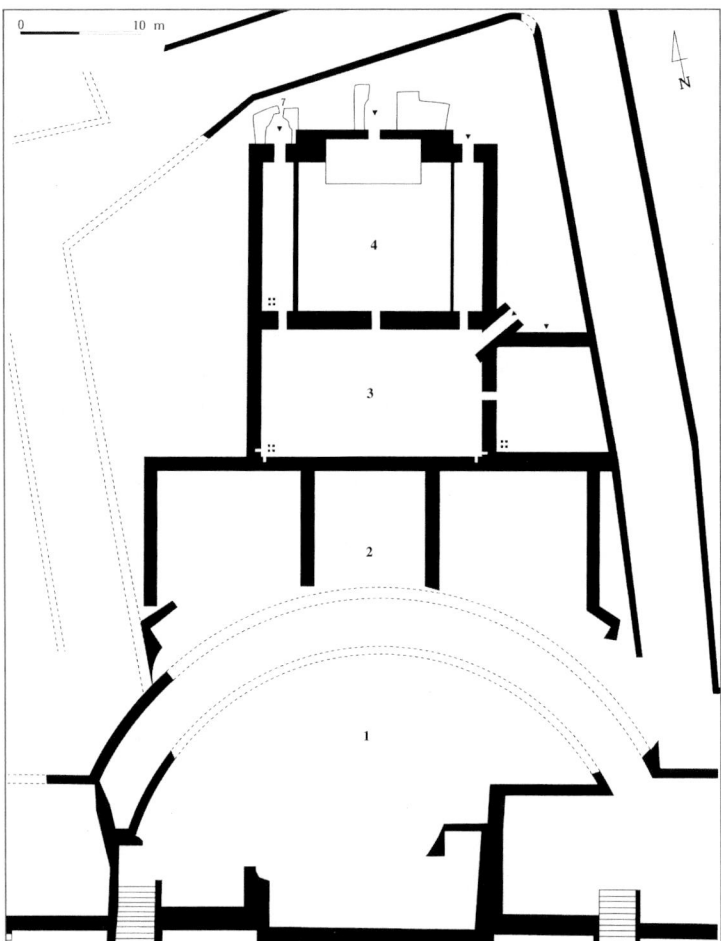

*Abb. 68a.b
Saint-Romain-en-Gal.
Plan der zwei Phasen der
Thermen der Lutteurs.
1: «palaestra»
(Trainingsareal)
2: «frigidarium»
(Abkühlraum)
3: «tepidarium»
(Lauwarmer Raum)
4: «caldarium»
(Warmbad)*

populus und Symbol ihrer Macht war. Die ritualisierte Gewalt in der Arena dient nur der Demonstration der Herrschaftskraft. Diese politische Botschaft der Spiele wirkt auf ein großenteils vom Land kommendes Publikum umso mehr, je spektakulärer sie ausgerichtet waren. So lässt sich erklären, dass im Gegensatz zu den Theatern, die in der *Narbonensis* mehr Kaiserbilder als jede andere Provinz Galliens geliefert haben, die Amphitheater anscheinend gar keine besaßen.

Zur gleichen Zeit erleben die Thermen einen Aufschwung, deren Entwicklung für die gesamte Provinz vor kurzem in einer eingehenden Untersuchung von A. Bouet dargelegt wurde. Zwar kommen Thermen in mehreren Städten schon in der Mitte des 1. Jhs. v. Chr. auf, bleiben aber bis zur Mitte des nächsten Jahrhunderts klein, wie es die Exemplare von *Glanum* und Vaison-la-Romaine zeigen. In der zweiten Hälfte des 1. Jhs. und bis zum Ende des 2. Jhs. n. Chr. nehmen Anzahl und Größe der Gebäude beträchtlich zu und Vaison besitzt zum Schluss sechs öffentliche Thermen. Andererseits wird die Nutzung der Thermalquellen oder so genannter Heilquellen durch die Verbreitung von Einrichtungen mit Heilcharakter wie die von Aix-les-Bains, Menthon-Saint-Bernard, Allan, Gréoux-les-Bains oder Balaruc-les-Bains intensiviert. Die Thermen der Lutteurs oder die des Palais du Miroir in Saint-Romain-en-Gal (Abb. 68a.b) wie auch die so genannten Thermen der Porte d'Orée in Fréjus zählen zu den größten und bestausgestatteten. Selbst wenn nicht alle Strukturen freigelegt wurden, gehören sie durch die Größe ihrer *frigidaria* und die Vielfalt ihrer Einrichtungen (*destrictarium*, *laconicum*, z. B. aus dem Palais du Miroir) zu den perfektesten Anlagen des Westens. Im Vergleich zu den Thermen in Afrika und Asien zwar relativ bescheiden, sind sie doch bezüglich ihrer Fläche mit den Anlagen aus Germanien oder Britannien vergleichbar.

Das hinsichtlich der Chronologie letzte Glied des städtischen Bauensembles ist das Hippodrom bzw. der *circus*. Es ist schwer zu erfassen, da es hauptsächlich aus einer langen Bahn mit meistens verschwundenen Sitzreihen besteht. Die Existenz eines *circus* wurde für Narbonne und Nîmes angenommen, obwohl Indizien fehlen. Nur die Städte Vienne und Arles haben relevante Spuren hinterlassen, da nicht nur die Lage, sondern auch die Rahmenstrukturen und ein Teil der *cavea* gefunden wurden. Der Obelisk der *spina*, in Arles im 17. Jh. vor dem neuen Rathaus aufgestellt, in Vienne auf seiner antiken monumentalen Basis erhalten, hat die Erinnerung daran wachgehalten. In Arles wurde der schon lange bekannte Zirkus kürzlich untersucht. Außerhalb der Mauern, in der Nähe eines Gräberfeldes wies er eine alles übertreffende Breite von 101 m auf und gehört damit zu den größten provinzialen Gebäuden seiner Kategorie. Obwohl die *carceres* nicht lokalisiert werden konnten, wird seine Länge auf ca. 500 m geschätzt (Abb. 69). Er wurde lange der gleichen städtebaulichen Phase wie das Amphitheater zugewiesen, gehört aber in Wirklichkeit in die spätantoninische Zeit, dem Material der Fundamentgrube nach zu schließen. Die ebenfalls entlang des Flusses, ca. 500 m südlich der Stadtmauer entdeckten Reste des Zirkus von Vienne haben bezüglich des Baudatums viele Diskussionen entfacht. Zwar gehört die Mehrheit der heute sichtbaren Strukturen anscheinend in das späte 3. Jh. – an den Beginn der großen administrativen Bedeutung dieser Stadt infolge der diokletianischen Reform –, aber die Gründung des Gebäudes dürfte in der ersten Hälfte des 2. Jhs. n. Chr. erfolgt sein.

Nicht unerwähnt bleiben sollte das erstaunliche Aufblühen der agonistischen (gymnischen und szenischen) Wettkämpfe nach griechischem Vorbild, die damals in mehreren Städten der *Narbonensis* stattfanden. Literarische, epigraphische und archäologische Zeugnisse ermöglichen es, die Aktivität künstlerischer und athletischer Vereinigungen (*synodoi*) seit Trajan und während des ganzen 2. Jhs. n. Chr. zu verfolgen. Die lokalen Beamten, die bei den Wettkämpfen organisatorische Funktionen bekleiden, tragen die Titel von Agonotheten, Athlotheten oder Gymnasiarchen. Im Kapitel über die Kultur der Eliten werden wir die Bedeutung dieses Phänomens noch einmal anschneiden, das Städte betrifft, in denen *a priori* keine so intensive Hellenisierung (Marseille ausgenommen) zu erwarten war. Aber es ist bereits hier nötig, die Auswirkungen auf die städtische Landschaft anzusprechen. In Nîmes erwähnen 17 meist griechische Inschriften – darunter eine lateinisch-griechische Bilingue –, die fast alle auf dem Areal des *Augusteum* (Abb. 70) oder in dessen unmittelbarer Umgebung gefunden wurden, den

Abb. 69
Arles. Modell des Zirkus. Mit einer Länge von etwa 500 m war er eines der größten Gebäude in den westlichen Provinzen.

*Abb. 70
Nîmes. Das Augusteum:
Zeichnung der Ausgrabungen im Jahr 1739.*

*Abb. 71
Marmorkapitell. Es stammt vielleicht aus dem Torbau des Augusteum.*

detaillierten Ablauf dieser nach dem Vorbild der *Sebasta* in Neapel konzipierten Spiele. Sie hingen demnach mit dem Kaiserkult zusammen, was die Anwesenheit eines *flamen Augustalis*, C. Sergius Respectus (*L'Année épigraphique* 1969/70, 376), erklärt. In diesen Kontext gehört die Einrichtung des *Augusteum*, das von nun an eine umschließende, zweischiffige Portikus aufwies, deren südliche Säulenhalle sich oberhalb des Brunnens durch einen monumentalen Torbau (*propylon*) zum Stadtzentrum hin öffnete. Ein Giebelteil dieses Gebäudes wurde wiedergefunden. Dekor und Struktur der Profilierung datieren es ganz klar in die erste Hälfte des 2. Jhs. n. Chr. Die leider sehr lückenhafte Inschrift des Frieses spricht von einem Bau aus marmorartigem Material, an dem sich die *res publica* von *Nemausus* und ein nicht weiter identifizierter Kaiser beteiligt hätten. Verbindet man nun dieses Fragment mit zwei im Museum aufbewahrten korinthischen Marmorkapitellen, die an diesem Ort gefunden wurden und durch ihren Stil als städtische Produkte der trajanisch-hadrianischen Zeit gelten, so darf man annehmen, dass hier die Reste der berühmten «Basilika des Plotinus» vorliegen (Abb. 71). Die *Scriptores historiae Augustae* (*Hadrianus* XII 2) berichten, dass sie von Hadrian in Nîmes zu Ehren der Gattin Trajans, die wahrscheinlich aus dieser Stadt stammte und ein großes Gut in der Gegend besaß, erbaut worden sei. Angesichts der funktionellen Begriffsentwicklung von *basilica* in jener Zeit und der daraus entstehenden terminologischen Mehrdeutigkeit kann man wahrscheinlich annehmen, dass Propy-

läen in der Art einer großen, mehrschiffigen Halle mit dieser Kategorie vermischt sein könnten. Zur gleichen Zeit berichtet ein Brief von Plinius dem Jüngeren (*Epistulae* IV 22) von der Existenz eines infolge einer testamentarischen Stiftung eingerichteten *gymnicus agon* in Vienne. Außerdem berechtigt die inschriftliche Erwähnung eines *odeum* auf zwei 1959 wiedergefundenen Marmorblöcken eines Architravs zur Annahme einer derartigen Institution. Die Blattrankenverzierung des Frieses legt eine Datierung in die antoninische Zeit, genauer gegen die Mitte des 2. Jhs. n. Chr. nahe, und es wurde vorgeschlagen, das Odeion am Nordhang des Mont Saint-Just zu lokalisieren. Weiter wurde kürzlich in dieser wirklich sehr reichen Stadt ein Stadion unmittelbar nördlich des claudischen Heiligtums des Mont Pipet, auf dem Hügel Sainte-Blandine, geortet. In Marseille schließlich zeugt ein Architravfragment aus Kalkstein mit dem in Griechisch eingemeißelten Wort *stadion* (IG XIV 2466) von der in den westlichen Provinzen sehr seltenen Existenz eines Wettkampfstadions, wahrscheinlich in der gleichen Art wie jenes, das Domitian in Rom für seine Kapitolinischen Spiele hatte bauen lassen. Sehr wahrscheinlich fanden hier die agonistischen Veranstaltungen, die von mehreren in dieser Stadt gefundenen Inschriften des 2. Jhs. n. Chr. erwähnt wurden, zumindest teilweise statt.

SEKUNDÄRE ANSIEDLUNGEN UND STREUSIEDLUNGEN

Die Beschäftigung mit den ländlichen Gebieten und der Entwicklung der nicht-städtischen Siedlungen hat seit mehreren Jahrzehnten die Identifizierung vieler Fundstätten ermöglicht, deren Unterscheidung zwischen *villae*, Heiligtümern und sekundären Ansiedlungen nicht immer leichtfällt. Letztere werden oft unter schwer abzugrenzenden Begriffen wie *oppidum*, *pagus* oder *vicus* zusammengefasst, gehören aber in Wirklichkeit oft zu Niederlassungen, deren Status und Funktion ganz unterschiedlich sein können. Die administrative Gliederung der *civitates*, die epigraphisch in Nordafrika und Kleinasien gut belegt ist, ist in der *Narbonensis* viel schwieriger zu bestimmen, da die Zahl identifizierbarer *pagi* als anerkannte Einheiten sehr klein ist, wie M. Tarpin gezeigt hat. Am häufigsten sind Unterteilungen sekundärer Ansiedlungen, die über eine Autonomie verfügen, wie zum Beispiel die *res publica* von *Glanum* innerhalb der *civitas* Arles (CIL XII 1005). Ohne näher auf die juristischen und administrativen Definitionsprobleme einzugehen, werden wir hier einige der relevantesten Beispiele aus verschiedenen Kategorien untersuchen, die einen Eindruck von der Vitalität der Gebiete und der relativen Bevölkerungsdichte der *civitates* vermitteln. Die weiter unten vorgelegte Auswahl soll vor allem den Reichtum und die Vielfalt der auf dem Land angetroffenen Situationen in der *Narbonensis* beleuchten.

Etwa 12 km westlich von Montpellier gelegen, ist die Stätte von *Castellas* (Murviel-lès-Montpellier) einer der größten antiken Siedlungen des Languedoc. Sie erstreckt sich über eine Fläche von mehr als 20 ha mit einer Umwehrung von ca. 1900 m Länge. Diese Befestigung besteht aus zwei unterschiedlichen, aber miteinander verbundenen Teilen, die einen Hügel bzw. dessen Fuß bis zum südlich fließenden Bach einschließen. Die Aufmerksamkeit der Archäologen galt schon sehr lange einem Baubereich mit einer starken, durch Nischen gegliederten Mauer, die ein rechteckiges Gebäude mit einer breiten Exedra auf jeder Seite überlagert. Infolge neuerer Grabungen wurde eine Arbeitshypothese aufgestellt, nach der der Komplex als korinthischer Tempel gedeutet wird, der sich im Süden auf einen Hof öffnete, dessen Grenzen gerade ausgemacht worden sind, und in dem ein mit Mosaiken geschmückter Raum lag. Der Tempel und seine Anbauten wären in zwei Phasen, zwischen der Mitte des 1. Jhs. v. Chr. und der mittelaugusteischen Zeit, errichtet worden. Diese Komposition, wie auch immer sie zu deuten ist, zeugt von der Bedeutung der Ansiedlung, deren auf die Zwischenterrassen verteilte Bebauung immer noch untersucht wird. Der rechtliche Status von *Castellas* gehört in der Tat zu den Problemen, die die Geschichte und die Organisation der *civitas Nemausus* direkt betreffen, da eine schon lange bekannte, in der Nähe der Umwehrung gefundene Inschrift (CIL XII 4190) Arbeiten unter der Aufsicht zweier Ädile erwähnt. Aufgrund paläographischer Kriterien ist die Inschrift zwischen die caesarische Zeit und die Zeitenwende zu datieren und es erhebt sich die Frage nach dem Status der 24 *oppida* latinischen Rechts, die laut Plinius dem Älteren Nîmes zugewiesen wurden. Aufgrund ihrer geographischen Lage und Größe gehörte die Ansiedlung Murviel-lès-Montpellier wahrscheinlich zu diesen *oppida*. Je nachdem, ob die Ädilen als Beamte aus Nîmes per Dekret des *ordo* von *Nemausus* oder als städtische Beamte aus *Castellas* handeln, verschiebt sich die Datierung der Arbeiten entsprechend der «Deklassierung» der *oppida ignobilia*, um den Ausdruck von Plinius aufzugreifen, d. h. vor oder nach 15 v. Chr. laut Chronologie von Goudineau, oder vor oder nach 22 v. Chr. laut derjenigen von M. Christol. Man darf aber sehr wohl auch der Hypothese von A. Chastagnol folgen, für den Murviel ein *oppidum* mit eigenen Institutionen geblieben ist. Es ist natürlich nicht angebracht, hier

Abb. 72
Aix-les-Bains. Römische Kopie der Persephone, korinthischer Typus.

die Einzelheiten einer noch längst nicht entschiedenen Debatte aufzugreifen, aber eine kurze Erinnerung daran war sicher von Interesse, um die historischen Probleme der Untersuchung dieser als sekundär geltenden Siedlungen zu ermessen.

Unter den nordalpinen Ansiedlungen sticht der *vicus Aquae* (Aix-les-Bains) in der *civitas* der Allobroger durch relativ gut erhaltene Monumente und eine ziemlich reichhaltige Epigraphik hervor, aus der sich die Problematik seines Status und seiner Funktion sehr deutlich ergibt. Der Name sagt schon, dass die Ansiedlung den heißen Quellen, denen eine heilende Wirkung zugeschrieben wird, sein Bestehen verdankt. Eine dieser Quellen stand unter dem Schutz des Gottes Borvo. Die Baureste einer bedeutenden Thermenanlage, die aus durch Hypokausten geheizten Räumen und Sälen mit Mosaikböden bestand, scheinen in zwei aufeinanderfolgende Phasen in flavische bzw. antoninische Zeit zu gehören. Die dort geborgenen Kaiserstatuen, die im örtlichen Museum ausgestellt sind, verteilen sich auf diese beiden Perioden. Darunter muss eine Kolossalstatue aus Marmor besonders erwähnt werden, die ursprünglich einen Kaiser des frühen 2. Jhs. n. Chr., Trajan oder Hadrian, darstellte und im 4. Jh. umgearbeitet wurde. Eine Inschrift (ILN, Vienne, 667–668) nennt die Pavillons (*diaetae*), in denen die Kurgäste wahrscheinlich empfangen wurden, spricht aber auch von einem *campus pecuarius* (Pferch) und einem *lucus* (heiliger Hain). Dies lässt, unabhängig von der Thermalfunktion, den Doppelcharakter des Ortes als ländlicher Markt und Kultstätte ahnen. Zwei weitere Monumente wurden je nach Schwerpunktsetzung unterschiedlich interpretiert: Der Campanus-Bogen und der so genannte Diana-Tempel. Der vollständig erhaltene Campanus-Bogen bekam seinen Namen nach der Inschrift eines hochrangigen Bürgers L. Pompeius Campanus, der ihn zu Lebzeiten für sich und seine Familie in Auftrag gegeben hatte. Tatsächlich sind 15 Inschriften über diesen, aufgrund stilistischer Kriterien in das 2. Jh. n. Chr. zu datierenden *arcus* verteilt. Über der einzigen Rundbogenöffnung war das Gebälk mit den Kartuschen von acht Inschriften besetzt, über denen ebenso viele Nischen, die zu Unrecht als Aussparungen für Graburnen angesehen wurden, angebracht waren. Seine Grabfunktion wurde von A. Küpper-Böhm in Frage gestellt, die in ihm ein Element der städtischen Strukturierung in der Nähe der Thermen sieht. Die von Ph. Leveau stammende jüngste Untersuchung gibt dem Bogen seine frühere Bedeutung zurück und stellt ihn in die Nähe des Bogens des Pont-Flavien in Saint-Chamas (CIL XII 647). So würde er zum gleichen Kontext gehören wie der so genannte Diana-Tempel, den derselbe Autor als Tempelgrab, eines der ersten dieser Art außerhalb Italiens, deuten möchte. Dieser Tempel ist wenig bekannt, obwohl er in Frankreich zu den besterhaltenen Monumenten seiner Kategorie gehört. Seine Erhaltung verdankt er seiner Eingliederung in das alte Schloss des Marquis von Aix. Als *prostylos in antis* auf einem Podium maß er außen 17,20 m x 13,65 m und scheint in das späte 1. Jh. oder frühe 2. Jh. n. Chr. zu gehören. Sein Baustil war wahrscheinlich eine lokale Interpretation der toskanischen Ordnung, die auch auf den Bogen angewandt wurde. Eine Besonderheit dieses Baus ist, dass er eine wunderschöne Statue barg, die von F. Slavazzi als treue Replik der Persephone-Proserpina im Typus des Korinther Peirene-Brunnens identifiziert wurde (Abb. 72). Diese sehr qualitätsvolle Kopie, die beste der Serie, zeugt vom Reichtum der lokalen Auftraggeber. Sie war möglicherweise das vergöttlichte Bild der Verstorbenen, der das Gebäude geweiht worden war. Diese Art von *consecratio in formam deorum* war damals nicht selten. Diese Interpretation der Monumente stimmt mit den Informationen aus dem Inschriftencorpus überein, das eine Gemeinschaft von *possessores* charakterisiert, deren Aktivitäten hauptsächlich auf den Landbau ausgerichtet waren. Die Einwohner genossen sicher das 36 v. Chr. den Allobrogern gewährte latinische Recht, bewohnten aber kein echtes städtisches Areal, sondern eher ein neben einem Marktflecken stehendes Kurheiligtum, wo sich die Grabmonumente ungehindert ausbreiten konnten, ohne von Bauverboten, wie es in einer kleinen oder großen Stadt der Fall wäre, betroffen zu sein. So gesehen unterscheidet sich der *vicus Aquae* sehr von *Boutae* (Les Fins-D'Annecy) in derselben *civitas*, obwohl beide Ansiedlungen manchmal miteinander verglichen wurden. *Boutae* zeigt ein ziemlich regelmäßiges Straßennetz, das anscheinend schon in augusteischer Zeit eingerichtet wurde. In zwei Stadtvierteln mit rechtwinkligen, aber anders orientierten Straßen begrenzt es *insulae* von 250 bis 600 m². Dieser *vicus*, Hauptort eines *pagus,* hieß anscheinend *Apollo.* Er wurde von zwei Präfekten verwaltet und besaß ein Forum. Dieses war sicher auch nach seiner Erweiterung in antoninischer Zeit immer noch bescheiden, da es nur mit einem festgestampften Kiesboden ausgestattet war. Es besaß eine Gerichtsbasilika und ein *horologium* (eine Wasser- oder Sonnenuhr), ein kleines Theater, dessen *cavea* hauptsächlich aus Holz bestand, aber mit einer Portikus hinter der Bühne ausgestattet war, sowie einen dem Merkur geweihten Tempel. Damit kann *Boutae,* zumindest nach dem derzeitigen Stand der Kenntnisse, als echte kleine *urbs* angesehen werden, die über alle in *Aquae* fehlenden typische Merkmale verfügte.

Im südöstlichen Teil der Stadt Nîmes wurden zwei ländliche Siedlungen ausgegraben, deren Grundzüge sich langsam abzeichnen. Die erste ist *Ambrussum,* wo eine deutliche Kontinuität zwischen dem frühgeschichtlichen *oppidum* und dem gallo-römischen *vicus* zu beobachten ist. Trotz der Nähe der *via Domitia* besteht die Siedlung auf der Höhe fort, aber weiter unten, an der Stelle, wo die römische Straße den Fluss Vidourle überquert, wird eine Station gegründet. Nach dem aktuellen Stand der archäologischen Untersuchungen scheint die Straßenstation in den 30er Jahren v. Chr. errichtet worden zu sein und weist drei aneinandergrenzende *insulae* auf, wo J.-L. Fiches Unterkünfte, die wahrscheinlich als Etappenquartiere dienten («Bauernhof-Herberge» oder *mansiones*), identifiziert hat. Im Hof der nördlichen *insula* standen in augusteischer Zeit eine große Herdstelle und eine gewaltige Handmühle. Sie lassen vermuten, dass es Personal für spezialisierte Aufgaben gab, die über die einfachen Bedürfnisse einer Familie hinausgingen, zumal ein in einem Anbau eingerichteter Kuppelofen für das Backen von Broten oder Fladen auf eine gastronomische Tätigkeit hinweist. Dazu kommen noch ein wahrscheinlich öffentliches Bad und ein Haus, das durch seine Konzeption und seine Ausdehnung den Häusern des *oppidum* sehr nahe steht, und eine Schmiede aufwies, die nach Meinung des Ausgräbers den Bedarf der Straßenstation decken sollte (Abb. 73a.b). Untersuchte Beispiele derartiger Siedlungen mit Gästeunterkünften sind in Frankreich sehr selten. Die an der Südwestgrenze der *civitas Tolosa* gelegene römische Station *Aquae Siccae* (Saint-Cizy), die im *Itinerarium Antonini* erwähnt ist, zeigt manche Ähnlichkeiten mit *Ambrussum.* An der Straße von Toulouse nach Dax unmittelbar an der Garonne, der Transitachse zwischen den Pyrenäen und *Tolosa* gelegen, war dieser Marktflecken auf ein kreisförmiges, ein sechseckiges Areal umschließendes Gebäude gerichtet, das von den Ausgräbern als Heiligtum an einer Wegkreuzung identifiziert wird. Fast angrenzend an dieses symbolische Monument diente ein großer Bau mit breitem Eingang wahrscheinlich als Etappenquartier, das einen Raum für die Reisenden und einen Stall für die Tiere besaß. Weiter nördlich bestätigen wassertechnische Anlagen und Backöfen die Rolle der Siedlung als Rastplatz. Ringsum dienten kleine gepflasterte Bereiche wahrscheinlich als Abstellplätze für die Wagen. Westlich und östlich dieses zentralen Areals erstreckte sich ein Wohnbereich, hauptsächlich mit kleinen Häcksellehmhütten und wenigen

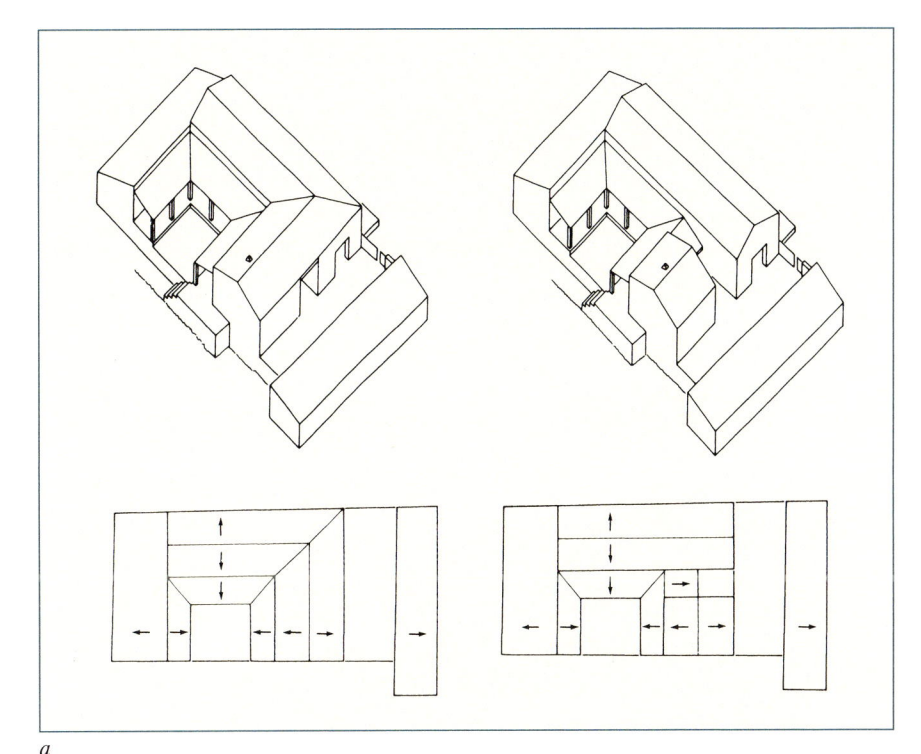

Abb. 73a.b Ambrussum. Rekonstruktionsvorschlag für ein Haus auf dem Hügel; nach J.-M. Gassend.

Abb. 74 Vernègues. Luftbild des Tempels. Dieses kleine Quellen-Heiligtum hat seinen geheimnisvollen Reiz inmitten der Natur bewahrt.

Steinhäusern mit Hypokaustenheizung. Die kleinen verstreuten Wohneinheiten boten genug Zwischenraum für die Viehhaltung. Auch andere Straßenstationen, wie *Etanna* und *Labisco* in der *civitas Vienna*, die in den antiken Itinerarien erwähnt, aber bis heute nicht mit Sicherheit lokalisiert sind, haben in der *Narbonensis* Spuren hinterlassen.

Ganz anders ist der Fall von Lunel-Vieil, einer ländlichen Siedlung ohne frühgeschichtliche Vergangenheit, die lange als *villa* angesehen wurde. Die von Cl. Raynaud durchgeführten Grabungen lassen eine Ansiedlung mit echtem Wegenetz erkennen. Sie hat einige Inschriften erbracht, in denen ein *quattuorvir* und ein *sevir Augustalis* erscheinen. Dies setzt eine soziale Differenzierung und einen rechtlichen Status voraus, der eines relativ bedeutenden *vicus* würdig ist, so wie ihn Verrius Flaccus definiert (Lindsay, S. 502 und 508), d. h. als territoriales und administratives Gebilde mit einer Hierarchie, wo man Recht sprechen und Märkte abhalten kann. Man beobachtet dort, dass die lokalen Eliten bestrebt waren, sogar die bescheidensten Siedlungen mit öffentlichen Gebäuden auszustatten. Diese Ansiedlung wurde im 1. Jh. n. Chr. gegründet und zeichnet sich durch eine regelmäßige Struktur aus, die sich von der des Haufendorfs *Ambrussum* deutlich unterschied. Auf einem Areal von ca. 1 ha – die ganze besiedelte Fläche liegt aber noch nicht frei – wurden Thermen, mit Mosaikböden ausgelegte Räume, die vielleicht zu Zivilgebäuden gehörten, und einige bescheidene, mit wichtigen Handwerks- oder Landbaueinrichtungen verbundene Häuser festgestellt. Am Siedlungsrand wechseln Nekropolen (mit Körperbestattungen) mit Anbauflächen ab. Andere Beispiele dieses hier besonders gut erhaltenen Siedlungstypus wurden z. B. in *Balaruc-les-Bains* am Ufer des Thau-Teiches entdeckt, wo eine gut organisierte Ansiedlung nach und nach um eine Heilquelle herum erbaut wurde. Dank eines 5 km langen Aquädukts konnte die Stadt unter Claudius mit fließendem Wasser versorgt und das Bad erweitert werden. Von einem Neptun und den Nymphen geweihten Komplex im Süden der Ansiedlung ist nur die Bauphase des 2. und 3. Jhs. n. Chr. bekannt. Er bestand aus einem zentralen, mit Zierbecken ausgeschmückten Gebäude mit Portikus an der Westfassade und war mit Nutzräumen verbunden. Am Nordeingang der Siedlung fügt sich ein noch nicht vollständig freigelegtes Mars-Heiligtum in die Hauptachse des Flurbereichs ein, was beweist, dass ein regelrechter Leitplan vor der Errichtung des Komplexes aufgestellt wurde. Man muss aber festhalten, dass trotz des städtischen Charakters die Kontrolle durch den Hauptort der *civitas*, hier Nîmes, fortbestand, da die Wasserrohre mit dem Siegel der Kolonie *Nemausus* versehen waren. Dies legt eine administrative Abhängigkeit des *vicus* nahe (CIL XII 5701–5758).

Ein ganz anderer Fall ist Vernègues auf dem Territorium der *civitas* Aix-en-Provence. Die herrlichen Reste eines Tempels in einem in den Hang hineingehauenen Halbrund haben wegen des scheinbaren Fehlens jeder Siedlungsspur bis vor kurzem dazu geführt, diese Stätte als ländliches Heiligtum außerhalb jeglichen städtischen Kontextes zu identifizieren (Abb. 74). Da zwei weitere, heute verschwundene Kultgebäude zu beiden Seiten des ersten anzunehmen sind und in der Nähe eine Quelle ausgemacht wurde, erschien diese Hypothese umso sicherer. Der erhaltene, nach Nordosten ausgerichtete Tempel weist noch einen großen Teil seiner Cellamauer auf. Eine der noch aufrecht stehenden Anten besitzt ein hervorragendes Pilasterkapitell, dessen rundplastisches Pendant in derselben Flucht die freistehende Säule des Pronaos bekrönt. Dieses als Prostylos mit vier Säulen, hohem Podium und Fassadentreppe zu ergänzende Gebäude gehört aufgrund stilistischer Kriterien in die gleiche Phase wie die «Zwillingstempel» von *Glanum* und zählt zu den ältesten, in die Jahre 30–20 v. Chr. zu datierenden Vertretern der korinthischen Ordnung im römischen Westen. Seine sorgfältige Ausarbeitung, die lineare Strenge des Akanthusdekors auf den Kapitellen und die Ausführung der Cella machen aus ihm ein qualitätsvolles Werk, das zwar älter, aber nicht weniger vollendet ist als die kanonischeren Gebäude von Nîmes (Maison Carrée) oder Vienne (Tempel des Augustus und der Livia) (Abb. 75). Prospektionen und Ausgrabungen der letzten Jahre haben inzwischen nachgewiesen, dass der Bau nicht allein dastand, sondern zu einer ländlichen Siedlung gehörte, deren Struktur und Ausdehnung noch nicht deutlich zu erkennen sind. Dennoch verrät das Vorhandensein unter anderen eines Vorratsraums mit *dolia* und einer Presse landwirtschaftliche Aktivitäten. Zieht man zudem in Betracht, dass zwei Nekropolen erkannt wurden, die von einer Besiedlung des Ortes bis in die ersten Jahrzehnte des 3. Jhs. n. Chr. zeugen, so scheint es berechtigt, auch hier einen *vicus* zu sehen. Es bleibt aber die Frage, ob sich die recht bescheidene Ansiedlung aus dem früheren Heiligtum, den Pilgerfahrten und/oder periodischen Feiern heraus entwickelt hat, oder ob die Tempel von vornherein als Komponenten eines monumentalen Zentrums inmitten einer Vorgängersiedlung konzipiert wurden. Diese beiden Möglichkeiten unterscheiden sich sehr und die Bedeutung der Kultgebäude fällt je nach gewählter Lösung sehr unterschiedlich aus. Angesichts ihrer Monumentalität und sorgfältigen Bauausführung möchten wir die erste Annahme, die den Tempeln einen chronologischen wie auch funktionellen Vorrang gegenüber der Siedlung gibt, vorziehen, zumal die neuere Entdeckung wassertechnischer Anlagen mit Brunnenstube, Aquädukt und Becken – alle durch ihre Bautechnik an das Ende des 2. bzw. in das frühe 1. Jh. v. Chr.

Abb. 75
Vernègues. Korinthisches Kapitell aus dem Tempel. Die abstrakte Wiedergabe des Akanthus unterstreicht die Schönheit des Motivs, mindert aber die Aussagekraft der Pflanzenmetapher.

datiert – die Existenz eines sehr alten Quellheiligtums vermuten lässt. Letzteres hätte den Bau des oder der Tempel an diesem Ort nach sich gezogen. Auf alle Fälle scheint der kultische Aspekt wichtiger gewesen zu sein und es blieb auch in der Folgezeit so, egal welche Siedlungsformen sich später allmählich ringsum entwickelten.

Die Verhältnisse des *vicus* Vernègues sind aber nicht mit denen des kleinen *oppidum* Chastellard-de-Lardiers in den Alpen der Haute-Provence zu vergleichen, das auf dem Ausläufer der Montagne de Lure, am Rande des Territoriums der Vokontier gelegen ist. Diese Höhensiedlung löste auf 1000 m Höhe eine Mitte des 1. Jhs. n. Chr. zerstörte Siedlung ab. Eine Art *via sacra*, die von Kultnischen gesäumt war, führte zu einem kleinen Tempel, dessen Grundriss sich auf dem Boden noch abzeichnet. Es war ein einfacher, 6 m x 6 m großer Kultraum in der Mitte eines mit Portiken umgebenen Hofes. Anzahl und Qualität der Votive und Opfergaben an der Stelle des Tempels und in den über das Plateau verstreuten Annexbauten zeugen von einem kontinuierlichen regen Besuch zwischen dem Ende des 1. und dem 5. Jh. n. Chr. Hier hat offenbar der kultische den Siedlungsaspekt schließlich verdrängt und es bestand über längere Zeit eine Art ländliches Heiligtum ohne Wohn- oder Agrareinrichtungen.

WOHNEN IN DER STADT

Bisher wurde die Entwicklung der Städte unter dem Gesichtspunkt ihrer öffentlichen Einrichtungen und der Anlage monumentaler Zentren betrachtet. Wir müssen nun zum Kern der Stadtraster gelangen, um die Entwicklung der Siedlungen zu untersuchen. Die *Narbonensis* und vor ihr die traditionsreiche *Transalpina* gerieten früher in die administrative und kulturelle Einflusssphäre von Rom als die anderen Provinzen der *Gallia Comata*. So treten schon vor der Einführung des augusteischen Prinzipats elaborierte Häuser auf, von denen einige noch von hellenistischen Schemata ausgehen, während andere anscheinend schon früh den italischen Haustyp integriert haben. Diese doppelte Herkunft, die die Originalität von Siedlungen wie Ensérune, *Olbia* (Hyères-les-Palmiers) oder gar *Glanum* ausmacht, ist aufschlussreich für die schnelle Assimilierung mehr oder weniger hellenisierter Führungsschichten, die dadurch eher gewogen sind, die neuen, von Rom verbreiteten Formen aufzunehmen.

Charakteristisch für diese Situation ist eine *insula* von Ensérune (Hérault), einem seit der Mitte des 6. Jhs. v. Chr. besiedelten *oppidum*, das Opfer mehrerer Zerstörungen im 3. und 2. Jh. v. Chr. gewesen ist. Dort begegnen uns drei in das frühe 1. Jh. v. Chr. zu datierende Steinhäuser, von denen eines mit einem *atrium*, einem Nebenhof und einer Reihe von Räumen ausgestattet war, die nicht alle freigelegt wurden, aber durch ihre Größe ein Familienleben und vielleicht auch gesellschaftliches Leben ermöglichten. Das *atrium* war ein zentraler Raum, dessen vier nach innen geneigte Dachseiten in der Mitte eine Öffnung (*compluvium*) über einem Sammelbecken (*impluvium*) freiließen. Südlich dieses schon den Namen *domus* verdienenden Baukomplexes folgt ein weiterer Komplex im Schema des hellenistischen so genannten Pastashauses, in dem man geschützt vor der Sonne oder dem Regen von einem Flügel zum anderen wechseln konnte, dank einer über die ganze Breite des Hauses am zentralen Hof entlangführenden Portikus. Diese Raumanordnung stammt aus dem östlichen Mittelmeer, wo sie schon im 4. Jh. v. Chr. bei vielen Häusern von Olynth in Griechenland oder Priene in Kleinasien zu beobachten ist.

Die Siedlung *Glanum* bietet das reichste Beispiel im Bereich der vorkaiserzeitlichen Hausarchitektur: Die *insulae* sind hier sehr regelhaft angelegt und die zugehörigen Häuser folgen nicht den lokalen Traditionen der Salyer. Ein Pastashaus, dessen Portikus mit drei freistehenden Stützen an einem südlich gelegenen Hof entlangführt, und mehrere um einen Hof gruppierte Häuser, von denen das erste als *domus* mit Peristyl und Zentralbecken gedeutet werden kann, während das dritte einen von den Hausflügeln flankierten kleinen Hof mit *impluvium* besitzt. Haus VI, das wegen der schönen Pilasterkapitelle des Eingangs des auf das Peristyl gehenden Hauptraumes «Antenhaus» genannt wird, bietet ein Raffinement, das durch die hellenistische Färbung des Ganzen – die Nordportikus des Hofes ist entsprechend einer Konvention, die sie in die Nähe des so genannten rhodischen Schemas stellt, breiter als die anderen – bestätigt wird (Abb. 76.77, vgl. 17). Keines dieser Gebäude kann nach heutigem Kenntnisstand vor das Ende des 2. Jhs. bzw. den Anfang des 1. Jhs. v. Chr. datiert werden. Nimmt man für das so

94 | Organisation und Struktur

Abb. 76
Glanum. Das Peristyl von Haus VI, dem sog. Antenhaus.

Abb. 77
Glanum. Decke des «lararium» (Laren-Heiligtum, dem Heiligtum für die Hausgötter) des sog. Antenhauses.

genannte «Attishaus» (VIII) an, dass es im Norden mit einem partiellen Peristyl versehen war, so würde seine Fläche beinahe 800 m erreichen und so in die Kategorie der großen Honoratiorenhäuser gehören. Leider bleibt der Charakter von Haus VII, das mit guten Gründen als kleiner öffentlicher Markt (*macellum*) bezeichnet wurde, unsicher. Jedenfalls wird der Hof dieses Hauses mit *impluvium* ganz einem *atrium* angeglichen, wenn zu einem nicht bekannten Zeitpunkt die vier großen Säulenbasen als Stützen der Balken eines vierseitigen Daches das Becken flankieren. Hieran sieht man die große Ambiguität und die relative Zügigkeit der Einführung des italischen Hausmodells, dessen Verbreitung bei weitem nicht so vollendet war, wie manchmal behauptet wurde, das sich aber allmählich mit vielen Varianten bei den gehobenen Schichten der Bevölkerung durchsetzt.

Die Häuser der frühen Kaiserzeit sind selten in den Gebieten, wo der wirtschaftliche Aufschwung noch bescheiden ist, die Assimilierung der Eliten eventuell verzögert wird und das soziale Gefüge unbeständig bleibt. Diese ersten kaiserzeitlichen Häuser wurden zudem oft von späteren Bauten überdeckt oder in diese integriert. Das entdeckte und untersuchte Clos de la Lombarde-Haus in Narbonne ist in diesem Zusammenhang wichtig, weil es zeigt, mit welcher Geschwindigkeit die Hauptstadt der *Narbonensis*, oder wenigstens einige Vertreter der Oberschicht, die kanonischsten Formeln des «pompejanischen» Hauses eingeführt haben. Wahrscheinlich wurde dieses Haus in den allerersten Jahren der Regierungszeit des Augustus eingerichtet. Es bestand aus zwei unterschiedlichen Bereichen, die entlang zweier rechtwinkliger Achsen in einem Parzellenrechteck von 975 m² miteinander verbunden waren. Im östlichen Teil war der Wohntrakt anscheinend auf ein *atrium* ausgerichtet, das seinerseits exakt auf einen langen Gang (*fauces*) orientiert war. Die Ausgräber haben sehr wahrscheinlich unter den durch diesen Gang erreichbaren Räumen den mit einem *tablinum* gleichzusetzenden Axialraum M identifiziert, d. h. den Raum, wo der Hausherr (*dominus*) seine am frühen Morgen im Hof versammelten Klienten empfangen konnte. Im westlichen Teil war ein als Garten angelegter Hof (*viridarium*) von einem Peristyl umgeben, dessen Nordportikus auf einen großen, weit geöffneten Zentralraum D führte; seine Türöffnung war von zwei Säulen flankiert, die wahrscheinlich, wie in gewissen pompejanischen Häusern, einen diesen Raum als *oecus* (Hauptempfangszimmer) der *domus* bezeichnenden Giebel stützten. Hier war die nach Süden gerichtete Portikus durch ihre Breite und Höhe wieder wichtiger als die anderen und kann im engeren Sinn Vitruvs (VI 7, 3) als

Abb. 78
Narbonne. Haus Clos de la Lombarde: Malerei aus Raum D.

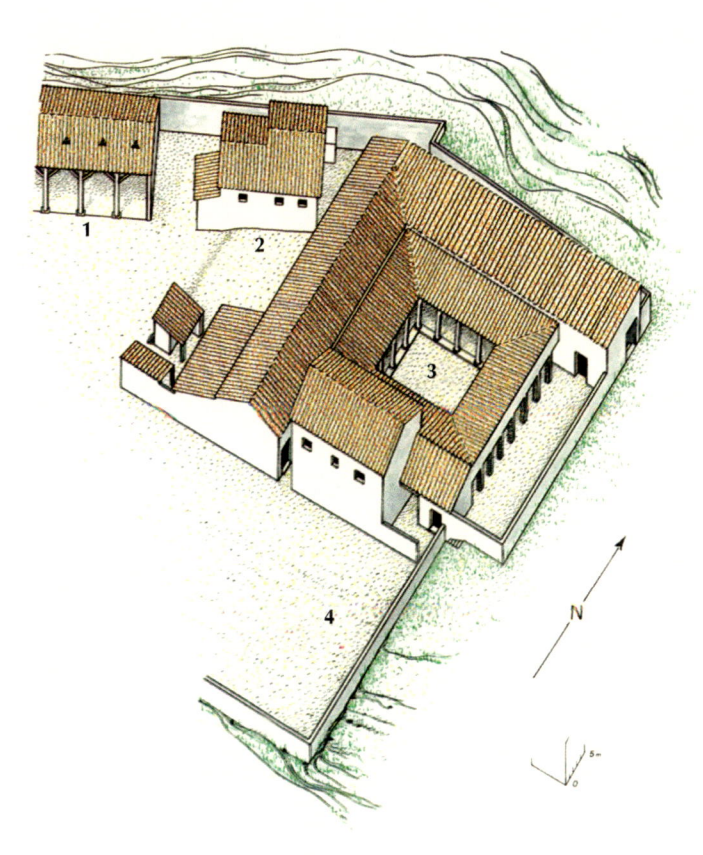

Abb. 79a.b Vaison-la-Romaine. Die zwei wichtigsten Bauphasen der Maison au Dauphin. Axonometrische Rekonstruktionen.
a) 1: Wirtschaftsgebäude, 2: Badehaus, 3: Hof, 4: Brunnen
b) 1: Atrium, 2: Peristyl, 3: Portikus, 4: Garten

«rhodisches Peristyl» aufgefasst werden. Wie es die Autoren der Publikation bemerkt haben, gleicht die Gesamtanlage derjenigen der Casa del Meleagro in Pompeji, wobei die Gestaltung hier nicht wie in der campanischen Stadt durch die Eingliederung von zwei älteren und unabhängigen Wohneinheiten in ein einziges Haus bestimmt wird, sondern auf den ursprünglichen Bauplan zurückgeht. Mit diesem bemerkenswerten Beispiel begegnen wir wieder dieser Mischung der hellenistischen und italischen Kulturen mit dem Willen sie zu vereinen, sicher eines der ganz besonders fesselnden Charakteristika dieser Provinz. Im Laufe des 1. Jhs. wird das Haus mehrfach verändert, indem Wände eingezogen werden. Die Qualität der Wandmalereien der Haupträume dieses Hauses zeugen in dieser oder den folgenden Phasen, die im Wesentlichen auf den späten vierten Stil (Ende des 1. Jhs. n. Chr.) zurückgreifen, vom Reichtum der verschiedenen Besitzer. Dies ist besonders der Fall im Raum D (Abb. 78) und noch mehr im *triclinium* K (Esszimmer), wo zwei Figuren (ein Genius und eine Victoria) und die Büste eines Apoll mit Lorbeerkranz ganzfigürlich dargestellt sind.

Dank der Untersuchung von Ch. Goudineau konnte die Entwicklung mehrerer großer Häuser von Vaison-la-Romaine verfolgt werden. Sie bieten verschiedene Typen, die auf den ersten Blick durch ihre Vielfalt verwirrend, aber schließlich bezüglich ihrer Zweckbestimmung kohärent erscheinen. Das interessanteste Haus ist zweifellos die Maison au Dauphin. In den Jahren 40–30 v. Chr. in einer noch nicht wirklich städtischen sondern vor allem landwirtschaftlich geprägten Umgebung erbaut, wird es von Anfang an relativ sorgfältig ausgeführt. Es ist auf einen Peristylhof mit angrenzendem Garten (*hortus*) ausgerichtet. Mit zunehmendem Wohlstand des Besitzers und der Urbanisierung der Siedlung wird das Haus in eine echte *domus* verwandelt, um dann in weniger als einem Jahrhundert die Erscheinung einer in jeder Hinsicht typischen großen Residenz der Oberschicht mit einer Ausdehnung von 2700 m² anzunehmen. Als in frühflavischer Zeit die Rue des Colonnes eröffnet wird, werden einige Räume gebaut, um einen direkten Zugang zu dieser neuen Straße herzustellen. Das Peristyl wird nach Osten erweitert, der *hortus* wird ein mit einem großen Becken ausge-

ORGANISATION UND STRUKTUR | 97

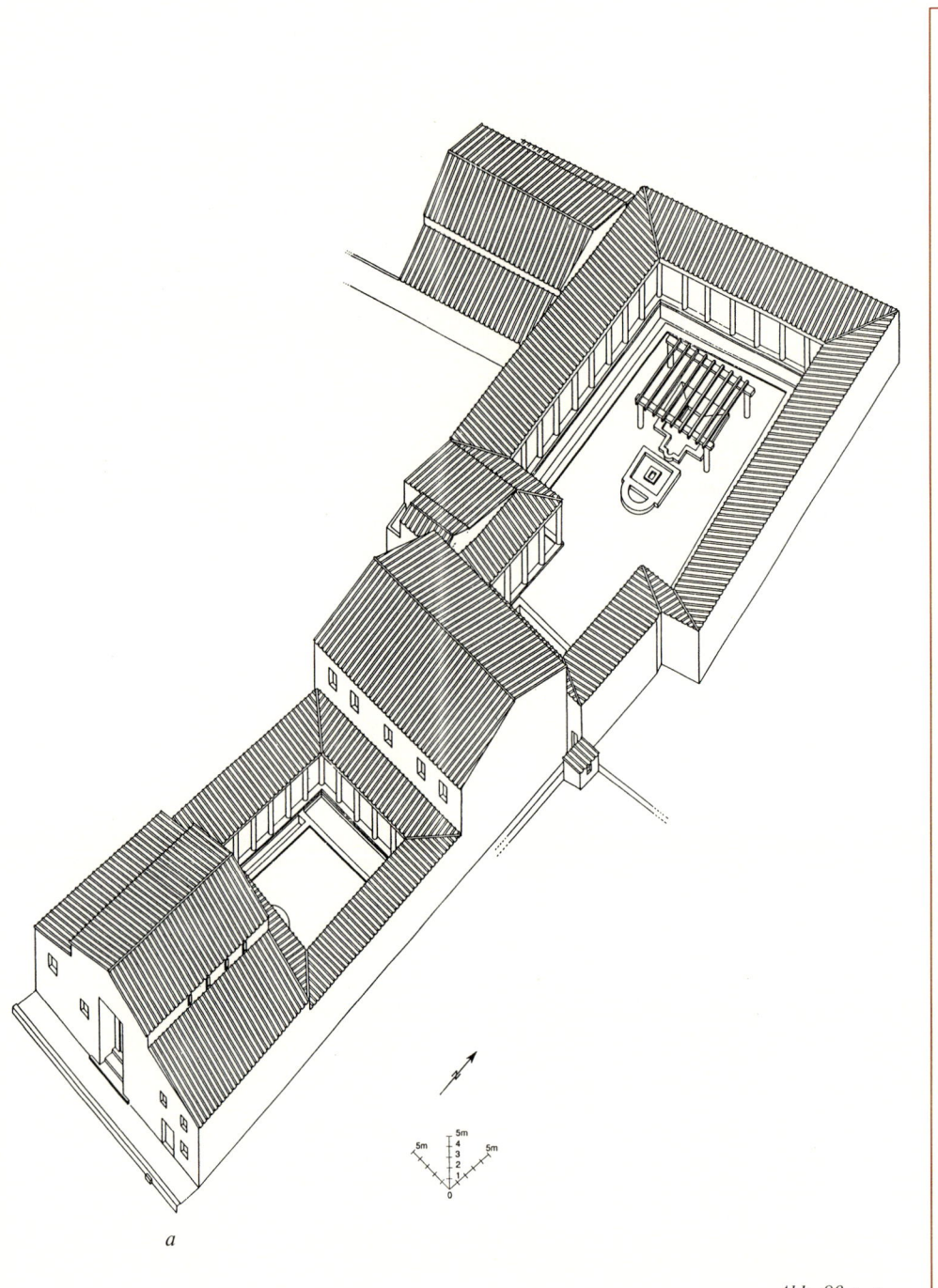

*1: Vestibül mit dem
Mosaik des Gottes
Oceanus
2: Kleines Peristyl mit
Wasserbecken (a)
3: «triclinium»
(Speisesaal)
4: Großes Peristyl mit
Sommer-«triclinium» (b)
5: Großer Saal*

*Abb. 80 a–c
Saint-Romain-en-Gal. Die Maison des
Dieux Océans: Axonometrische Rekonstruktion,
Plan und Schnitt der letzten Phase.*

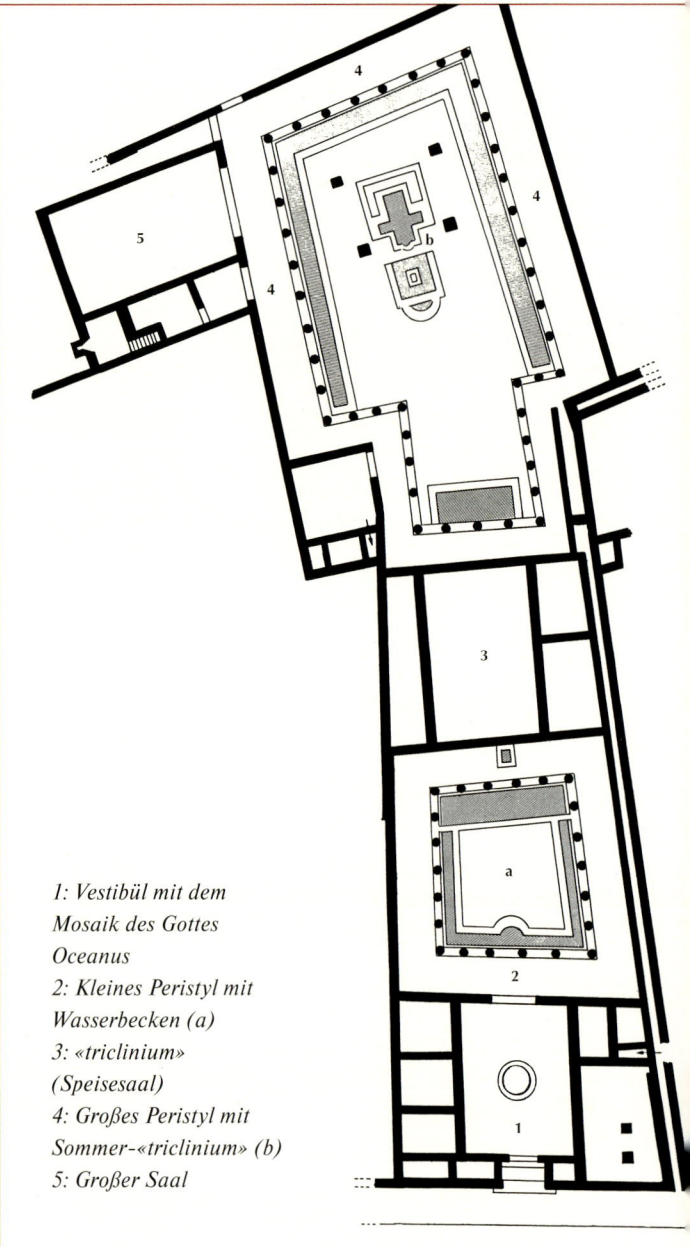

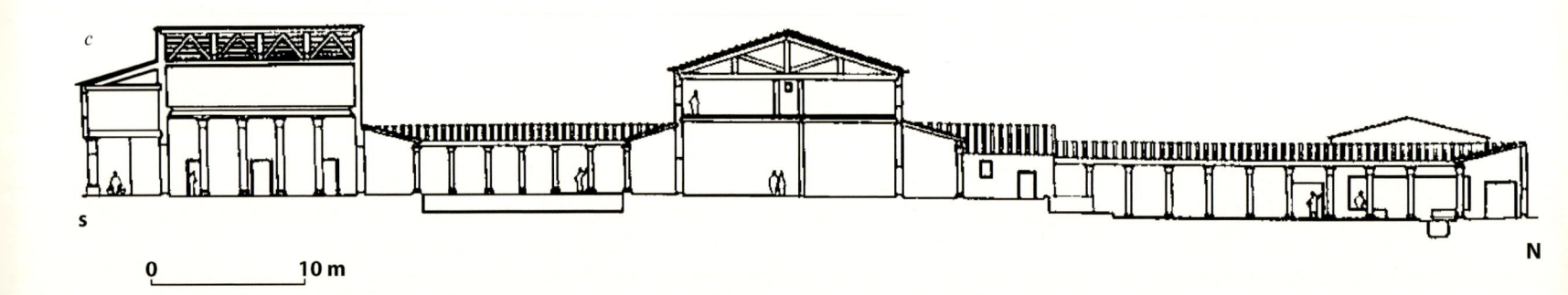

98 | Organisation und Struktur

stattetes *viridarium*, ein kleines Bad wird in der nordöstlichen Ecke eingerichtet, und weitere z. T. sehr große Räume werden um den Portikushof verteilt. Einige dieser Räume können zweifellos mit *triclinia* gleichgesetzt werden. Damit sind hier alle Vorzüge des städtischen Hauses vereint. Doch schien der Eigentümer noch nicht zufrieden zu sein und ließ zu einem kaum näher einzugrenzenden Zeitpunkt (Ende 1./Anfang 2. Jh. n. Chr.) auf der im Westen freigebliebenen, dreieckigen Fläche ein *atrium* mit vier Säulen als Stützen der Dachschrägen bauen. Diese neue, völlig unnötige Struktur – kein einziger Aufenthalts- oder Repräsentationsraum öffnet sich dorthin – ist charakteristisch für eine Gestaltung, die mit einer bestimmten Idee der *dignitas* verbunden wird (Abb. 79a.b). Deren in jedem Sinn des Wortes offensichtliche Eitelkeit ist aufschlussreich für zwei wichtige historische Phänomene: Einerseits setzte sich die von Rom verbreitete Lebens- und Bauweise unaufhaltsam durch, auch in den darauf kaum eingestellten Milieus. Denn der neue, anscheinend durch den Lebensmittelhandel reich gewordene Eigentümer dieses Hauses hätte es für unter seiner Würde gehalten, am Eingang seines Hauses kein Statussymbol zu besitzen, selbst wenn er dessen Funktion nicht mehr verstand. Andererseits zeigt die versetzte Lage dieses *atrium* den Beginn einer Entwicklung, die Aulus Gellius einige Jahrzehnte später fortsetzt, der nämlich – wie viele seiner Zeitgenossen – das *atrium* mit dem Eingang, dem *vestibulum,* verwechselt (*Noctes atticae* XVI 5, 1–4).

In einer anderen eingehend untersuchten Fundstätte war dieser Prozess bereits abgeschlossen. In dem Viertel Saint-Romain-en-Gal, außerhalb von Vienne am rechten Rhôneufer gelegen, kann man die Entwicklung der großen *domus* über die flavische und trajanische Zeit verfolgen. Das beste Beispiel ist die Maison des Dieux Océans, die vor einigen Jahren das Thema einer schönen Monographie gewesen ist. In der zweiten Hälfte des 1. Jhs. n. Chr. dehnt sich der Grundriss dieses 3400 m² weiten Hauses durch die Verschmelzung zweier älterer Parzellen aus, mit einer Biegung nach Westen im nördlichen Teil. Die Alternierung der Bauten und freien Flächen erlaubt es nicht, den Peristylen, obwohl es zwei sind, eine entscheidende Rolle innerhalb der Struktur des Komplexes zuzuweisen. Das Streben nach Monumentalität kommt aber schon im Säulen-Vestibül zum Ausdruck, das beiderseits eines kleinen Zierbeckens mit Mosaiken geschmückt ist, die Köpfe der Meeresgottheit Okeanos zeigen. Dieser Raum bringt den Bruch mit dem Typus des Atriumhauses ab den 70er Jahren deutlich zum Ausdruck: Beide Reihen von vier Würfeln – Pilaster- oder Säulenbasen – stehen zu nahe an den Wänden, um zu einem eigentlichen *atrium* gehört zu haben, da die ganze Fläche (150 m²) gedeckt war. Es handelt sich wahrscheinlich viel eher um einen *oecus* – eine Art Eingangssalon oder Vestibül –, der etwa fünfzig Jahre später in mehreren Häusern der *Africa Proconsularis* in noch monumentalerer Form auftritt. Dieser Empfangsraum stellt das einzige Beispiel freistehender Stützen in einem häuslichen Innenraum für die *Narbonensis* dar und öffnete sich wegen des streifenförmigen Flursystems auf eine eher ungewöhnlich gestreckte Sequenz. Doch wurde hier eine streng axiale Struktur beibehalten, die späteren Typen vorgreift und von einer erstaunlichen Reife in der Wahl der architektonischen Elemente zeugt. So entfaltet der südliche Teil ab dem Eingang eine regelrechte Prunk-«Suite», die aus dem oben beschriebenen Vestibül, einem ersten Peristyl mit axialem Becken und einem quer verlaufenden, auf beide flankierenden Höfe mit Portiken gerichteten *triclinium* besteht (Abb. 80a–c).

Die Fortschritte der Stadtarchäologie haben es in mehreren Städten der Provinz ermöglicht, um Peristyle zentrierte *domus* zu erkennen, einen charakteristischen Typus der westlichen Gebiete ab dem 2. Jh. n. Chr., der den Bau mittelgroßer Häuser wie auch sehr weiter Residenzen zulässt. Aus dem Viertel Saint-Florent in Orange sind die *domus* A, deren rekonstruierte Parzelle 885 m² erreicht, und die *domus* B mit einer Fläche von mindestens 900 m² zu erwähnen (Abb. 81a.b). Beide sind um einen quadratischen Hof mit Portiken angeordnet, wobei die zweite nach einem in Spanien und Afrika gut bezeugten, aber jüngeren Schema ein Becken gegenüber dem axialen Raum (*triclinium*) aufweist. Der Eingang des *triclinium* wird in der nördlichen Portikus durch zwei dickere Stützen hervorgehoben. Geheizte Räume im Wohntrakt, wie auch Latrinen und Küchen mit einem Abwassersystem, zeugen vom gehobenen Standard der Einrichtung. Der Dekor der Mosaikböden bestätigt den Eindruck eines diskreten, aber wirkungsvollen Luxus.

In Aix-en-Provence, wo neuere Untersuchungen die Entdeckung großer Wohneinheiten besonders in den nördlichen Vierteln der römischen Stadt ermöglicht haben, tendiert die Maison au grand péristyle oder das Enclos Reynaud-Haus in der Art der Anordnung dazu, Aufenthalts- und Empfangsräume im nördlichen Bereich der Parzelle zusammenzulegen, während Höfe, Viererportiken oder *viridaria* eher den südlichen Teil einnehmen (Abb. 82). Diese Gestaltung, die das Peristyl nur unvollständig in die Struktur des Hauses integriert, wird durch das eventuelle Anfügen von Nebenhöfen ausgeglichen. Dies ist der Fall für das Enclos Reynaud-Haus, das in seiner letzten Phase mit einer bebauten Fläche von

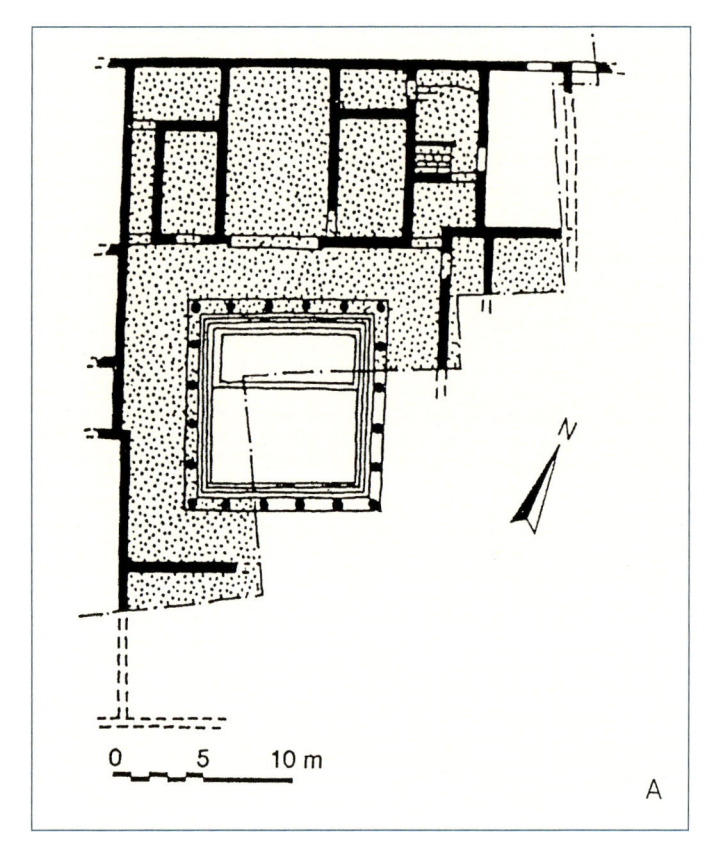

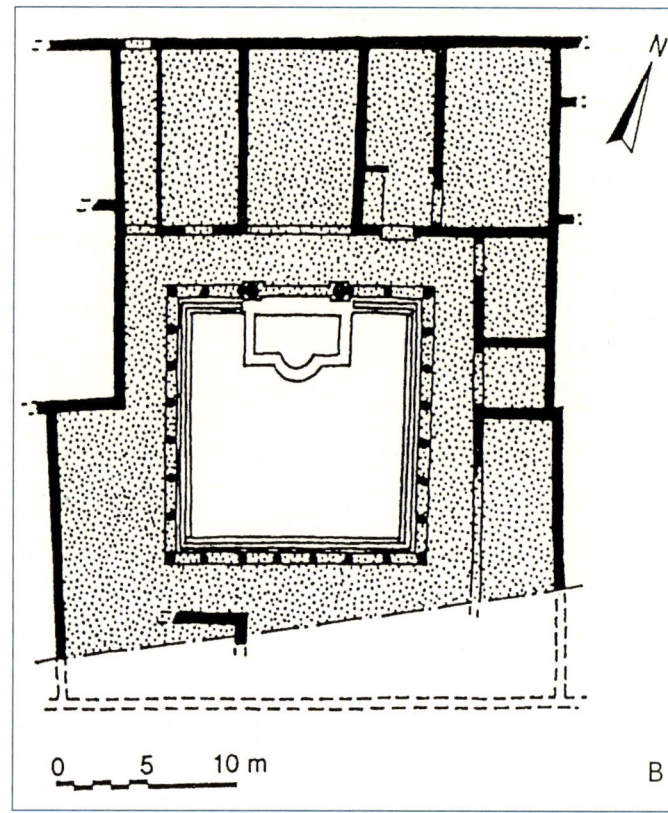

Abb. 81a.b
Orange. Plan der
«domus» A und B im
Viertel Saint-Florent.

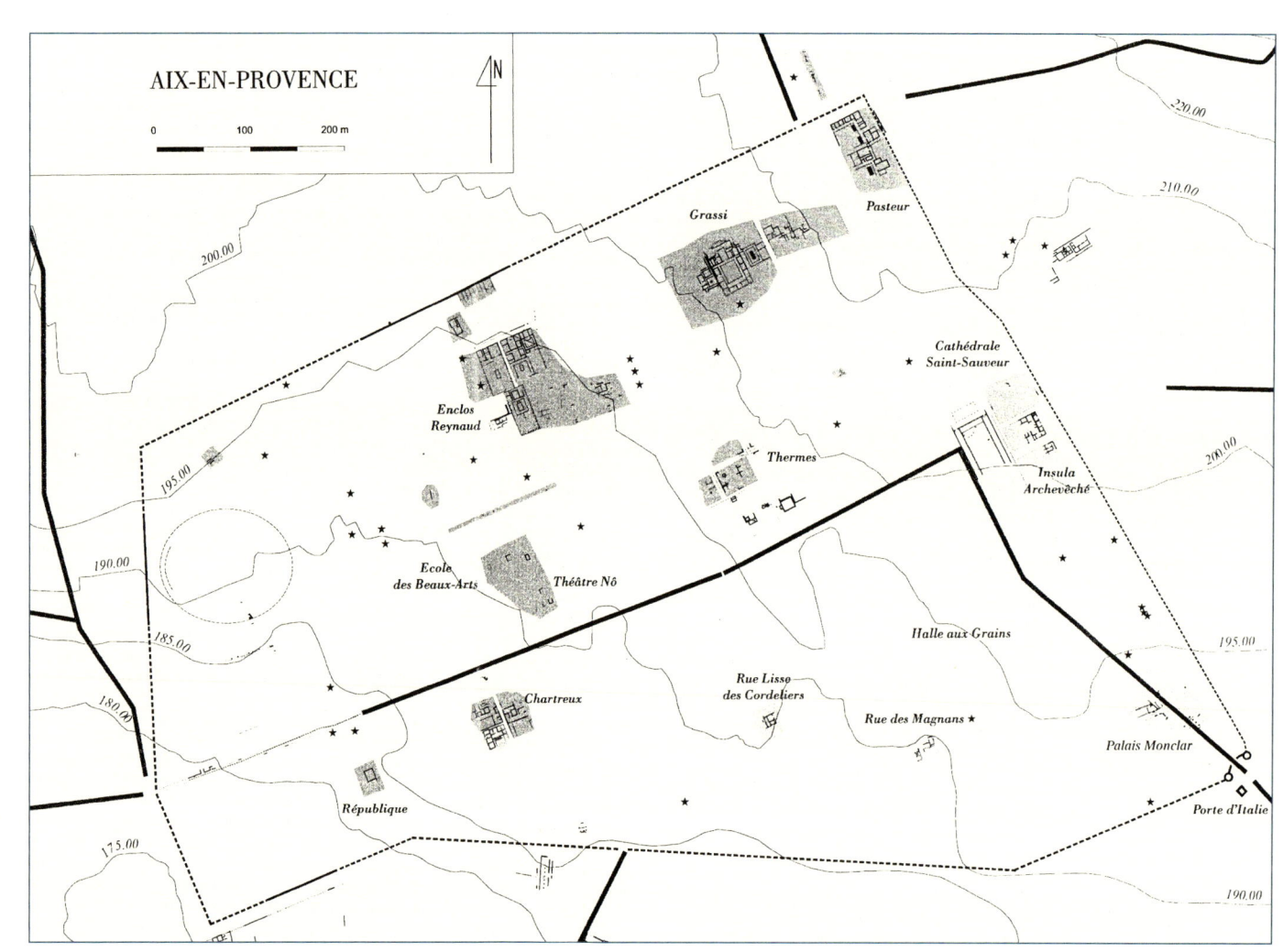

Abb. 82
Aix-en-Provence.
Lageplan der identi-
fizierten Stadthäuser
von Aquae Sextiae.

100 | Organisation und Struktur

760 m² insgesamt 1592 m² erreicht. Wie es die reichen, an verschiedenen Punkten der Stadt gefundenen Mosaikböden nahelegen, bestanden mit Sicherheit viele andere große *domus* in *Aquae Sextiae* während der frühen Kaiserzeit (Abb. 83a.b). Das Mosaik der Rue des Magnans, das aus einem *triclinium* stammt, welches sich in der Art einer Exedra auf ein Peristyl öffnete, zeigte den Gästen ein selten an anderen Orten der *Narbonensis* verwendetes Bild, den Kampf zwischen Dares und Entellus aus einem wenig rühmlichen Kapitel der *Aeneis* (V 424–484). Dieses Pseudo-*Emblema*, ein Figurenfeld, das – was hier anscheinend nicht der Fall ist – auch gesondert gearbeitet werden konnte, war dezentriert, um von allen Liegen aus bequem betrachtet werden zu können. Aufgrund des erheblichen Platzbedarfs – manche Häuser erreichten eine Bodenfläche von über 1500 m², einige sogar über 2000 m² – waren diese Bauten weder wegen der Originalität ihres Grundrisses, der sich eher zu wiederholen scheint, noch wegen der Vielfalt ihres Dekors zu empfehlen. Es zeigt sich zum Beispiel, dass nach der Anfertigung des oben erwähnten Bildes aus der *Aeneis* mehr oder weniger gelungene Varianten reproduziert wurden. Ohne von Standardisierung zu sprechen, kann dieses luxuriöse und zweifellos kostspielige Haus als typischer Ausdruck bürgerlichen Wohlstands gelten. Man wollte zeigen, dass man ein gewisses Niveau an Reichtum und Ansehen erreicht hatten, ohne sich damit von der anscheinend eng zusammengehörigen Gruppe, zu der man mit Stolz gehörte, zu sehr zu unterscheiden.

Im Nymphéas-Viertel von Vienne entwickelt sich *intra muros* bis zum Ende des 2. Jhs. n. Chr. eine hervorragende *domus*, die einen homogenen Grundriss beibehält, und

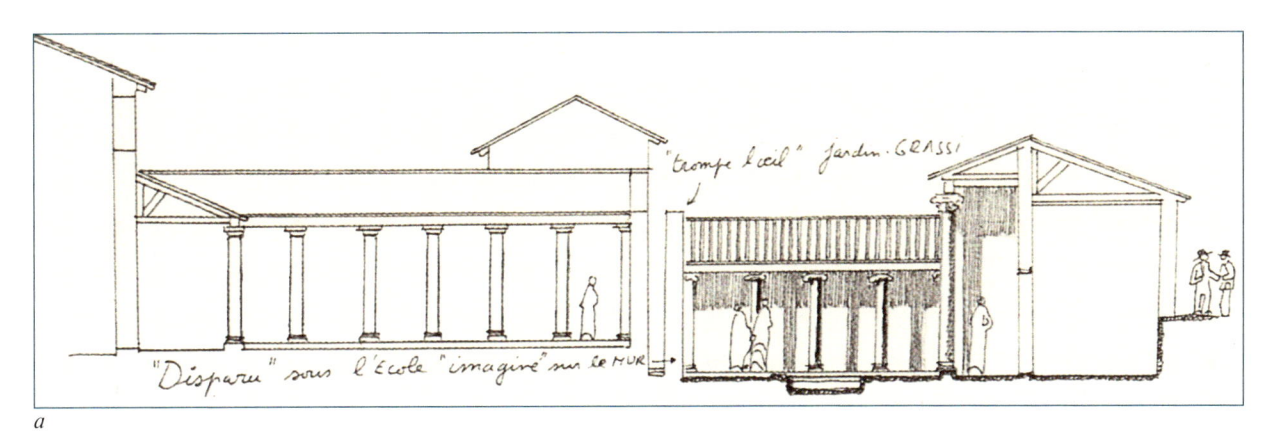

Abb. 83a.b Aix-en-Provence. Rekonstruktionsvorschlag für das Haus Jardin de Grassi, westlich des Enclos-Reynaud-Hauses gelegen; nach J.-M. Gassend.

ORGANISATION UND STRUKTUR | 101

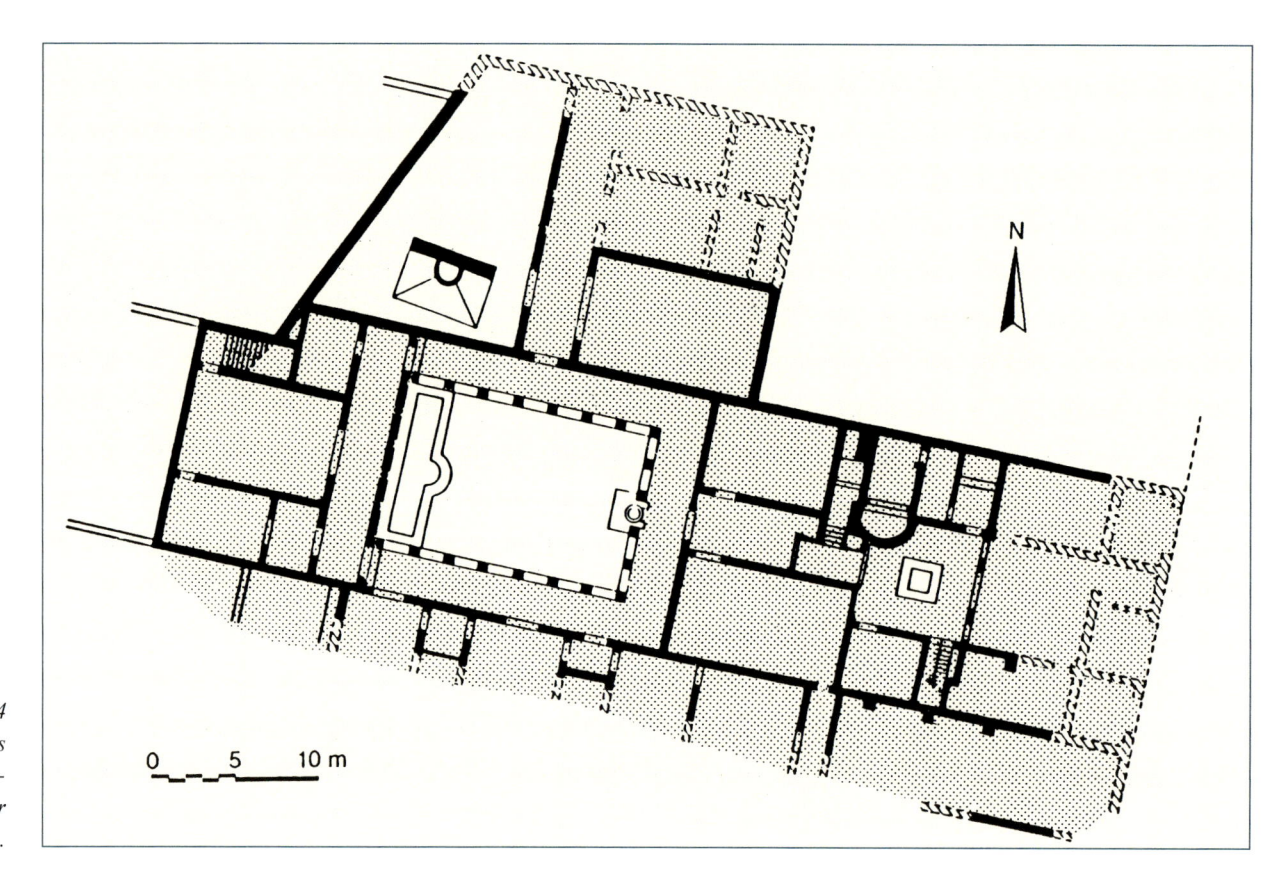

Abb. 84
Vienne. Plan eines Hauses des Nymphéas-Viertels innerhalb der Stadtmauern.

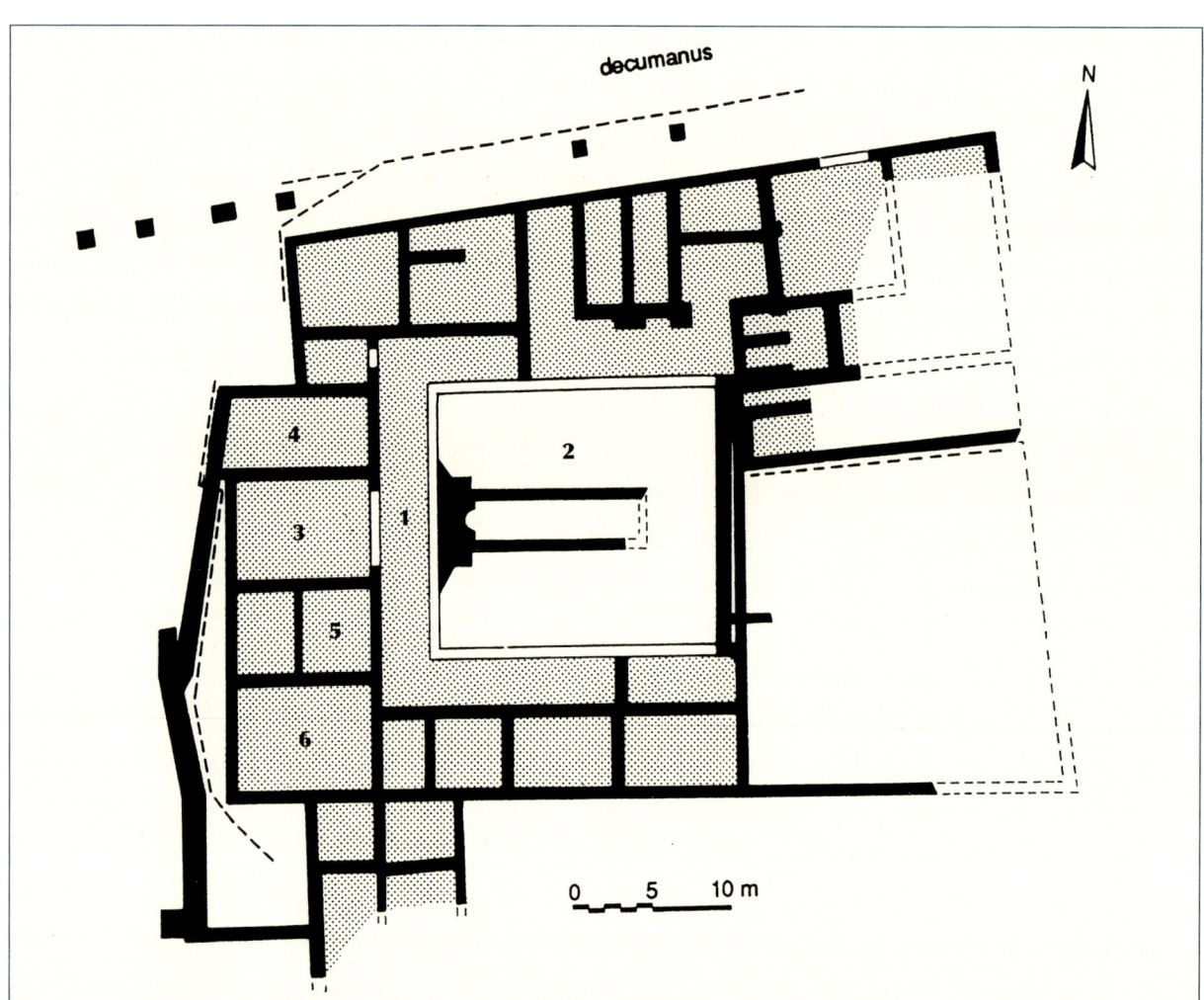

Abb. 85
Alba-la-Romaine. Plan von Haus A im Viertel Le Pinard. Die Räume gruppieren sich um ein Peristyl mit drei Portiken (1), die einen Garten (2) einrahmen. Zu beiden Seiten des «triclinium» (Speisesaal) (3) befinden sich die größeren Räume (4,5,6).

die dem auf das Peristyl ausgerichteten Hauptteil des Gebäudes östlich ein *atrium* vorlagert (Abb. 84). Mit einer Bodenfläche von mindestens 2000 m² besaß sie ein über zwei Treppen zugängliches oberes Stockwerk. Wir haben hier eines der seltenen Beispiele für das Fortbestehen eines vollständigen «italischen» Grundrisses in antoninischer Zeit vor uns. Die Axialität der Anlage wird durch die Lage des großen *triclinium* am Westende der Parzelle unterstrichen. Die Wasserversorgung dieses Hauses verdient eine besondere Erwähnung. In seiner Blütezeit besaß es außer wassergespülten Latrinen ein komplettes Badehaus mit den drei kanonischen Räumen *frigidarium*, *caldarium* und *tepidarium*.

Ab dem 2. Jh. n. Chr. überwiegt der um einen Garten mit Peristyl zentrierte Grundriss, mit oder ohne Zierbecken. Anscheinend erschien er einer bestimmten sozialen Schicht als besonders repräsentativ und in mancher Hinsicht auch leichter auszuführen. Er tritt sogar in Städten auf, in denen man ihn nicht erwartet hätte, wie in *Alba*, der relativ bescheidenen Hauptstadt der *Helvii*, deren monumentale Anlagen weiter oben erwähnt wurden. Im so genannten Le Pinard-Viertel wird ein Haus angelegt, das durch seine Anordnung, die Qualität der Baumaterialien und seiner Ausdehnung (1250 m²) zu den repräsentativsten Wohnbauten der Region für eine vielleicht durch Weinproduktion und den Handel mit Wein reich gewordene Schicht hochrangiger Bürger zählen dürfte (Abb. 85). Plinius der Ältere erwähnt einen berühmten Wein, dessen Qualität in den 60er Jahren erkannt worden sei, und der aus dieser Gegend komme (*Naturalis historia* 14, 43). Der Ruf dieser *carbunica* genannten Weinrebe hat sich so schnell verbreitet, dass sie schon zu seiner Zeit, behauptet er, in der ganzen Provinz angepflanzt wird. Wie dem auch sei, allem Anschein nach wird in diesem Haus ein Schema wegen seiner szenographischen Wirkung beibehalten, bei dem die Anlage des axialen Beckens auf den Eingang des wichtigsten Raumes, hier des *triclinium*, Bezug nimmt (vgl. Abb. 85, Nr. 3).

Nun könnte das Beispiel von *Alba* einen wertvollen Beitrag für das Verständnis der Gründe liefern, die zur Verbreitung und bald zum Monopol der Peristylhäuser in der *Narbonensis* wie in anderen westlichen Provinzen geführt haben, selbst wenn das *atrium* in mehr oder weniger orthodoxen Varianten weiter besteht. Wie in Vaison begegnen uns hier viele Neureiche, deren Vermögen nicht nur auf Landbesitz – wie bei der traditionellen Aristokratie – gründet, sondern wahrscheinlich auch aus landwirtschaftlichen Aktivitäten resultierte. Diesen Leuten, die meistens keinen anderen Horizont als ihre Heimatstadt mit Umgebung und nur lokale Ambitionen haben, erscheint ein «städtischer» Lebensstil sicher als das einzige Mittel, ihren Erfolg zu demonstrieren. Einerseits leben sie möglichst in Stadtvierteln, in denen die strenge Parzellierung ihren Raumbedarf nicht zu sehr beeinträchtigt, andererseits können sie die durch ihren Rang vorgeschriebenen familiären und zivilen Verpflichtungen nur noch in *domus* erfüllen, in denen Licht und Luft nicht so knapp bemessen sind wie im früheren *atrium*. Daher haben sie zur Anpassung wenn nicht zur Entwicklung entsprechender Lösungen beigetragen, und insbesondere das Peristyl zur Drehscheibe des Hauses entwickelt. Dadurch verfügen sie über Freiräume – das *amplum laxamentum* der lateinischen Texte –, wenn diese auch nicht immer groß dimensioniert waren. Das Haus ist also das deutlichste Zeichen für den Aufstieg einer neuen Klasse wohlhabender Bürger, deren Heimatverbundenheit tief verwurzelt bleibt. Die gleiche Art Erklärung – wenn auch partiell ungenügend, da sie die lokalen Traditionen wie die des Hof-Hauses oder des Pastashauses, von denen die *Transalpina* viele Beispiele geliefert hat, nicht berücksichtigt – könnte auf viele andere westliche Gebiete, besonders auf die *Africa Proconsularis*, übertragen werden.

Es bleibt noch zu erwähnen, dass aufgrund dieser Mischformen die Unterscheidung zwischen dem Schema der *domus* und dem des Landsitzes manchmal schwierig ist. Der deutlichste Fall wurde im La Brunette-Viertel vor Orange beobachtet. Außerhalb der Stadtmauer, in der Nähe des Amphitheaters wurde im frühen 1. Jh. n. Chr. ein Haus errichtet, das in einer ersten Phase ein relativ reiches Wohnhaus mit umfangreichen Wirtschaftsgebäuden verband. So weit kann man von einer vorstädtischen *villa* sprechen. Aber diese Kombination wird am Ende desselben Jahrhunderts aufgegeben, als der landwirtschaftliche Komplex verschwindet. Es folgt die Umstrukturierung zu einem großen Residenzkomplex, die sich über das ganze 2. Jh. n. Chr. hinzieht. Dieser zeichnet sich durch zwei Peristyle und einen sehr großen Garten aus, der von einer breiten Säulenhalle mit einer Rotunde in der Südwestecke umgeben war. Die diesen *hortus* schmückenden Becken, und besonders das halbkreisförmige Becken mit Mosaikboden und Wandverkleidungen aus Marmor, charakterisieren diesen Raum als einen Ort der Entspannung, der sich als luxuriös und mit allen Raffinements der städtischen Paläste ausgestattet erwies. Das La Brunette-Haus ist von nun an eine dieser *amplissimae domus*, deren oberflächliche Zurschaustellung der Heilige Augustinus zu seiner Zeit in der Provinz *Africa* anprangerte (*De civitate dei* II 20, 26).

STRUKTURIERUNG DER LANDSCHAFT: CENTURIATIONEN UND VILLEN

Abb. 86 Marmorplatten des Katasters von Orange. Das Kataster enthielt zahlreiche topographische und geographische Hinweise und die Zuteilung der einzelnen Flurstücke. Es war im «tabularium» (Staatsarchiv) angeschlagen.

Im Laufe der beiden letzten Jahrzehnte haben sich die Fragestellungen zur Organisation des ländlichen Raumes unter der Führung Roms tief gewandelt. Das Problem der Definition und Identifizierung der Limitationen bzw. Centuriationen hat zu einer Krise geführt, die heute zu größter Vorsicht bei der historischen Auswertung oft magerer Daten mahnt. Die Existenz eines systematischen Katasters, das lange als eine Besonderheit der Kolonien betrachtet wurde, bleibt zwar eine allgegenwärtige Realität, deren Bedeutung für die Kontrolle und Aneignung der Böden nicht mehr in Frage gestellt wird, aber die Analyse auf dem Feld zeigt sich komplexer, als man es sich früher vorstellte. Die Zeit ist aber vorbei, als die Untersuchung der ländlichen Entwicklung in der *Gallia Narbonensis* auf ein einfaches und verlockendes, da rationales Schema reduziert wurde, wie das von G. Duby 1975, mit der Vorstellung eines von Rom sehr früh über Südgallien gezogenen «riesigen feinmaschigen Netzes». Dem regelmäßigen und rechtwinkligen Raster der Stadt hätte eine geometrische Aufteilung der Anbauflächen, die Centuriation, gegenübergestanden. Inzwischen ist der Sachverhalt aus verschiedenen Gründen, die wir hier nicht im Detail besprechen können, komplexer geworden. Kurz gesagt ist das «Katastermodell» in Frage gestellt worden, nicht sosehr als historische Wirklichkeit, sondern in dem Prinzip seines Nachweises durch die Untersuchung antiker Parzellen, die in der relativen und noch mehr in der absoluten Chronologie schwer zu fixieren sind. Früher wurde grundsätzlich zwischen rechtwinkligen und radialen Flursystemen unterschieden, wobei die ersten dem Wirken der römischen *gromatici* zugeschrieben wurden, die zweiten als charakteristisch für das Mittelalter galten. Diese Unterscheidung erscheint in vielen Fällen unannehmbar, sobald man die Unabhängigkeit der räumlichen Systeme von den sozialen Systemen berücksichtigt. Seit den Arbeiten von G. Chouquer, einem der Haupturheber dieser methodologischen Fragestellung, ist es sehr schwierig geworden, einen Landschaftstyp mit einer bestimmten Periode zu verbinden. Ph. Leveau hat seinerseits in vielen Beiträgen nachgewiesen, dass Rom weder auf unberührtem Boden operiert noch das Fortbestehen oder gar den Widerstand älterer Landnutzungsformen unterschätzt hat. Diesbezüglich sind die Kataster von Narbonne typisch: In Stadtnähe wurden mindestens fünf verschiedene Raster beobachtet, von denen eines, wahrscheinlich schon von römischen Vermessern konstruiert, gar keinen geometrischen Bezug auf die *via Domitia* nimmt. Dies legt nahe, dass dieses Raster ursprünglich eine ältere Landschaft strukturiert hat als diejenige, die nach der Koloniegründung entstanden ist.

Ausgehend von dem «Kataster von Orange», einem einzigartigen Dokument, können wir versuchen, wenigstens in groben Zügen zu verstehen, wie sich die Ideen entwickelt haben. Dazu werden auch die ersten Erkenntnisse aus Grabungen in den Bereichen herangezogen, die vermutlich auf den Marmorplatten von *Arausio* aufgelistet sind – insbesondere entlang der Mittelmeer-Hochgeschwindigkeitstraße des TGV. Die seit 1856, aber vor allem 1949 im so genannten «Marmornest» im Zentrum von Orange geborgenen 415 Fragmente wurden zusammengesetzt und in einer ersten Etappe 1962 von A. Piganiol veröffentlicht (Abb. 86). Trotz vieler Lücken bilden sie einen Katasterplan, in dem die Centuriationen unter Angabe der Fläche wie der rechtlichen und fiskalischen Einteilung der Landlose, auch mit den Flussverläufen, den wichtigsten Reliefmerkmalen, den Straßen und sakralen Orten dargestellt sind. Diese Konvergenz von geographischen und kulturellen Daten ist natürlich von großem Interesse, da sie grundsätzlich die Übertragung des eingravierten Schemas (*forma*) auf das Gelände ermöglicht. Es bestehen aber weiter ernsthafte Interpretationsprobleme, die durch die fortgeschrittenen Untersuchungen, wie so manches Mal in einem solchen Fall, nicht gelöst wurden. Die ersten betreffen die Datierung und den Grund eines solchen Dokuments: Die mit den Fragmenten gefundene monumentale Inschrift erwähnt die von Vespasian verordnete Aufstellung des Katasters, deren Durchführung dem Prokonsul L. Valerius Ummidius Bassus anvertraut wurde. Es sind aber Überarbeitungen nachgewiesen worden, die bis ins 2. Jh. n. Chr. fortgesetzt wurden. Außerdem entsprechen diese Marmorplatten nicht den ursprünglichen Centuriationen der Gegend, die ja auf Augustus zurückgehen, selbst wenn die Inschrift wegen der sehr lückenhaften zweiten Zeile, die die Aktivitäten des ersten Flaviers in eine Linie mit denen des Koloniegründers stellt, in diesem Punkt schweigt. Der Grund dieser öffentlichen Aufstellung – vielleicht in der Gerichtsbasilika oder Kurie von *Arausio*, eher noch ab 70 n. Chr. in den Archivräumen der Kolonie, dem *tabularium* – bestand darin, den Übergriffen von Privatleuten auf öffentlichen Grund oder der missbräuchlichen Statusänderung gewisser Böden entgegenzuwirken. Ein tieferer, aber nicht explizit erwähnter Beweggrund könnte in der Übernahme der wirtschaftlichen Kontrolle über eine schon labile oder zumindest kurz vor Veränderungen stehende Gegend gelegen haben. Im folgenden Jahrhundert wird das Ausmaß dieser Veränderungen ganz deutlich. Mehrere Bodenkategorien werden definiert: In der ersten Kategorie kommen die den römischen Siedlern zugeteilten, in der Regel besten Böden vor, die schon vor der Gründung von Veteranen-Kolonien genutzt wurden, und von denen die ehemaligen Besitzer vertrieben worden waren. Die zweite Kategorie umfasst alle der Kolonieverwaltung zur Bewirtschaftung anvertrauten Böden. Es handelt sich oft um Weiden, die nach einem strengen Tarifsystem verpachtet wurden. Die dritte, übrigens nur auf dem ältesten Kataster stehende Kategorie schließt alle dem Staat gehörigen Böden ein. Das Bild wird von zwei weiteren Kategorien ergänzt, deren Deutung noch umstritten ist. Sie beziehen sich anscheinend nur auf die außerhalb der Centuriationen liegenden Bereiche. Es sind einerseits die Böden in den Überschwemmungsgebieten der Flüsse mit wechselndem Lauf, andererseits die den einheimischen Trikastinern zurückgegebenen Parzellen. Der Ausdruck *redditum suum* kann nämlich anhand der Hinweise aus Siculus Flaccus' Vermessungsabhandlung einen Verwaltungsvorgang bezeichnen, mit dem für den Anbau ungeeignete Böden – Weiden oder Brachflächen – nach deren Schätzung den ursprünglichen Siedlern zurückgegeben wurden. Die Erwähnungen von *nova iugera* (neuen Landlosen) widerspiegeln vielleicht Reformversuche bei der Parzellenverteilung.

In dieser Flurkarte (*forma*) wurden drei ländliche Kataster unterschiedlicher Zeit und Ausdehnung ausgemacht: Kataster A war ein Netz, dessen *centuriae* – die einzelnen Maschen – 20 × 40 *actus* (statt der üblichen 20 × 20) maßen, und das beide Rhôneufer von Nîmes bis Cavaillon einschloss. Seine schon von Fr. Salviat erkannte Lokalisierung wurde durch die Identifizierung von in der Nähe der antiken Stätte *Ernaginum* gefundenen Fragmenten bestätigt. Es ist eigentlich ein Kataster der römischen Kolonie *Arelate* (Arles). Kataster B wurde schon mit der ersten Publikation von A. Piganiol annähernd eingeordnet. Die Auswertung einiger Kernhinweise konnte seine Verortung, weiter nördlich von Orange bis Vaison-la-Romaine, präzisieren. Neuere Arbeiten haben aber nachgewiesen, dass seine Ausdehnung beträchtlich größer war, als die des Gebiets der *civitas Arausio*, weil es in einem einzigen Raster Montélimar, Carpentras oder Bagnols zusammenfasste. Darin sind also alle oder Teile der Gebiete der Kavaren, Trikastiner, Vokontier, Volker und Helvier eingeschlossen. Es ist aber auch möglich, dass ein Teil der Gemeinschaftseinnahmen aus jenseits der Grenzen gelegenen Orten stammte. Kataster C hingegen ist wegen der kleinen Anzahl auswertbarer Fragmente noch nicht sicher lokalisiert worden. Die einzige verwertbare topographische Erwähnung ist die der *insulae Furianae*, denen Fr. Salviat eine Studie gewidmet hat. Ausgehend von der Erwähnung einer *fossa Augusta*, die einem auf Augustus' Initiative angelegten Kanal zur Erleichterung der Flussschifffahrt entspräche, schlägt dieser Autor vor, dieses Raster weiter nach Norden auf das Territorium von Valence zu verlegen. Doch wurden dann noch andere Hypothesen vorgelegt, die dieses Raster entweder auf dem Territorium von Orange selbst, was eine partielle und problematische Überschneidung mit Kataster B bedeuten würde, oder auf dem Territorium von Caderousse lokalisieren, während G. Chouquer die betroffenen Inseln gerne mitten im Rhônedelta sieht, südwestlich von Arles. Die Variationsbreite der topographischen Zuweisungen zeigt deutlich, wie hartnäckig die Schwierigkeiten trotz der Fortschritte der Untersuchungen, seien es Grabungen oder Luftprospektionen in geringer Höhe, sind. Viele ehemalige Achsen konnten aber erst durch Luftprospektionen und die Auswertung von Fotos identifiziert werden.

In den letzten Jahren hatten die entlang der TGV-Trasse im unteren Rhônetal geführten Untersuchungen große Hoffnungen geweckt. Sie sollten die Datierung wenigstens einiger Teile dieses riesigen Strukturierungssystems in der Landschaft präzisieren. Aber die aus der Keramik gewonnenen Daten haben trotz wissenschaftlicher Untersuchungen keine wirklich neuen Erkenntnisse geliefert. Der Fixpunkt der Chronologie bleibt das Gründungsdatum der Kolonie Orange 36–35 v. Chr., was auch der Einrichtung des Katasters B – oder zumindest eines weiten Teils davon – entspricht. Es ist weiterhin schwierig zu erklären, warum dieses Kataster und der Regulierungsplan der Stadt, den das Kataster im Prinzip fortsetzen sollte, nicht dieselbe Orientierung aufweisen. Es sieht so

Abb. 87
Loupian. Die Villa des Prés-Bas: Fragment eines Bodenmosaiks.

aus, als wäre dieses Kataster nicht zur Strukturierung des Territoriums der städtischen Kolonie angelegt worden. Zudem hat die Ausgrabung zur Beleuchtung von zwei Phänomenen beitragen, deren Existenz vermutet wurde, die aber noch nicht genau hatten nachgewiesen werden können. Einerseits der enge Zusammenhang zwischen den Centuriationen und der wassertechnischen Überwachung der Region im Hinblick auf die Trockenlegung der Böden und die Bewässerung der Ebene nach der alten italischen Tradition der Nutzung «entwässerter Böden». Andererseits das hohe Alter des anthropogenen Wirkens und die Besiedlungsdynamik der Menschen, deren Siedlertätigkeit in vielen Fällen nur noch die ersten Auswirkungen verstärkt und systematisiert haben.

Insgesamt lehren die Archäologie und die *forma* die zeitlich gestaffelte Verwirklichung und Vielfalt der Ziele einer Operation, die allmählich den sozialen Wandel – dieser hat an manchen Orten einen regelrechten Hunger nach Böden ausgelöst – und auch die Veränderungen, die die Böden durch unvermeidbare natürliche Einwirkungen wie Erosion, Überflutungen und Anschwemmungen geprägt haben, integrieren musste. Die Anbringung in einem Verwaltungsgebäude der Stadt, möglicherweise an drei Wänden eines einzigen Raumes, machte aus diesem Dokument ein echtes Denkmal. Und die Autoren dieser Marmorpläne hatten darauf Wert gelegt, mit einer gewissen Feierlichkeit «die Elemente der Bodenrechtsgeschichte im betroffenen Territorium» festzuhalten, indem sie auf den Ursprung der Operation zurückgriffen, wie es M. Christol geschrieben hat. Die Flurkarten von Orange stellen in diesem Sinne eines der deutlichsten Zeugnisse der Macht Roms über eine der empfindlichsten Gegenden des westlichen Staatsgebiets dar.

Der zweite Aspekt, der eng mit der eben beschriebenen Strukturierung der Landschaft zusammenhängt, ist die *villa* als Grundeinheit der Villenwirtschaft. Dieser schon in den antiken Texten von Cato bis Varro, Columella bis Plinius dem Jüngeren mehrdeutige Begriff umfasst Facetten, die sich nicht auf eine einfache Definition reduzieren lassen. Viele Produktions- oder Lagergutshöfe der *Narbonensis* wurden früher von ihren Entdeckern mit dieser Bezeichnung bedacht, die ihnen in einem italischen Kontext verwehrt worden wäre. Diese Tendenz hat sich übrigens umgekehrt. Durch die Absicht, eine solch übertriebene Aufwertung zu vermeiden und auch durch die Weigerung, sich mit durch die Eroberung entstandenen Herrschaftsstrukturen zu beschäftigen, wird die Analyse oder gar die Identifizierung jedes mit einem derartigen Komplex in der Landschaft vergleichbaren Gebildes vernachlässigt oder verwehrt. Einige Episoden während der entlang der TGV-Trasse durchgeführten archäologischen Kampagnen könnten dafür als Beispiele dienen. Es ist auch wahr, dass das zahlenmäßige Anwachsen dieser ländlichen Anwesen allgemein als das offenkundigste Zeichen des Machtanspruchs der städtischen Eliten an das Land gilt. Die einzelnen Landgüter konnten sehr unterschiedliche Flächen einnehmen, und die Anlagen und Gebäude sehr unterschiedliche Formen – als Wohnbereich des Gutsherrn, seiner Familie und eventuell seines Verwalters (*pars urbana*), oder für Viehzucht- bzw. Produktionstätigkeiten (*pars rustica* und *pars fructuaria*). Die frühe/mittlere Kaiserzeit ist tatsächlich die Periode, in der dieses Phänomen am weitesten verbreitet ist, da das Aufkommen der *villae* in der *Narbonensis* erst Mitte des 1. Jhs. n. Chr. oder in der frühen flavischen Zeit wirklich beginnt. Es fällt chronologisch mit der Entwicklung einer durch den Eintritt in die Einflusssphäre Roms und die Erweiterung der Handelsnetze reich gewordenen Bürgerschicht zusammen. In gewissen Gegenden der Provinz, besonders im westlichen Teil, scheinen die römischen Villen tatsächlich ältere Siedlungen, von denen einige sogar vor der Eroberung entstanden sind, abzulösen. Für diese Bereiche würde es bedeuten, dass die Einführung von *villae* weniger einem Bruch als einer neuen Etappe in der Organisation der Streusiedlungen entspricht.

Eine Reihe von Forschungen, die Prospektionen, Archivuntersuchungen und Grabungen miteinander verbinden, haben verschiedene Siedlungsformen herausgearbeitet. Darunter steht die vom *vicus* manchmal schwer zu unterscheidende *villa* wenn nicht an erster, dann doch an bedeutender Stelle. Zwar wurden nicht alle Regionen der Provinz mit derselben Sorgfalt untersucht, aber die besonders präzisen Inventare aus dem Languedoc im Westen und dem Département Var im Osten lassen eine Einschätzung der Dichte der Gutshöfe und ihrer Beziehungen zur Küste sowie zu den Land- und Flussverbindungen zu. Die diesbezüglich in den Bänden 83, 1 und 82, 2 der Carte archéologique du Var veröffentlichten Arbeiten von J.-P. Brun haben wesentliche Daten zusammengetragen. Im Allgemeinen ist das 2. Jh. n. Chr. durch eine systematische Landnutzung gekennzeichnet und entspricht der Periode der größten Verbreitung der *villae*. Große Landgüter vergrößern sich oft auf Kosten bescheidener Besitztümer, die nicht im selben Tempo in Nutzpflanzen und in deren Weiterverarbeitung investieren können. Die reiche *villa* erscheint dann wie ein großer Gebäudekomplex. Die *pars urbana*, die sehr entwickelt sein kann, ist um ein Peristyl angeordnet und mit allem «städtischen» Komfort, darunter einem kleinen Badekomplex ausgestattet. Die Produktionssektoren mit Einrichtungen, deren Funktion nicht immer identifizierbar ist, können einen oder mehrere Hektar umfassen. Wenn auch nur wenige von den bisher ausgemachten Betrieben gänzlich ausgegraben und ausgewertet wurden, ist es doch möglich, anhand einiger Beispiele die Entwicklung der häufigsten Typen nachzuvollziehen und deren Eingliederung in das regionale Wirtschaftssystem zu verstehen.

Zwischen dem Thau-Teich und der *via Domitia*, auf der Fundstätte Les Prés-Bas bei Loupian, wird bereits in der frühen Kaiserzeit eine *villa* in zunächst bescheidener Größe angelegt und ab den ersten Jahren des 5. Jhs. n. Chr. zu einem echten herrschaftlichen Sitz mit prächtigen Mosaiken ausgebaut. Sie gruppiert sich um drei Höfe, wobei der westliche, von Bauten mit Böden und Mauern aus Erde umgeben, anscheinend als Unterkunft für die freien oder unfreien Arbeiter des Betriebs gedient hat. Der um einen Ziergarten mit Becken angelegte mittlere Hof bildet den Wohntrakt des *dominus* und der östliche, an dem ein riesiges Weinlager entlangführt, entspricht der *pars fructuaria* der römischen Agrarschriftsteller. Die Nebengebäude verteilen sich auf drei Flügel um ein Handwerkerareal, in dessen Mitte eine Schmiede angesiedelt war. Schon in dieser Zeit lässt die auf zwei Seiten des Peristylgartens angelegte *pars urbana* ein gewisses Raffinement erkennen, nimmt man nach der Orientierung der Räume einen Winter- und einen Sommerbereich an, wie es die Ausgräber vorgeschlagen haben. Empfangsräume, von denen sich der nordwestliche großzügig zum Mittelhof hin öffnet, zeugen von der Absicht des Hausherrn, Gäste zu empfangen und hier wie in einer städtischen *domus* zu leben (Abb. 87). Der große Raum im

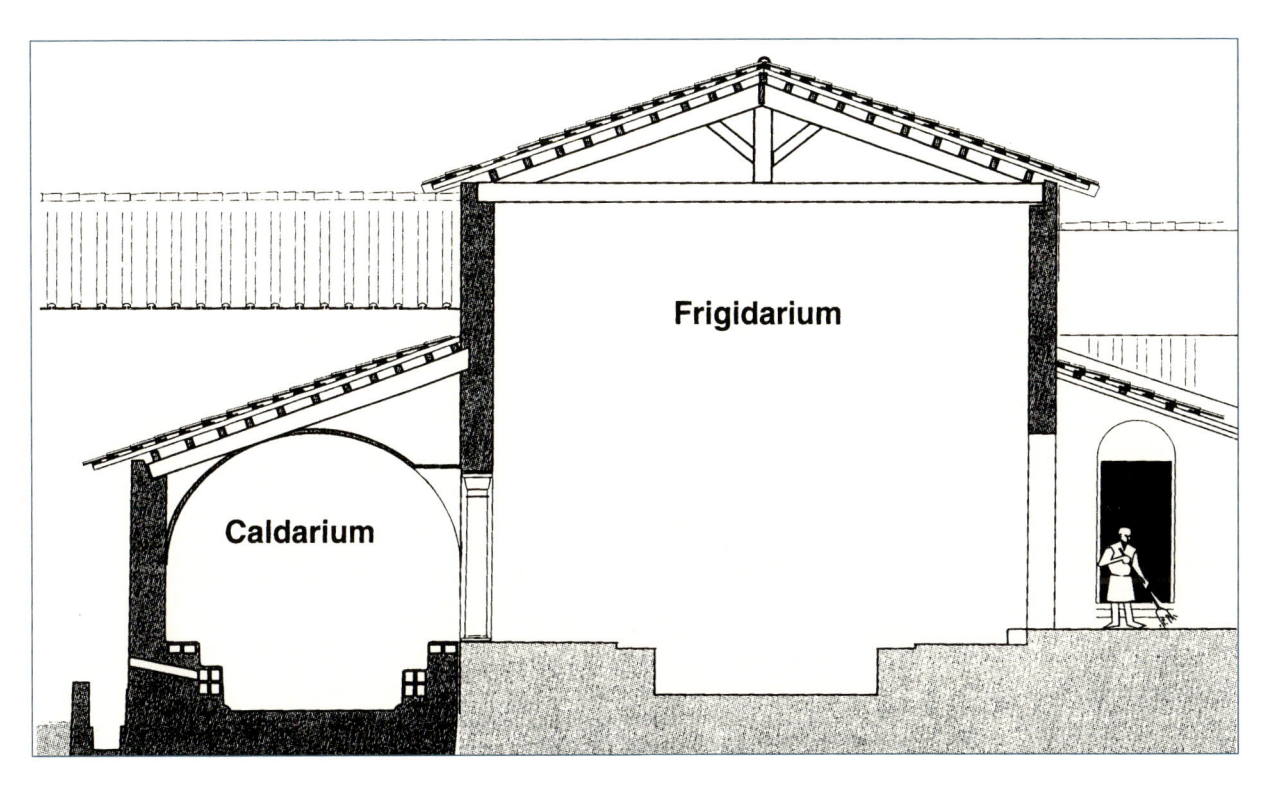

Abb. 88
Loupian. Die Villa des Prés-Bas: Schnitt durch die privaten Bäder.

Abb. 89
Bei Calavaire-sur-Mer.
Axonometrie der Villa
Pardigon 3.

Winterflügel ist mit einem schwarz-weißen Mosaik ausgelegt. Im Laufe der folgenden Jahrzehnte wird das Bad, zu dem man vom Peristyl aus direkt durch eine breite axiale Tür gelangt, mit allen für einen vollständigen Badedurchlauf nötigen Abteilungen ausgestattet. Das Kaltbad mit *piscina* ist mit einem Mosaik auf schwarzem Grund ausgelegt, das durch kleine eingelegte Marmorplättchen unterschiedlicher Farbe belebt wird. Die hypokaustierten Räume *tepidarium* und *caldarium*, sowie das rechteckige Schwimmbecken, dessen Wasser durch ein Netz von Tonröhren, die mit den Wand- und Sitzbankröhren verbunden waren, gewärmt wurde, machen aus dieser Einrichtung eines der vollkommensten Bäder der Provinz (Abb. 88). Die sich schon in den zwei ersten Jahrhunderten unserer Zeit abzeichnenden Reichtümer rühren vom Weinbau und -handel her. Die im Weinkeller bis zum Hals eingegrabenen 93 Tongefäße (*dolia*) konnten ungefähr 1500 Hektoliter fassen, und damit gehört Loupian zu den größten Weinproduzenten der *Narbonensis*. Die *villa* verfügte in der Nähe, am Teichufer, über technische Anbauten, die vom Willen des Gutsherrn oder seiner Nachfolger zeugen, alle Phasen der Produktion und des Vertriebs mit einem Minimum an Unterhalts- und Betriebskosten zu betreiben. An dem Le Bourbou genannten Ort wurden eine Reihe von Kammern, die dem Ufer entlang als Lagerräume hätten genutzt werden können, sowie Töpferöfen und ein Tonvorrat entdeckt. Berücksichtigt man noch die kleine Hafenanlage, um die Boote auf den Strand zu ziehen, so erfasst man den Rationalisierungsgrad des Systems und die Effizienz der mobilisierten Mittel. Es wäre natürlich sehr interessant, den Namen und noch mehr die Situation des oder der Leiter dieses Betriebs, der ein echtes Industrie- und Handelsunternehmen war, zu kennen. Einer, der wahrscheinlich zu den in einer latinischen oder römischen Kolonie der Region hoch situierten Großgrundbesitzern gehörte – in Béziers oder Nîmes zum Beispiel –, hat die Anfangsbuchstaben seines römischen Bürgernamens (*M.A.F.*), der *tria nomina* verwendet, um die in seinen Werkstätten am Thau-Teich hergestellten Amphoren vom Typ «Gauloise IV» vor dem Brennen damit zu kennzeichnen.

Zwei aneinandergrenzende, über beinahe zweihundert Jahre gleichzeitig existierende *villae* an der Varküste, in der Ebene von Pardigon bei Cavalaire-sur-Mer, liegen vermutlich am Ort des im *Itinerarium Antonini maritimum* erwähnten *portus* von *Heraclea Caccabaria*. Sie ermöglichen Einblicke in die Bewirtschaftung eines besonders reichen Bodens bis ins frühe 3. Jh. n. Chr. Die ersten Bauten in Pardigon 2 gehen zwar auf das Ende des 1. Jhs. v. Chr. zurück, aber eine echte *villa* mit Mörtelmauern (*opus caementicium*) und Dachziegeln aus Fréjus erscheint in der Mitte des folgenden Jahrhunderts. In drei aufeinanderfolgenden Phasen wird dann die *pars urbana* von der flavischen bis zur severischen Zeit ausgebaut, unter anderem mit einem Badeflügel, den eine Verkleidung aus italischen, griechischen und afrikanischen Marmorsorten (Fragmente von «Giallo antico», Chemtou-Marmor aus Tunesien) schmücken. Der Plan und die Anordnung des Komplexes sind zwar schwer zu präzisieren, doch scheinen vor dem Wohntrakt eine Fassadensäulenhalle und weiter nördlich ein großes Weinlager (*cella vinaria*) bestanden zu haben. An diese erste *villa* wurde im dritten Viertel des 1. Jhs. n. Chr. eine weitere – Pardigon 3 – angebaut (Abb. 89). Etwas gedrungener als die andere, bestand sie aber ebenfalls von Anfang an aus einem großen, parallel zur Küstenstraße verlaufenden Weinlager im Norden und aus einem zum Meer gerichteten Wohntrakt, der von den Wirtschaftsgebäuden durch einen Hof getrennt war. Die viereckige Fläche, um die die Wohnräume verteilt waren, wurde sehr bald in einen Ziergarten mit rhodischem Peristyl umgestaltet. Auf die Nordportikus des Peristyls öffnete sich ein *oecus*, der als Esszimmer dienen konnte. Auf dem Küstenstreifen bildete eine von einem Dutzend Säulen oder Pilastern gestützte Por-

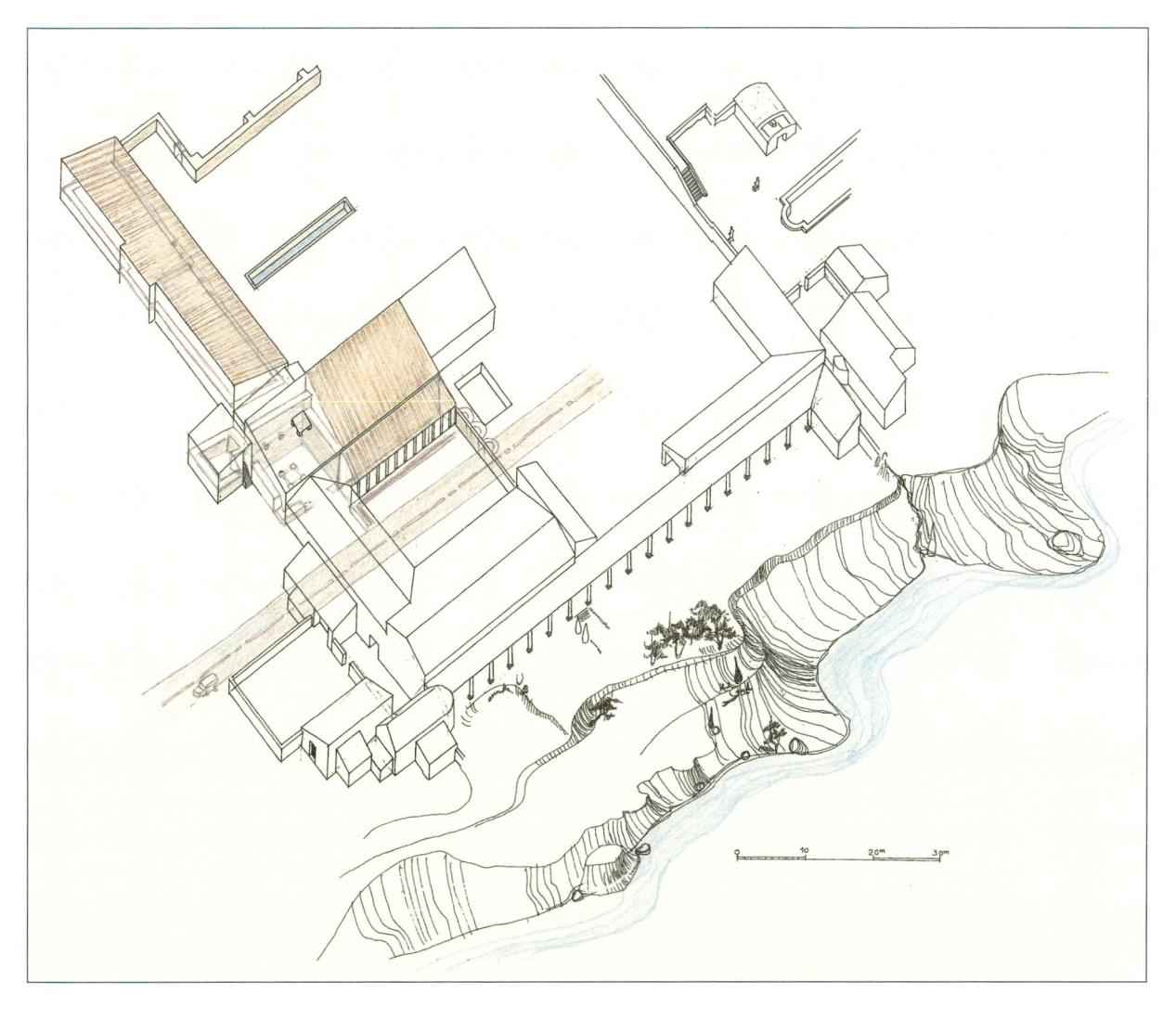

Abb. 90
Saint-Cyr-sur-Mer. Villa Les Baumelles: Axonometrischer Entwurf.

tikus eine Fassade für den Baukomplex. Im Laufe des 2. Jhs. n. Chr. kamen weitere Elemente hinzu, darunter im Westen ein kleines *atrium* und im Osten ein Bad auf Kosten älterer Einrichtungen. Offensichtlich handelte es sich hier um zwei auf den Weinbau spezialisierte Betriebe. Die zügige Entstehung von Pardigon 1/3 und seine Besiedlungsdauer, die der Phase der größten Ausdehnung des südfranzösischen Weinbaugebiets entspricht, wie es G. Congès und P. Lecacheur mit Recht unterstreichen, sprechen für eine spekulative Operation, die die anfängliche, relativ bescheidene Investition – nach der Mittelmäßigkeit des ursprünglichen Baus zu urteilen – durchaus rentabel werden ließ.

Ein zur gleichen Kategorie gehörender Baukomplex wurde im Gebiet von La Roquebrussanne, nordöstlich des La Loube-Massivs lokalisiert und untersucht. Die Le Grand Loou genannte *villa*, die für die Weinproduktion konzipiert wurde, weist sehr ähnliche chronologische Phasen und Strukturmerkmale wie die oben besprochenen Anwesen auf, aber diesmal im Landesinneren von Var gelegen, in einer hügeligen Landschaft, in der keine Centuriation festgestellt worden ist. Die rein landwirtschaftlichen, ins ausgehende 1. Jh. v. Chr. zu datierenden Anlagen bestanden zuerst nur aus Holzbauten. Im beginnenden 2. Jh. n. Chr. aber wird ein Gebäude aus *opus caementicium* errichtet. Mit einem Obergeschoss versehen, öffnete es sich auf einen Portikushof, und einer der Haupträume konnte als *triclinium* identifiziert werden. Zu diesem Programm gehören noch ein erstes Bad sowie der Ausbau der Einrichtungen der *pars agraria*. Später werden ein von monolithischen Säulen toskanischer Ordnung umgebener Garten und ein Thermenflügel die Anlage der zum Rang einer reichen Residenzvilla erhobenen *pars urbana* mitten in einem Weinbaubetrieb ergänzen.

Ganz anderer Art ist die *villa* La Madrague oder Les Beaumelles in der Gemeinde Saint-Cyr westlich von Toulon. Heute weiß man, dass sie zu der Kategorie der Meervillen gehört, die X. Lafon in einer Gesamtübersicht behandelt hat. Der Begriff *villa maritima*, der relativ spät in einem antiken Text (Cornelius Nepos, *Atticus* 14, 3) zum ersten Mal auftritt, bezeichnet ein Anwesen, dessen Gestaltung durch die unmittelbare Nähe des Meeres bestimmt wird. Hier scheint die Schaffung von Perspektiven in der Anordnung der wichtigsten Wohn- und Empfangsräume entscheidend zu sein. Dazu kommt eine Marginalisierung oder Verdrängung, in seltenen Fällen gar ein völliges Verschwinden der Produktionsbereiche. In Italien waren die Region von *Baiae*, die Bucht von Neapel und der Golf von Sorrent ausgesuchte Lagen für solche Residenzen, und die mittlere Tyrrhenische Küste wurde in der frühen und mittleren Kaiserzeit allmählich von derartigen Anwesen übersät. Die westlichen Provinzen, abgesehen von den Küsten der *Baetica* (heutiges Andalusien), haben wenige vergleichbare Strukturen geliefert, und diese relative Seltenheit macht Les Baumelles besonders interessant. Stufenförmig am Hang angelegt, gliedert sich dieser Wohnsitz um drei Höfe und öffnet sich im Westen, aber auch im Süden zum Meeresufer. So wie diese *villa* gefunden wurde, bestand sie fast ausschließlich aus einer riesigen *pars urbana* von insgesamt 2,5 ha mit einer zum Meer orientierten 80 m langen Säulenhalle, die mit zwei vorspringenden Pavillons endete (Abb. 90). Der Südliche bestand aus einem Badekomplex, während der Nördliche vielleicht einen Aussichtsturm besaß, wie sie – allerdings monumentaler – bei italischen Villen vorkommen. Den mit einem Zierbecken ausgestatteten östlichen Garten säumte im Norden eine Portikus, die zu Prachträumen mit großzügigen Türen führte, die mit Malereien und Mosaiken geschmückt waren. Ähnlich war es beim großen westlichen Peristyl, auf das sich mehrere mit Mosaikböden aus schwarzen und weißen Steinchen ausgelegte Räume öffneten. Die geometrischen Motive dieser Mosaiken (Swastiken, Pelten, Kratere oder stilisierte Blüten in Sternen und Vierecken) sind für das frühe 2. Jh. n. Chr. charakteristisch. Die Blütezeit der *villa* datiert nämlich in diese Periode, während die davor liegende Chronologie schwer zu fixieren ist. Man kann zumindest sagen, dass die *villa* im beginnenden 1. Jh. n. Chr. auf älteren Fundamenten errichtet und in flavischer Zeit stark umgebaut wurde. Südlich des Haupttraktes haben andere, oberhalb der kleinen Bucht stehende Gebäude vielleicht einen zweiten Wohn- und Empfangsbereich gebildet, der wahrscheinlich eher der Winterzeit vorbehalten war. Dieser Komplex wurde aber nicht vollständig freigelegt. Trotz des partiellen und schlechten Erhaltungszustands stellt diese *villa* im westlichen, nicht-italischen Kontext eines der seltenen Ensembles dar, bei dem einige der Grundsätze, die den Bau des berühmten *Laurentium* von Plinius dem Jüngeren (*Epistulae* II 17) bestimmt haben, zu finden sind. Dies gilt besonders für die Verteilung der verschiedenen Empfangs- und Entspannungspavillons entsprechend der durch das Ufer und seine Ausblicke gebotenen Möglichkeiten und der Bedeutung, die den Problemen der Sonneneinstrahlung und der Kühle über das Jahr hinweg beigemessen wird. Das zeitliche Zusammenfallen des Textes und der Baureste macht den Vergleich noch zutreffender, und es ist umso mehr zu bedauern, dass Name und Herkunft des reichen Besitzers dieser Gegend der *Narbonensis*, dem die wichtigsten Anlagen zu verdanken sind, unbekannt bleiben.

GRABARCHITEKTUR, WIRTSCHAFT, RELIGION UND GESELLSCHAFT

GRABARCHITEKTUR: ZIPPI, STELEN, MAUSOLEEN UND SARKOPHAGE

Wie in allen anderen Regionen der römischen Welt wurde der Reisende in Stadtnähe von an der Straße angelegten Gräbern begleitet, die zum Stadttor hin immer zahlreicher wurden. Diesem Phänomen verdankt Arles seine Erwähnung in Dantes «Göttlicher Komödie»: «Si come ad Arli, ove Rodano stagna /... fanno i sepolcri tutto il loro varo...» («So wie in Arles, wo die Rhône stagniert, ... machen die Gräber den ganzen Boden uneben...») (Inferno 112–115). Diese unerwartete Erwähnung der Stätte Alyscamps zeigt deutlich die starke Suggestivkraft dieser antiken Nekropolen, die über die Jahrhunderte nicht nur bei Dante in Erinnerung blieben. Man sollte aber die Mausoleen oder die ländlichen Gräber nicht außer Acht lassen, die nicht nur für die Spätantike charakteristisch sind, sondern schon im ausgehenden 1. Jh. v. Chr. auftreten und sich bei den reichen Gutshöfen häufen, wo die Gutsherren und ihre Familien eine befriedigende Abgeschiedenheit fanden. Dadurch lief ihr *monumentum* (im eigentlichen Sinne von «Gedenkbau») nicht Gefahr, in der vor den Städten immer dichter werdenden Masse der Grabbauten zu verschwinden. Tatsächlich stellt die Untersuchung der Grabdenkmäler und Grabsitten in einer kulturell und ethnisch so vielfältigen Provinz wie der *Narbonensis* eines der sichersten Mittel dar, um für jede Epoche die sozialen Spaltungen, die Auswirkungen der religiösen Glaubensüberzeugungen, die Verbreitung der ästhetischen und symbolischen Leitbilder, wie auch das Eindringen, die Verschmelzung und Deutung verschiedener künstlerischer Einflüsse aufzuspüren.

Unter den Tausenden von wiederverwendeten Blöcken aus der späten Stadtmauer, die nun im Musée Lamourguier von Narbonne aufbewahrt sind, stammen viele von Grabdenkmälern mit dorischem Fries (Abb. 91). Maße und Dekor der Metopen sind eindeutig, und J.-C. Joulia hat mit Recht diese Fragmente mit den damals von M. Torelli untersuchten Bruchstücken aus Mittel- und Norditalien verglichen. Er hat nachweisen können, dass diese in vielen Fällen altarförmigen Bauten mit einem Triglyphenfries am oberen Rand eher in von Rom früh kolonisierten Gebieten übernommen wurden. Von *Paestum* bis *Aquileia* fanden die von den Siegern mitgebrachten hellenistischen Einflüsse ein dauerhaftes Anwendungsfeld und verlockten die lokalen Honoratioren über mindestens zwei Generationen hinweg. Ähnlich scheinen die ältesten Exemplare der Serie in der Hauptstadt der *Narbonensis* mit der militärischen Kolonisierung, genauer genommen mit der caesarischen Gründung 45 v. Chr. zusammenzuhängen, wie aus den Waffenfriesen auf mehreren, neben den dorischen Friesen stehenden Eckblöcken zu entnehmen ist. Es wäre sicher voreilig, all diese *monumenta* automatisch den Veteranen zuzuweisen, selbst wenn sie sich als erste diesen einige Jahrzehnte zuvor in Italien für und von ihresgleichen erarbeiteten Typus aneigneten. Denn der Einfluss der Mode und wahrscheinlich auch die Trägheit der lokalen Werkstätten, die sich mit einem einfachen und leicht zu reproduzierenden Schema zufriedengaben, haben den Fortbestand dieses Typus in den unterschiedlichsten Schichten der Bevölkerung wahrscheinlich bis in die beginnende Kaiserzeit gewährleistet. Man sieht also, dass eine ganze «middle class» von Beamten, Händlern, Handwerkern oder Kleineigentümern – als wirkliche oder potentielle Nutznießer des neuen Systems, Nachkommen derer, die Augustus 29 v. Chr. den Eid leisteten – dazu beigetragen hat, die Tradition in verschiedenen Bereichen der Provinz, wie übrigens zur gleichen Zeit auch auf der Iberischen Halbinsel, aufrechtzuerhalten.

*Abb. 91
Narbonne. Steinblöcke mit dorischen Friesen aus Grabbauten. Diese später für die Stadtmauer wieder verwendeten Blöcke wurden 1869 entfernt und befinden sich heute im Musée Lamourguier.*

Aber noch vor dem Ende des 1. Jhs. v. Chr. erscheint in Narbonne und Nîmes ein neues Motiv in verschiedenen Formen, dem auch ein langes Leben beschieden war: der Rankenfries. Diese eingerollten Gebilde, die immer neue Zweige mit Blättern und Blüten aussenden und eine üppige und kontrollierte Vitalität entwickeln, erfahren sehr schnell einen Erfolg, der noch nicht geklärt ist. Die Tatsache aber, dass während des Prinzipats die Tempelfriese, die Umfassungen der Altäre und die Triumphbögen mit Ranken ausgeschmückt werden und dass diese eines der öffentlichen Symbole der Ideologie des Goldenen Zeitalters werden, spielt sicher eine Rolle bei der Verbreitung einer Mode, die, wie es M. Janon hervorgehoben hat, dem kleinen oder mittleren «Bürgertum» einen kostengünstigen Zugang zu der angesehenen «Hofkunst» ermögliche. Die Symbolik dieses leicht zu erfassenden Themas – die den Pflanzen eigene Regenerierungskraft als Hoffnung auf ein Überleben nach dem Tod – passte ganz zu den gerne gepflegten, diffusen Glaubensvorstellungen über das Schicksal der Verstorbenen. Man kann also zuerst ein Nebeneinander dieser Motive mit denen der dorischen Friese und dann eine Abkehr von letzteren zugunsten der Rankenmotive feststellen. Seit der augusteischen Zeit überwiegen die Ranken an Altarbauten und entwickeln sich bis in die flavische Zeit weiter. Die zunehmende Schwere der Voluten und der allmähliche Verlust jeglicher natürlichen Geschmeidigkeit verdeutlicht, selbst bei den sorgfältigsten Exemplaren, schnell den steigenden Automatismus des Nachbildens und den daraus folgenden Verlust seines eschatologischen Wertes. In Nîmes werden die Grabzippi fortwährend mit demselben Motiv geschmückt. G. Sauron stellt diesbezüglich fest, dass keine andere Stadt eine so wichtige Sammlung geliefert hat und dass sich eine Tradition manifestiert hat, deren Auswirkungen schon in julisch-claudischer Zeit spürbar werden (Abb. 92). Zuerst werden diese Monumente von einer Bürgerelite zu Lebzeiten bestellt, aber ab der flavischen Zeit werden sie einer breiteren Kundschaft zugänglich. Besonders die gesellschaftliche Gruppe der *seviri Augustales* bevorzugen diese Denkmäler. Diese kleinen Leute, die bei den Zeremonien des Kaiserkults Verantwortung trugen, und daher die sichersten Stützen des Regimes waren. Eine der hervorragendsten Verwendungen des Rankenmotivs findet sich auf dem Grabtempel beim Becken der Lastkähne in Arles und ist von G. Hallier rekonstruiert worden. Beiderseits der mit einem Giebel bekrönten Tür enthielten zwei durch einen Rankenfries gerahmte Marmorplatten monumentale Inschriften, die die Laufbahn der Verstorbenen schilderten. Die Urnen der Familienangehörigen waren in den Nischen der *cella* untergebracht und bildeten somit ein *colombarium*. Durch die Ausgrabung wurde das Denkmal in die Mitte des 1. Jhs. n. Chr. datiert, und es wurde auch nachgewiesen, dass es nach der Leichenverbrennung über dem Scheiterhaufen des Grabherrn errichtet worden ist.

Ab den letzten Jahrzehnten des 1. Jhs. n. Chr. werden derartige Stelen serienmäßig produziert und man kann kaum noch gute Exemplare finden. Von nun an werden sie in den mittleren oder wohlhabenden Schichten von Zippi abgelöst. Deren architektonisch aufwendiger Aufbau besteht aus korinthischen bzw. korinthisierenden Säulen, die kleine Halbkuppeln oder Dreieckgiebel tragen, und die individuelle Porträts oder diejenigen ganzer Familiengruppen rahmen. Im Falle von Nîmes kann man auf diese Weise die Öffnung zur Hauptstadt des Kaiserreiches und das Bestreben nachvollziehen, von der neuen Symbolik zu profitieren. Die Maison Carrée ist dafür ein glän-

*Abb. 92
Nîmes. Der ranken-
verzierte Grabaltar
des L. Allidius
Postumianus.*

Abb. 93a.b
Zippi mit Büsten aus den Nekropolen von Nîmes und Umgebung.

zendes Beispiel. Hinsichtlich der künstlerischen Ausführung der Grabstelen folgt über mehr als ein Jahrhundert der Rückgriff auf mehr oder weniger sinnentleerte Kopien, die bald durch persönlichere, vom Auftreten neuer sozialer Gruppen zeugende Lösungen abgelöst werden.

Die mit Büsten geschmückten Zippi weisen eine sehr unterschiedliche Qualität auf, aber einige der schönsten Grabporträts der westlichen Provinzen stammen tatsächlich aus Nîmes und Umgebung. Die oft von der Haartracht der Frauen ausgehenden Datierungen schwanken für die besten Exemplare zwischen der claudischen Regierungszeit und dem Ende der flavischen Zeit (Abb. 93a.b). Bei diesen Porträtstelen mit Konche beobachtet man ein Bestreben nach realistischer Darstellung, die sich durch die unterschiedliche Wiedergabe der Gesichtszüge auszeichnet. Auch Handwerkerstelen kommen nun zahlreich vor: Scheren und Kämme der Schafscherer, Setzholz und Sichel der Winzer sind regelmäßig vertreten. Es sind die ältesten Darstellungen von Werkzeugen im römischen Gallien. Sie sollen zweifellos das Ansehen bezeugen, das die Ausübung eines anständigen Berufs mit sich brachte. Eine schöne Weihinschrift aus Arles, die des *faber tignarius* Candidus Benignus – ein anscheinend auf die Herstellung hydraulischer Instrumente, darunter Orgeln, spezialisierter Zimmermann – definiert mit Stolz diese nach dem Muster einer Trilogie dargestellte Charta des Handwerkers, die an mehrere Texte Vitruvs erinnert: praktisches Können, Beherrschen der Theorie und moralische Qualitäten.

Ob mit der Asche des heroisierten Toten oder nicht, ob am Rand der Ansiedlungen oder auf dem Land, bilden die Mausoleen wegen ihres frühen Erscheinens in der Landschaft und ihrer relativen Häufigkeit eine der bemerkenswertesten, wenn nicht charakteristischsten Denkmälergruppen im östlichen Teil der Provinz. Von den 28 östlich der Rhône identifizierten Exemplaren wurden manche schon vor langer Zeit zerstört, wie die Tour de l'Horloge in Aix-en-Provence, oder sie haben zu spärliche Spuren an der Oberfläche, zu wenige Architekturfragmente für eine sichere Rekonstruktion hinterlassen. Einige jedoch zählen zu den besterhaltenen Exemplaren der ganzen Grabarchitektur im Westen.

Dies ist der Fall für das Mausoleum der *Iulii* in *Glanum*, das schon im Kapitel über die Organisation der Provinz erwähnt wurde. Dieses Exemplar ist das älteste der *Narbonensis*, da es aufgrund stilistischer und epigraphischer Kriterien in das dritte Jahrzehnt v. Chr. datiert werden kann (Abb. 94, vgl. 14). Dadurch ist auszuschließen, dass der Bau zum Gedenken der Enkel des Augustus, der *Caesares*, wie in einer neueren deutschen Publikation behauptet, in Auftrag gegeben wurde. Wie ein den Bereich der Nekropolen markierender Grenzstein, unweit des im *pomerium* stehenden Stadtbogens, entwickelt es auf drei Stufen eine erstaunliche Architektur, die durch einen einzigartig wirkenden, plastischen Diskurs bereichert und deutlich artikuliert wird. Ein von Sofakapitellen flankiertes Podium, das auf einem Sockel aus drei Steinlagen steht, zeigt auf allen vier Seiten aus hellenistischen Darstellungen entlehnte Szenen, die die Tapferkeit des Familiengründers verherrlichen. Auf der Südseite ist eine Wildschweinjagd, eine Darstellung der Meleagrossage, zu sehen, die der späteren Version Ovids (*Metamorphoses* VIII 260–419) nahesteht, und auf der Westseite eine Episode der *Ilias*, möglicherweise der Tod des Patroklos. Die Ostseite ist autobiographisch und erzählt in fortlaufender Form die Schlacht, in der sich der Held hervorgetan hat (bei der

Abb. 94
Glanum. Mausoleum der «Iulii»: Östliches Flachrelief, mit «autobiographischem» Bericht.

Amazonen dargestellt sind) und von der Nachricht an seine Familie, dass er das römische Bürgerrecht erlangt hat. Der Mittelteil besteht aus einem *quadrifrons,* einem vierseitigen Bogen, dessen Ecksäulen ein komplettes Gebälk stützen: An der Nordseite trägt der Architrav eine Widmung, während sich über die ganze Länge des Frieses ein Zug von Meerwesen ausbreitet, der vielleicht die Reise des Verstorbenen zur Insel der Glückseligen symbolisiert. Es handelt sich jedenfalls um eine Übergangszone zwischen den auf Erden vollbrachten Taten und der «oben» stattfindenden Heroisierung, wobei die rankenverzierten Archivolten – einer der ältesten Belege für dieses Motiv in der Region – natürlich von diesem Übergang sprechen. Die dritte Stufe ist eine Rotunde (*monopteros*), in der der Held und sein Sohn in Toga dargestellt sind. Es handelt sich eigentlich um einen Kenotaph zu Ehren eines Offiziers der Armee Caesars, der wahrscheinlich in einer seiner letzten Kampagnen im Osten diesem Offizier das römische Bürgerrecht und sein Gentiliz (*Iulius*) verliehen hat. Seine in der Inschrift erwähnten drei Enkel haben ihm, vermutlich anlässlich des von der lokalen Aristokratie dem Oktavian geleisteten Eides 29 v. Chr. oder wenig später, diese bemerkenswerte Ehre erwiesen. Damals war es nämlich den *cives Romani*, die durch hervorragende Leistungen diesen

*Abb. 95
Beaucaire. Rekonstruktion des Mausoleums von Île-du-Comte.*

privilegierten Status erlangt hatten, ein Anliegen, diesen zu zeigen, um sich von der wachsenden Masse von Bürgern aus den Gemeinden latinischen Rechts abzuheben, in denen die *civitas* durch die Ausübung eines städtischen Amtes automatisch vererbt wurde. Gegenüber diesem «Amtsadel» trägt der «Schwertadel» sein hohes Alter und seine Verdienste gerne zur Schau. Nur wenige Denkmäler in der römischen Welt fixieren so genau einen politischen Moment, der für die Bildung der lokalen Eliten und den Ausdruck ihrer Treuepflicht gegenüber der neuen Macht derart bedeutungsvoll war.

Das von A. Roth-Congès rekonstruierte Mausoleum von Île-du-Comte in Beaucaire ist klassischer (Abb. 95). Der beginnenden augusteischen Zeit zuzurechnen, beherbergte es in einem viereckigen Tempelchen (*naiskos*), das auf einem würfelförmigen Sockel stand und von einer Schuppendachspitze überragt war, die Standbilder eines Paares mit zwei Kindern. Dieser Aufbau, dessen Vorläufer in der norditalienischen Nekropole von Sarsina auftreten, wird später für das claudische Grab des Veteranen L. Poblicius in Köln übernommen.

Bei dem großen Landgut der *Domitii*, dessen Organisation und Ausdehnung von Y. Burnand untersucht worden sind, bestand der Bau von Barbebelle bei Rognes aus einem Podium, in dem sich der *loculus* für die Graburnen befand. Darüber trug ein von Pilastern flankierter, würfelförmiger Sockel eine Widmung an die drei Söhne – römische Ritter – und ihre Mutter. Ein viereckiger *naiskos* toskanischer Ordnung nahm ihre Statuen auf. Von Giebeln überragt, steht er einem in Kampanien gut belegten Modell nahe, und der Bau kann somit in das erste Drittel des 1. Jhs. n. Chr. datiert werden. Andere derartige Denkmäler schließen sich an, wie das von Saint-Julien-lès-Martigues, von dem nur ein Teil eines der Sockelreliefs erhalten ist. Der Sockel selbst ähnelt durch seine Gestaltung anscheinend stark dem von *Glanum*.

Unter den Gründungen reicher Grundbesitzer, die darauf bedacht waren, ihr Andenken auf eigenem Boden zu verewigen, soll dem Pont-Flavien von Saint-Chamas besondere Beachtung geschenkt werden. Auf halbem Weg zwischen Marseille und Arles, unweit des Etang de Berre, überquerte die 22 m lange Brücke, deren antike Straße wiedergefunden wurde, mit einem Joch den Fluss Touloubre (Abb. 96). Sie wird durch einen Bogen aus fein verfugten Kalksteinblöcken an jedem Ende hervorgehoben (Abb. 97). Die Pilaster, die an den Ecken der Bogenpfeiler vorspringen, tragen korinthische Kapitelle. Die an der Außenseite des Gebälkes in einem Feld angebrachte Inschrift, die den Rankenfries unterbricht, besagt, dass L. Donnius Flavus, *flamen* der Roma und des Augustus,

den Bau testamentarisch verfügt hat. Es handelt sich offensichtlich um einen reichen hochrangigen Einheimischen mit römischem Bürgerrecht, der stolz darauf ist, das kostspielige Ehrenamt des Priesters für den Kaiserkult, wahrscheinlich in der Nachbarstadt Arles, übernommen zu haben. Durch die von A. Roth-Congès durchgeführte Untersuchung konnte einerseits dieser Bau aufgrund stilistischer Kriterien der Kapitelle und des Frieses in das letzte Jahrzehnt vor unserer Zeitrechnung datiert, andererseits sein schon von G. Lugli vermuteter Grabcharakter bestätigt werden. Die Ranken des Frieses, die diese flankierenden Adler mit ausgestreckten Flügeln und die Löwen, die wie Akrotere an beiden Enden der Bögen stehen, passen sehr gut zu dieser Interpretation und kennzeichnen die Brücke als den monumentalen Eingang eines heute verschwundenen Mausoleums, höchstwahrscheinlich das des L. Donnius. Es ist hervorzuheben, dass sich der an der Kaiserverehrung direkt beteiligte Auftraggeber die Machtsymbole, die sehr bald die Symbole der Apotheose werden, darunter die Adler, angeeignet hat.

Die klassische Kultur dieser Elite, die sowohl durch die Wahl der Denkmäler wie durch die Bilder, mit denen sie ihren sozialen Aufstieg zelebrieren will, ihren Ausdruck findet, ist charakteristisch für die so genannte Zeit des Zweiten Triumvirats und den Beginn der Kaiserzeit bis zum Ende der julisch-claudischen Zeit. Danach verschwindet sie nicht, sondern findet andere Ausdrucksformen, die aufgrund der bescheideneren Ausführung der Gräber und nun mehr oder weniger konfus ausgesprochener Hoffnungen auf ein Leben *post mortem* schwerer zu erkennen sind.

Seit dem Beginn des 2. Jhs. n. Chr. führt die nun in der *Narbonensis* wie in den meisten anderen Gebieten des Kaiserreiches vorherrschende Körperbestattung bei den reichsten Bevölkerungsschichten zur Verwendung einer Stein- oder gar Marmorwanne, des Sarkophags. Dieser bietet durch seine Form ein hervorragendes Feld für die Darstellung der Glaubensüberzeugungen oder der Themen, die zum Gedenken an den Verstorbenen und zum Ausdruck der Hoffnung auf ein besseres Leben nach dem Tod am besten geeignet sind. Es ist sicher kein Zufall, dass die reichste Sarkophag-Sammlung Frankreichs, nach der des Louvre, in Arles untergebracht ist. Diese heidnischen, fragmentarisch oder ganz erhaltenen Sarkophage, denen V. Gaggadis-Robin kürzlich eine eingehende Publikation gewidmet hat, sind von außerordentlicher Bedeutung, weil sie alle aus Nekropolen dieser Stadt stammen. Neben der Tatsache, dass die Sarkophage von der außerordentlichen Vitalität einer durch ihren Handel mit dem östlichen Mittelmeer verbundenen Honoratiorenschicht zeugen – viele Exemplare werden aus Kleinasien, Griechenland und

Abb. 96 Saint-Chamas. Pont-Flavien. Die Bögen der Brücke bildeten einst den Zugang zu einem Mausoluem, das heute nicht mehr erhalten ist.

Abb. 97 Pont-Flavien: Nördlicher Bogen, Ostseite.

auch Italien importiert und bestätigen den an Arles gerichteten Vers des Ausonius: «Die Rhône bringt dir Waren aus der ganzen römischen Welt» (*Ordo nobilium urbium* X) –, belegen sie mit tradierten Bildern das Fortleben einer klassizistischen Kultur. Diese wird zwar neu interpretiert oder zu persönlichen Zwecken umfunktioniert, besitzt in ihrer plastischen Ausdrucksform aber anscheinend immer noch Anziehungskraft, auch wenn sie nicht mehr ganz verstanden wird. Die Girlandensarkophage aus prokonnesischem Marmor, wie der von Cornelia Lacaena, der in die erste Hälfte des 2. Jhs. n. Chr. zu datieren ist, zählen zu den ältesten Exemplaren. Wie der Arkadensarkophag aus Chrysogone zeigt, dauern aber die Importe aus diesem Gebiet bis ins 4. Jh. n. Chr. an. Die sehr gefragten neoattischen Werkstätten liefern in severischer Zeit oder gar später mythologische Bilder, deren Qualität auf dem sehr schönen Sarkophag mit der Sage von Phaedra und Hippolytos bewundert werden kann (Abb. 98). Unter den Importen aus den Werkstätten in Latium halten gleichzeitig Fragmente der Sagen von Hippolytos, von Meleagros oder der Gruppe der neun Musen

*Abb. 98
Arles. Sarkophag mit der Darstellung der Sage von Phaedra und Hippolyt.*

*Abb. 99
Arles. Sarkophag der Iulia Tyrrania mit der Darstellung von Musikinstrumenten sowie Teilen der Sage von Kybele und Attis auf der Schauseite.*

mit Apoll die Tradition der durch ihren eschatologischen Wert erfolgreichen, großen Zyklen aufrecht. Daher ist es umso bezeichnender, auf Sarkophagen lokaler Werkstätten, die gewöhnlich aus Kalksteinen der Region hergestellt wurden, Szenen und Objekte des alltäglichen oder beruflichen Lebens zu finden. Hier wäre der berühmte, im ausgehenden 2. Jh. n. Chr. ausgeführte Sarkophag der Iulia Tyrrania zu nennen, auf dem Musikinstrumente sowie Teile der Sage von Kybele und Attis in einem Schema vereint sind, das den Typus der Nischen- und Säulensarkophage imitiert. Unter den Musikinstrumenten kommt eine hydraulische Orgel vor, die aufgrund der Details sehr gut zu erkennen ist und Kenntnisse in der Herstellung oder Verwendung dieser Art von Objekt voraussetzt. Eine Laute oder *pandoura*, die auf italischen Sarkophagen ziemlich oft vorkommt und eher mit einer Frau in Verbindung gebracht wird, wurde ebenfalls festgestellt (Abb. 99).

Mit diesen in mancher Hinsicht einzigartigen Beispielen in den westlichen Provinzen wird uns die Rolle von Arles schon vor der sporadischen Anwesenheit des Kaisers und dem Transfer der Münzstätte im 4. Jh. n. Chr. bewusst, sowie die Art, wie die ikonographischen Vorbilder und das technische Know-how seit der frühen Kaiserzeit sowohl durch die aufmerksame Betrachtung der importierten Werke wie durch die wahrscheinliche Tätigkeit fremder Künstler weitergegeben wurden. Letztere wurden durch die Aufträge einer reichen Bürgerschicht in die Stadt gelockt, die das Prestige einer Kultur, als deren Erben sie sich zu Recht oder Unrecht betrachteten, zu ihren Gunsten nutzen wollten. Zur gleichen Zeit bekennt sich Favorinus, einer der berühmtesten Griechisch sprechenden Philosophen der Zweiten Sophistik in den vornehmsten intellektuellen Kreisen Roms und Kleinasiens, zu seiner arlesischen Herkunft. Von ihm wird später noch die Rede sein.

DIE WIRTSCHAFT BIS ZUM 3. JH. N. CHR.

Unsere Kenntnis der Landbesiedlung hat in den letzten zwei Jahrzehnten entscheidende Fortschritte gemacht, die uns ermöglichen, eine erste Bilanz aus der Landwirtschaft und den daraus entstandenen handwerklichen oder industriellen Aktivitäten zu ziehen.

Bezüglich des Weinbaus verfügt man über einige Schriftquellen und die ersten Anpflanzungen gehen weit zurück. Man hat nämlich innerhalb der augusteischen Mauern von Nîmes auf einer Fläche von 800 m^2 Pflanzgruben beobachtet, die in der frühen Kaiserzeit von Bauten überdeckt worden waren. Man konnte sie zu Indizien aus der Stadtperipherie in Beziehung setzen, die ins ausgehende 2. und 1. Jh. v. Chr. gehören. So hat anscheinend die Debatte zwischen Rom und Südostgallien um die Rechtmäßigkeit der Weinproduktion, die dem italischen Export hätte schaden können, von selbst aufgehört, als nach der Eroberung die Entwicklung eines Weingebiets nicht nur notwendig, sondern auch ein Gewinn für die Sieger selbst wurde. Dafür waren alle Bedingungen – geographisch, klimatisch und personell – bereits seit langem erfüllt. Die Entdeckung der von F. Laubenheimer als gallische Produkte identifizierten Amphoren, dann von Weinlagern und schließlich die sehr feine Bodenanalysen erfordernde Ortung der Weinanbauflächen haben für die Kaiserzeit die Bedeutung dieser in ganz Südgallien zu findenden Produktion sowie das Ausmaß der Exporte bis zum Ende des 3. Jhs. n. Chr. nachgewiesen. Die Weine werden zuerst innerhalb der *Tres Galliae*, bis zur Grenze (*limes*) Germaniens und Großbritanniens, dann aber auch nach Rom und in den östlichen Teil des Kaiserreichs, nach Ägypten und bis nach Südindien exportiert. Kaiser Domitian wird gegen Ende des 1. Jhs. n. Chr. zwar versuchen, die Ausfuhr gallischer Weine – besonders aus der *Narbonensis* – nach Italien einzuschränken, jedoch ohne dem Edikt, das das Ausreißen mindestens der Hälfte der Rebstöcke (Sueton, *Domitianus* 7, 2) vorsah, stattzugeben, und im folgenden Jahrhundert kann kein Rückgang in der Zahl oder Ausdehnung der Weingebiete festgestellt werden.

Von den ca. 90 Produktionszentren von Amphoren in den gallo-römischen Provinzen liegen mehr als die Hälfte in der *Narbonensis*, wo die meisten Fabriken gallischer Amphoren ausgemacht wurden (Abb. 100). Es sind in der Regel an ihrer Form und den auf den Bauch gemalten Inschriften zu erkennende Weingefäße. Nach der Imitation italischer Amphoren und augusteischer Amphoren der *Tarraconensis* und nach der Schaffung flachbodiger Gefäße im Hinterland von Marseille, übernehmen die

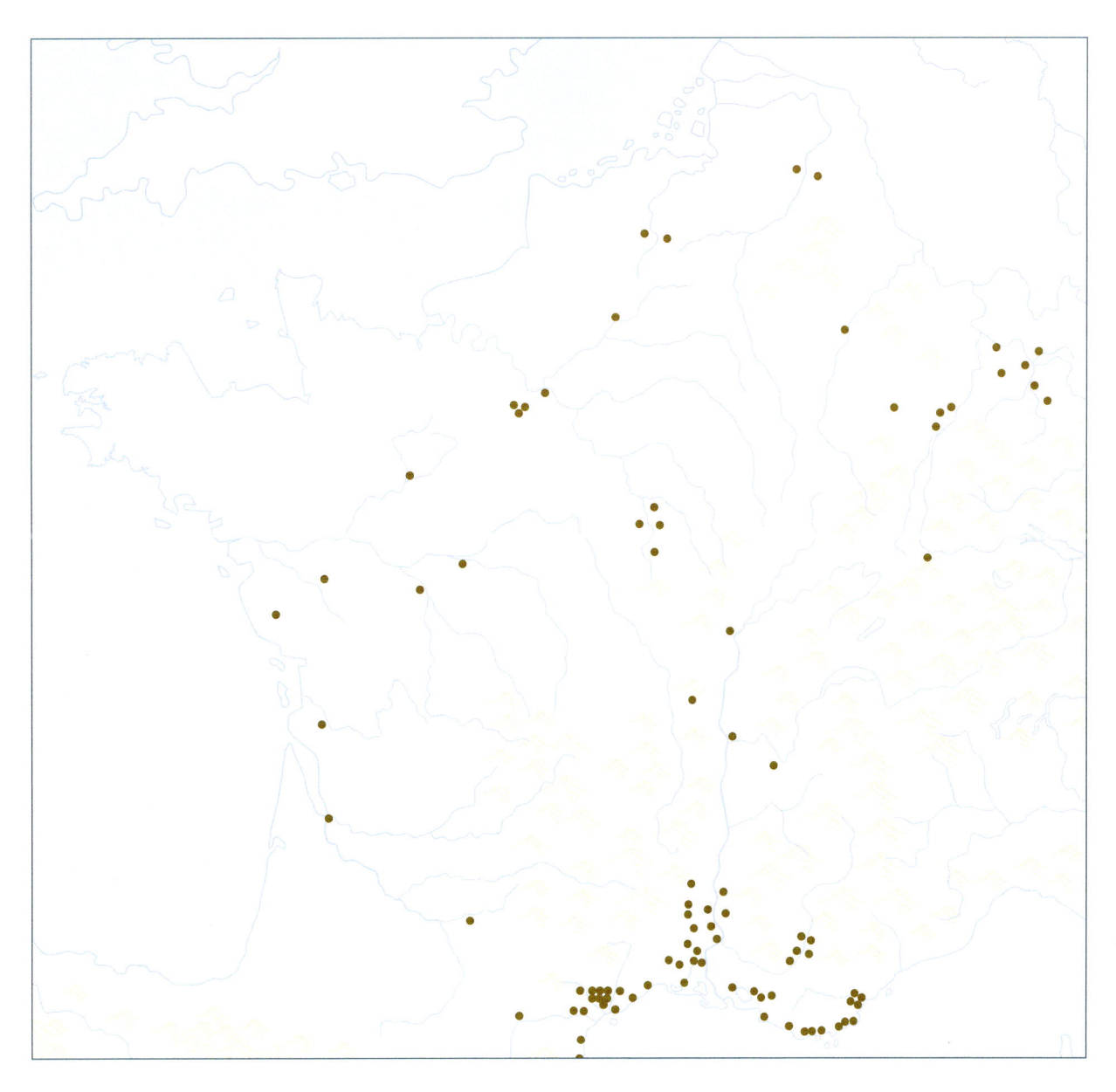

*Abb. 100
Produktion der Weinamphoren in Gallien.
Karte mit den identifizierten Werkstätten.*

lokalen Produzenten rasch den Typ der ebenfalls flachbodigen «Gauloises», unter denen sich die «Gauloise IV» wegen ihres geringen Gewichts und ihres Volumens schon in der Mitte des 1. Jhs. n. Chr. durchsetzt. Selbst wenn die Meinungen der antiken Autoren über die Qualität des transportierten Weines auseinandergehen – Plinius der Ältere fand ihn hervorragend (*Naturalis historia* 14, 68), Martialis hingegen ungenießbar (*Epigrammata* III 82, 22–23) –, darf der durch dessen Verbreitung belegte Handelserfolg nicht unterschätzt werden.

Die 12 km von Narbonne entfernte Werkstatt von Sallèles d'Aude, die von F. Laubenheimer ausgegraben und publiziert wurde, bietet das bisher bekannteste Beispiel einer Produktionsstätte solcher Gefäße. Es gibt davon aber noch andere, die Gegenstand von Untersuchungen und bemerkenswerten Experimenten waren, wie das nahe gelegene Weingebiet Mas des Tourelles südwestlich von Beaucaire (*Ugernum*). Ausmaß und Organisation zeugen in Sallèles d'Aude von der unglaublich anwachsenden Nachfrage in den ersten beiden Jahrhunderten unserer Zeitrechnung. Die ganze Produktionskette, von den Gruben und Schächten zur Tongewinnung bis zu den Lager- und Mischbecken, den Töpferscheiben (12 Stück in einer 100 m langen Galerie), den Arealen zum Trocknen und den Öfen, konnte freigelegt werden. Die derzeit laufende, umfassende Untersuchung des Produktionsablaufs in diesen Anlagen, die sich bis zum 3. Jh. n. Chr. halten konnten, wird eine Vorstellung des industriellen Charakters geben, deren spekulativer Aspekt durch die zahlreichen Lageranlagen des Rhônetals, des Languedoc und der Provence bestätigt wird. Die bis vor kurzem registrierten größten Weinlager wiesen ein Fassungsvermögen von 1700 bis 2500 Hektolitern auf, wobei die erste Zahl 150 *dolia*, die zweite 200 *dolia* entspricht. Aber die *villa* von Vareille, die im Héraulttal im Languedoc auf der Trasse der Autobahn A75 entdeckt wurde, scheint diese Fassungsvermögen bei weitem zu übertreffen.

Die mit der so genannten Feldarchäologie verbundenen Beobachtungen wie auch die umweltarchäologischen Untersuchungen haben herausgestellt, dass Rebanbauflächen nicht nur auf den Hügeln, wo sie zu erwarten waren, sondern auch in heute sumpfigen Niederungen, z. B. südlich von Montpellier (Ausgrabungen von Port-Ariane) oder im Gebiet von Lattes, angelegt waren. Es ist wohl anzunehmen, dass die Rentabilität des Weinbaus in den Zeiten der größten internationalen Nachfrage einen Rückgang einiger traditioneller Nutzpflanzenkulturen, besonders des Getreideanbaus, verursacht hat.

Bezüglich des Getreides sind die archäologischen Daten weniger aussagekräftig. Da dieses Produkt zu den Grundnahrungsmitteln gehört, ist es sehr schwierig zu erfahren, ob sich sein Anbau nach dem lokalen Konsum richtete, oder ob Überschüsse zu gewissen Zeiten exportiert wurden. Das Eingreifen des Staats muss in diesem Bereich entscheidend gewesen sein. Man weiß zum Beispiel, dass Fonteius um 75 v. Chr. nicht gezögert hat, für die Versorgung des pompejanischen Heeres zu Beschlagnahmungen in der *Transalpina* zu greifen, zu einer Zeit, als die regionale Produktion noch nicht sehr ergiebig gewesen sein dürfte. Aber seit dem 1. Jh. n. Chr. wurde die Gerste der Kavaren aus dem Gebiet von Avignon nach Marseille befördert, nach einer Inschrift auf einer kleinen Amphore zu schließen, die von B. Liou und M. Morel publiziert wurde. Damit würde diese Produktion nicht mehr ausschließlich der Grundversorgung dienen. Sehr rasch nämlich wird die *Narbonensis* auf Anregung Roms zum Dienst der *annonae* verpflichtet, d. h. zur Versorgung der Hauptstadt des Kaiserreichs mit Weizen im Rahmen eines vom Staat kontrollierten Marktes. Plinius der Ältere weist, ohne weitere Einzelheiten, auf gallische Weizenexporte in die *Urbs* (*Naturalis historia* 18, 66) hin. Man weiß aber, dass diese Weizenfracht von großer Bedeutung für die Schiffe in den Häfen der *Narbonensis* war. Die *navicularii* (Seereeder) übernahmen nämlich den Transport eines Teils der Weizenlieferungen, wie es die berühmte Beiruter Inschrift (CIL III 14165a) über eine Unstimmigkeit zwischen den arlesischen Unternehmern und der römischen Verwaltung belegt. Wir haben gesehen, dass sich die außerordentliche Lagerkapazität von Vienne durch die Notwendigkeit, das Getreide der Region vor dem Abtransport zu lagern, erklären lässt. Das Mosaik der *statio* der *Narbonenses* auf der Piazzale delle corporazioni in Ostia – wie auch immer es zu interpretieren ist – bestätigt die bedeutende Rolle der Provinz bei der Einfuhr

*Abb. 101
Blick auf die heutige
Crau-Ebene mit Gras und
Thymian fressenden
Schafen wie zur Zeit des
Strabo.*

dieser Produkte. Es ist auch das Amt des *procurator annonae* zu erwähnen, das ein aus Venetien stammender Ritter ausübte. Er wurde in den Jahren 166–167 n. Chr., als sich die Versorgung Roms schwierig gestaltete, in den Provinzen *Narbonensis* und *Liguria* beauftragt (CIL III, 14185 und XII, 672), den Dienst zu überwachen und für einen reibungslosen Ablauf zu sorgen.

Die Identifizierung der Getreideanbauflächen ist schwieriger als die der Weingebiete. Dank der Pollenanalyse konnte der Getreideanbau vor allem in der Region um Arles und in der Camargue festgestellt werden, aber viele andere Gegenden, besonders die der oben erwähnten Stadt Vienne, dürften auch in Frage gekommen sein. Ein Hinweis stammt von Plinius dem Älteren (*Naturalis historia* 18, 85), der auf die außergewöhnliche Qualität des auf den nassen Böden der Allobroger produzierten Weichweizens Bezug nimmt: Seine weiße Farbe, seine Qualität und sein Gewicht machten aus ihm die am meisten geschätzte aller in Gallien produzierten Sorten.

Die Untersuchung der Mühlenreste hat in den letzten Jahre zu großen Fortschritten geführt. Die bedeutendsten, aber nicht die einzigen Mühlen sind die Mühlen von Barbegal bei Arles. Die von F. Benoit durchgeführten Ausgrabungen haben das Verständnis der Gesamtanlage, die den Südhang des Chaînon de la Pène nutzte, ermöglicht. Der etwa 30 m über der Sohle der vallée des Baux aufragende Kalkriegel bot nämlich an dieser Stelle einen für die Nutzung der Wasserkraft geeigneten Hang. Einen weiteren Vorteil bot der Wasser vom Südhang der Alpilles heranführende Doppelaquädukt, dessen ältere Leitung aus dem 1. Jh. n. Chr. Arles versorgte. Zuerst wurde das Wasser aus beiden Leitungen in einem von Ph. Leveau untersuchten Sammelbecken aufgefangen, und erst später, als man den Bau der Mühlen beschloss, wurde letzteren eine Leitung zugewiesen, indem der Felssporn über dem Hang auf einer Breite von 3 m durchbrochen wurde. In seinem heutigen Zustand sieht dieser industrielle Komplex wie ein großer rechteckiger, abgeschlossener Bereich von 61 m x 20 m aus, der an der steilsten Stelle auf einem um 30 Grad geneigten Kalkfelsen angelegt wurde. Die langgezogenen Strukturen sind beiderseits einer monumentalen Treppe symmetrisch angeordnet. Auf jeder Seite bildeten acht aufeinanderfolgende Rinnen zwei Reihen von Wasserfällen, die 16 Mühlräder bewegten. Zwischen der mittleren Treppe und den Mühlrädern befanden sich die Mahlkammern. Diesen lange in das 3. Jh. datierten Bau konnte Ph. Leveau dem zweiten Viertel des 2. Jhs. n. Chr. zuweisen. Die Zweckmäßigkeit des Systems wurde schon lange anerkannt. Ohne zu sehr ins Detail zu gehen sei festgehalten, dass je nach Höhe der Rinne der Mahlstein im oberen Stock oder im unteren Stock der Mahlkammer lag und so konnte ein Maximum an Kammern am Hang entlang eingerichtet werden. Eine besonders wichtige Erkenntnis aus den neueren Grabungen betrifft die Bedingungen, unter denen das Wasser am Ende der Anlage abfloss. Es wurde nachgewiesen, dass eine wahrscheinlich natürliche Wasserfläche, die zur Verbesserung des Abflusses umgestaltet wurde, sowie eine bedeutende *villa* in der Nähe des Hangfußes lagen. Über die Gründe für die Einrichtung dieser gesamten Anlage wird zwar immer noch viel diskutiert, doch scheint sich ein Konsens abzuzeichnen, darin eine Mehlversorgungsanlage für die Stadt Arles und Umgebung zu sehen, was weitere Abnehmer, zumindest für einen Teil der Produktion, nicht ausschließt. Außerdem war diese Anlage im Gegensatz zu einer lange herrschenden Meinung nicht einzigartig, da zwei weitere Beispiele in mittelkaiserzeitlichen *villae* von Var, in Les Mesclans und Les Laurons, identifiziert wurden. Doch muss man zugestehen, dass keine andere Wassermühle den Umfang und die Komplexität derjenigen von Barbegal aufwies.

Laut Strabon soll der frühe Olivenanbau im Gebiet von Marseille und an der von der griechischen Metropole kolonisierten Küste aus eingeführten Kultursorten entstanden sein. Dies schließt jedoch nicht aus, dass der in der Provence einheimische wilde Ölbaum schon in der Bronzezeit gepflegt und gezielt angebaut wurde. Archäologische Prospektionen haben die Häufigkeit der Ölpressen gezeigt und die Pollenanalyse hat die Vielfalt der Böden, auf denen die Oliven in römischer Zeit angebaut wurden, herausgestellt. Im Gegensatz zur *Baetica* und den zur Weinproduktion gemachten Beobachtungen wurden in der *Narbonensis* keine Ölamphoren produziert. Der durch die Keramik bezeugte Umfang der Importe aus Spanien und Afrika legt nahe, dass die Provinz nie Selbstversorger und daher auch kein Exportland gewesen ist.

Was die Viehzucht betrifft, haben die seit vielen Jahren begonnenen Untersuchungen der Reste von verzehrten Haus- oder Wildtieren gezeigt, dass der Anteil Rinderknochen im Laufe der Kaiserzeit gegenüber dem der Schweine und Schafe tendenziell zunahm. Je nach Gebiet bleibt aber eine große Vielfalt erhalten: Die Rinder kommen in den *villae* von Var häufiger vor. Am östlichen Ufer des Etang de Berre hat man sich auf die Zucht von Ziegen spezialisiert – anscheinend wegen des Bedarfs an Rauchfleisch im Hafen von Marseille –, während der westliche Teil der Provinz die Schafzucht vorzog. Aus den Quellen geht hervor, dass viele Schafherden, wahrscheinlich schon in frühgeschichtlicher Zeit, regelmäßig in der La Crau-Ebene weideten (Strabon IV 1, 7 und Plinius der Ältere,

Naturalis historia 21, 57). Die Entdeckung antiker Schafställe in dieser Gegend hat die Diskussion neu belebt und stellt die Problematik des Ursprungs der Transhumanz (Weidewirtschaft mit jahreszeitlich wechselnden Weideflächen) in ein neues Licht. Große Gebäude mit einem nach Norden spitz zulaufenden Grundriss, der dem Mistral möglichst wenig Widerstand bietet, wurden bei der Prospektion und der Ausgrabung beobachtet. Die größten unter ihnen konnten bis zu 900 Schafe beherbergen (Abb. 101). Beim heutigen Forschungsstand wird die Anzahl Pferche für das 2. Jh. n. Chr. auf etwa 130 geschätzt, so dass, wenn alle gleichzeitig in Betrieb waren, etwa 100 000 Schafe auf relativ engem Raum weideten (Abb. 102). Die Frage ist nun, ob diese Schafställe das ganze Jahr hindurch oder nur temporär benutzt wurden, mit anderen Worten, ob sie mit saisonalen Herdenbewegungen zusammenhängen. Die Herden konnten eigentlich in der La Crau-Ebene günstig überwintern, aber in den heißen und trockenen Monaten wäre dort die Nahrung knapp geworden. Daher rührt die Vorstellung einer kleinräumigen Transhumanz im Sommer zu den Feuchtgebieten des Rhônedeltas oder den Hügeln der Region um Saint-Rémy. Aber die Diskussion geht weiter, zumal die Nutzungsdauer der Schafställe anscheinend nicht vor das 1. Jh. v. Chr. zurückgeht und die übrigens sonst so genauen antiken Texte überhaupt nicht angeben, woher diese Herden kamen und wohin sie gingen. Kürzlich wurde eine interessante Hypothese aufgestellt, nach der die in Arles als Siedler niedergelassenen Veteranen der VI. Legion, von denen viele aus italischen Gegenden (Samnium, Umbrien) stammten, in denen die Transhumanz verbreitet war, diese zusammen mit neuen Nutztierrassen ins Territorium ihrer *civitas* eingeführt hätten. Doch zur Berücksichtigung aller Aspekte muss diese Frage künftig in den regionalen Kontext gestellt und vor allem mit der Organisation des Koloniegebiets und der noch nicht völlig gelösten Frage nach dessen Centuriation oder Centuriationen verknüpft werden.

Die Keramikproduktion hat in der *Narbonensis*, wie in den anderen westlichen Provinzen, eine relativ wichtige Rolle gespielt, selbst wenn die großen Fundstätten der Kaiserzeit, die die traditionellen Produktionsorte Italiens abgelöst haben – La Graufesenque (Millau), Montans und Lezoux –, außerhalb dieses Territoriums liegen. Mehrere Regionen haben in diesem Bereich anscheinend eine frühe Entwicklung zu verzeichnen. Zuerst in der Region Narbonne, wo die ältesten italischen Produkte auftreten. In Boutenac setzt eine Werkstatt mit einem großen runden Ofen mit Lochtenne, deren Aktivität in der augusteischen Zeit beginnt, nicht nur klassische Baumaterialien wie Ziegel, sondern auch der lokalen Nachfrage entsprechende Architekturterrakotten auf dem Markt ab. Doch waren in und um Nîmes von der «Campanischen Ware C» abgeleitete Keramik sowie Gefäße aus heller Feinkeramik schon ab dem 1. Jh. v. Chr. im *oppidum* Serre de Brienne bei Brignon und am Ort Chantier des Halles in *Nemausus* produziert worden. Die Entwicklung der städtischen Produktion in den vor kurzem entdeckten Töpferwerkstätten von Aix-en-Provence und Fréjus lässt sich über die ganze frühe und mittlere Kaiserzeit verfolgen und begleitet, wenn sie nicht vorausgeht, die allmähliche Romanisierung der Lebensgewohnheiten und der kulinarischen Vorlieben. Trotz der Niederlassung italischer Töpfer in vielen Städten beobachtet man auch ein Festhalten an manchen ein-

Abb. 102
Blick auf den Steinsockel eines Schafstalls in der Crau-Ebene.

heimischen Traditionen, wie es die von N. Nin durchgeführte Untersuchung des Tongeschirrs von Aix-en-Provence nachgewiesen hat. Dasselbe gilt für Lattes (*Lattara*), wo der starke Anteil an Töpfen aus grauer Keramik, die in den ersten beiden Jahrhunderten unserer Zeitrechnung produziert wurden, vom Bestehen, wenn nicht vom Vorherrschen der alten Traditionen zeugt. Eigentlich ist bisher nur eine einzige Gruppe von Werkstätten Gegenstand einer systematischen Untersuchung gewesen, die von Clôt de Raynaud in Sallèles d'Aude, die wir bereits im Zusammenhang mit der Produktion von Weinamphoren erwähnt haben. In der frühen Prinzipatszeit an einer Stelle errichtet, an der keine früheren Aktivitäten festgestellt wurden, produzieren diese sich während des 1. Jhs. n. Chr. entwickelnden Werkstätten eine helltonige, feine Gebrauchsware italischer Machart und Gestaltung, bevor sie mit dem bekannten Erfolg die Amphoren vom Typ «Gauloise IV» vertreiben.

Unter den mit Bodenschätzen zusammenhängenden Aktivitäten ist die Metallurgie nicht zu vergessen. Die wichtigste Fundstätte ist wahrscheinlich der Domaine des Forges, im Norden des Département Aude, nordwestlich von Carcassonne gelegen, dem Cl. Domergue eine Monographie gewidmet hat. Es handelt sich um einen riesigen Hügel von über zwei Millionen Tonnen Schlacken, einen der wichtigsten Schlackenhügel auf dem Plateau der Montagne Noire. Sein Umfang ist durch die moderne Wiederverwendung der Schlacken stark zurückgegangen, aber die Ausgrabungen haben Gebäude und Rennöfen unter den Schlacken zutage gefördert. In der Mitte des 1. Jhs. v. Chr. hat hier eine Industrie Fuß gefasst, die sich schnell und rationell organisiert zu haben scheint. Diese ursprünglich von italischen Bürgern durchgeführte Aktion passt genau in das Programm der systematischen Ausbeutung der Ressourcen der Provinz, wovon *Pro M. Fonteio* berichtet, und lässt sich diesbezüglich sehr gut mit der Aneignung der Silberminen auf dem Territorium der Rutener im oberen Orb-Tal vergleichen. Drei Jahrhunderte lang hält die Produktion von qualitätsvollem Eisen an und lässt erst gegen 270 definitiv nach.

Für die Marmore oder Brekzien Südgalliens, die nicht nur lokal verwendet, sondern auch nach Italien exportiert wurden, bleiben die Arbeiten F. Braemers entscheidend. Man konnte nachweisen, dass ab dem 2. Jh. n. Chr. die Nachfrage der Ädilen so groß geworden war, dass Auftraggeber wie Unternehmer nach billigeren Sorten als die der großen italischen, griechischen oder kleinasiatischen Steinbrüche suchen mussten. Deswegen wurde zum Beispiel der Marmor von Saint-Béat in den Pyrenäen so erfolgreich in allen Provinzen Galliens abgesetzt. Unter den als Marmor abgebauten Brekzien in Südostfrankreich muss der blaue Porphyr von Estérel erwähnt werden. Ebenso wird die Brekzie von Pourcieux an der Grenze zu den Bouches-du-Rhône und Var bis ins 3. Jh. n. Chr. für den Schmuck von provenzalischen Monumenten in Aix, Arles oder Orange verwendet. Die einzige lokale Sorte, die sporadisch auch in Rom verwendet worden ist, war der so genannte *Porfido bigio* aus Boulouris bei Fréjus, der in severischer Zeit eine ziemlich große Verbreitung erfuhr, da er für viele Säulen der Caracalla-Thermen und der «Sieben Säulen» genannten Thermen von Ostia verwendet wurde.

DIE SAKRALWELT: «PIETAS» UND POLITIK

Beim Betrachten der Urbanisierungsmodalitäten haben wir die Bedeutung der Gründung dynastischer Kulte und der Entwicklung des Kaiserkults flüchtig gestreift. In Narbonne, Arles, Nîmes, Vienne, Béziers und vielen anderen Ansiedlungen geringerer Bedeutung hat die offizielle Religion die öffentlichen Räume beherrscht, indem hoch aufragende Tempel errichtet und die ikonographischen Programme in allen öffentlichen Versammlungsgebäuden verbreitet wurden, wodurch die städtischen Zentren seit augusteischer Zeit eine Struktur erhielten. Die Entdeckung 1987 eines prachtvollen Augustuskopfes aus Apennin-Marmor von 70 cm Höhe im Kanal von Martigues, gegenüber der Küste von Fos-sur-Mer, der noch auf die Ikonographie der Triumviratszeit zurückgeht, wirft das konkrete Problem der Verbreitung dieser Kolossaldarstellungen des *princeps* in den ersten Jahren des Prinzipats auf. Diese Darstellungen sollten dem Raum einen sakralen Charakter verleihen, indem er unter den Schutz einer Macht gestellt wurde, die zwar im Westen noch nicht offen vergöttlicht, aber deren Kraft nicht mehr rein menschlicher Natur war, wie das *cognomen Augustus* deutlich zeigt. Ist das Bildnis infolge eines Schiffbruchs versunken, so ist das Schiff möglicherweise aus Italien gekommen, wo die Skulptur ausgeführt wurde. Vielleicht war das Schiff auf dem Weg zu einer Stadt im Westen der Provinz, am ehesten zur Hauptstadt Narbonne, wohin die Statue vielleicht geliefert werden sollte. Die zu rekonstruierende gesamte Höhe von über 3,50 m und das verwendete Steinmaterial machen diese Arbeit zu einem *simulacrum*, d. h. einem Kultbild. Da aber kein Schiffswrack an der Fundstelle entdeckt wurde, ist die von E. Rosso vorgeschlagene Hypothese zu erwägen, nach der eine sehr große Statue am Hafeneingang von Fos, nah am Ufer und in Zusammenhang mit einer Positionsmarke oder einem Leuchtturm aufgestellt worden war. M. Janon erwähnt weitere Beispiele für ähnliche Statuenaufstellungen in Fréjus und auf der Insel Lesbos. Ihre Funktion hätte darin bestanden, die ankommenden Seefahrer zu leiten. Welcher Interpretation auch immer der Vorzug gegeben wird, ist diese symbolische Inszenierung der Allgegenwart augusteischer Ikonographie in einem so frühen Stadium ein Hinweis darauf, wie schnell sich der Kaiserkult ausbreiten wird. Später achteten selbst die kleineren Gemeinden immer darauf, ihre Statuen- oder Inschriftenzyklen auf den neuesten Stand zu bringen. Dies belegen, neben vielen anderen Beispielen, der bronzene Kopf des Antoninus Pius aus *Boutae* (Annecy), die severischen Inschriften aus dem Forum von *Glanum* und die Widmung an Aurelian aus *Alba Helviorum*.

Diesen von der Zentralgewalt vorgeschriebenen und daher stark politisch gefärbten Kulten kann deswegen jedoch nicht jegliche Beziehung zur rein religiösen Welt abgestritten werden. Die ihnen eigenen zivilen Veranstaltungen sind für viele, und nicht nur für die Nachkommen der italischen Siedler, eine Gelegenheit, den sozialen Zusammenhalt und die echten oder vermuteten Wohltaten der *pax Romana* zu zelebrieren. Diese Kulte bringen die unterschiedlichsten Schichten der Bevölkerung zusammen und verherrlichen die ganze Gemeinschaft, zusammen mit den vergöttlichten Mitgliedern der Kaiserfamilie, als Teil einer Welt, deren Fähigkeit, eine den Wohlstand fördernde Ordnung aufrechtzuerhalten, zumindest während der ersten beiden Jahrhunderte von allen anerkannt ist. Die Inschrift auf dem Altar von Narbonne ist ein außergewöhnliches Dokument. Sie hält 11 n. Chr. die Regeln des städtischen Kaiserkults fest und zeigt ganz eindeutig den Willen, alle Einwohner der Kolonie zusammenzubringen, wobei die den Angehörigen der untersten Schicht zukommende Rolle hervorgehoben wird: «Die Plebs von Narbonne hat auf dem Forum einen Altar errichtet, auf dem jedes Jahr am neunten Tag vor den Kalenden des Oktober, als mit dem Glück des Jahrhunderts dieser Prinz zur Herrschaft über die Welt geboren wurde, drei von der Plebs empfohlene Ritter und drei Freigelassene je ein Opfer darbringen und auf ihre Kosten den Siedlern und Einwohnern Weihrauch und Wein für die Gebete an dessen *numen* liefern werden...» (CIL XII, 4333). Das Kollegium der *seviri Augustales*, das mit dem Kaiserkult beauftragt war, bestand aus Vertretern der kleinen Leute und der Mittelschicht, zu denen viele Freigelassene zählten. Mit der Zeit besaßen sie in vielen Städten eine *schola*, d. h. einen Dienstsitz, wo sie wie viele Beamte Dekrete erlassen konnten (*decretus sevirorum*, CIL XII 4354 und 4388). Der institutionelle Charakter ihrer Gruppe, deren Mitglieder unter den Handwerkern und Händlern rekrutiert wurden, machte aus ihr bald ein zweites städtisches Organ, direkt nach dem der Dekurionen.

Man sollte nicht vergessen, dass zu den vom *populus* so geschätzten Schauspielen immer eine Anrufung des Kaisers gehörte, und dass besonders die grausamen Spiele im Amphitheater als Metaphern oder Darstellung der unbesiegbaren, von den Göttern geschützten Macht gezeigt wurden. In der *Narbonensis*, mit latinischem und römischem Bürgerrecht, hat das Klientelwesen – von Pompeius bis Caesar und Augustus – seit dem Ende der Republik viele *gentes* um die Staatsgewalt geschart. Die Führungsschicht griff in julisch-claudischer Zeit, aber auch in antoninischer Zeit, oft direkt ein, um die Monumentalität oder den Wohlstand der Städte zu fördern und zu entwickeln. Und ganze Gemeinden, wie im Falle von Nîmes, haben manchmal leidenschaftlich und unbesonnen Partei für diese oder jene Familie der *domus imperatoria* ergriffen. Hier muss die Empfänglichkeit für die verschiedenen Formen dieser fremdartigen Religiosität besonders früh eingesetzt und lange angehalten haben. Spuren davon finden sich auf den Stelen oder in den Gräbern, wo die von den Tempeln verbreiteten symbolischen Themen, wie beispielsweise die Ranken, von Privaten aufgegriffen oder wo die Modalitäten der Heroisierung mehr oder weniger diskret in den vergöttlichenden Strukturen der Mausoleen wiederverwendet werden. Der traditionelle Ahnenkult wird so durch die zahlreichen plastischen Darstellungen der Vergöttlichung des Kaisers in mancher Hinsicht erhöht. In diesem Zusammenhang sind auch die Lararien zu bedenken, Orte der privaten Andacht schlechthin, vor denen Privatleute unter den Schutzgöttern der Familie auch gerne den *genius Augusti*, d. h. den göttlichen Anteil an der Person des Kaisers, anrufen. Dieser findet so seinen Platz unter den Vertretern des offiziellen Pantheon – Jupiter, Juno, Mars, Diana oder Priapos und vor allem

Herkules und Merkur –, die, nach den Statuetten in den Sammlungen von Arles und Nîmes zu urteilen, anscheinend zu den bevorzugten Gottheiten vieler Bürger aus allen sozialen Schichten gezählt haben.

Diese Maßnahmen, deren Bedeutung nicht überbewertet werden sollte, haben unter den Einheimischen die Frömmigkeit gegenüber den Göttern des unabhängigen Gallien keineswegs verdrängt. Die *Narbonensis* hat im Gegensatz zu anderen Provinzen zwar keine *fana* oder Tempel keltischer Tradition hinterlassen, da die ältesten Kultgebäude aus römischer Zeit alle klassisch aussehen, aber der Volksglaube blieb dennoch, nicht nur auf dem Lande, lebendig.

In einer Gegend, wo die dauerhaften Quellen selten und umso kostbarer, wo Wälder, Berge, Flüsse von alters her mit der Erscheinung einer Gottheit gleichgesetzt werden, erfuhr der Wasserkult schon früh eine große Verbreitung und überdauerte die Eroberung in verschiedenen Formen. Die Gottheiten oder Ortsgeister behielten für die einheimischen Völker all ihre Qualitäten, wie auch immer die Römer meinten, sie verkleiden oder verändern zu müssen. Denken wir nur an den Gott Nemausus, der Nîmes seinen Namen gab, und dessen Statue oder Altar in der Nähe des Quellbeckens von La Fontaine stand und sehr wahrscheinlich nach der Übernahme des Heiligtums durch den Herrscherkult erhalten blieb. Ähnliches gilt für *Glanum*, wo der Gott Glan, der mit der frühen, mit großen Quadern eingefassten Quelle – in der reinsten hellenistischen Tradition – in Verbindung stand, bei der lokalen Götterverehrung sicher nicht durch die römische Valetudo verdrängt wurde, der Agrippa den kleinen, oben erwähnten Tempel weihte.

Die Häufigkeit und Qualität der Statuen und Votivstelen für Dispater, den oft Sucellus genannten «Gott mit dem Hammer», belegen das Fortbestehen und die Verehrung der lokalen Gottheiten. Dispater galt als Befreier der Seele, eine Art keltisierter Charon, der mehr oder weniger mit Silvanus gleichgesetzt wurde, und dessen Kult durch die spätere Eroberung nicht verdrängt wurde. Die herrliche Bronzestatuette aus *Glanum*, die des Museums von Nîmes oder das Nischenrelief von Saint-Romain-en-Gal zeigen mehr oder weniger hellenisierte Formen seiner Darstellung (Abb. 103). So verhält es sich auch mit Epona, der Reiterin mit einem Obstkorb und einer Schale, deren Vorkommen in Arles besonders gut bezeugt ist. Sie ist auch durch eine Bronze aus Vienne und eine Inschrift aus *Glanum* belegt. 110 einheimische Gottheiten hat H. Lavagne aufgenommen, von denen fast die Hälfte in den Großstädten und an der Küste vorkommt, was deutlich zeigt, dass das Phänomen nicht nur auf den ländlichen Raum beschränkt ist. In Nîmes zum Beispiel treffen sich Anhänger von Avicantus, Ialona, Quartana, Ura, Urnia wie auch der Olatonae, Gottheiten, von denen in den meisten Fällen weder die Natur noch die Erscheinung präzisiert werden kann. Charakteristisch für die Beliebtheit der Kulte keltischen Ursprungs sind auch die unter dem Oberbegriff *Matres* (Mütter) zusammengefassten weiblichen Gottheiten. Sie sind bis ins 2. Jh. n. Chr. Gegenstand großer Frömmigkeit, oft mit den Salyern eigenen Beinamen. Auf deren Darstellungen kommen fast immer die gleichen Motive vor: Zu zweit oder dritt tragen sie einen gewickelten Säugling, einen Spinnrocken oder ein Füllhorn und vereinen damit Eigenschaften der Kourotrophos, Pomona und Abundantia. Wahrscheinlich in Verbindung mit dem Wasserkult und daher in Nîmes und Arles in verschiedenen Ausformungen anzutreffen, treten

Abb. 103
Saint-Romain-en-Gal. Votivstele mit der Darstellung des gallischen Gottes Sucellus. Sein Attribut ist der Hammer, den er in der linken Hand trägt.

*Abb. 104
Glanum. Die Stele der Priesterin Loreia und der Altar für die «Matres».*

die *Matres* auch auf Weihinschriften auf, die an Gräbern angebracht waren.

Während religiöse Inschriften oder solche von Gräbern vielfach die Kontinuität der einheimischen Werte belegen (Abb. 104), zeigt die Ikonographie der Götter des römischen Pantheon in der *Narbonensis* oft klassische Formen, die freilich eine mehr oder weniger betonte *interpretatio celtica* nicht ausschließen. Sie bezeugen, dass beinahe die ganze Region – wie es F. Braemer schon lange bemerkt hat – von den Kulturströmen, die Norditalien in alle Richtungen durchzogen, profitiert und in mancher Hinsicht mit Norditalien eine einzige künstlerische Provinz gebildet hat. In der Kolonie *Baeterrae* (Béziers) wurden zum Beispiel eine kolossale Jupiterstatue vom Typ Otricoli, ein Bacchuskopf in der Art des Praxiteles, ein Torso der Venus vom Typus *Pudica* und eine Kolossalstatue vom Typus des Apoll von Belvedere identifiziert. Alle diese Indizien scheinen die berühmte, die *Narbonensis* als *Italia verius quam provincia* bezeichnende Formel Plinius' des Älteren zu bestätigen. Doch sollte die Konformität dieser Bilder, die sich übrigens nicht überall feststellen lässt, uns nicht vergessen lassen, dass die Hauptgottheiten des gallo-römischen Pantheon nicht nach der traditionellen Hierarchie geordnet sind, sondern bestimmten Ansprüchen entsprechen.

Wie es H. Lavagne gezeigt hat, waren Mars und Merkur die bevorzugten Gottheiten der *Narbonensis*, wahrscheinlich weil sie sich in vielen Aspekten mit den keltischen Göttern Teutates und Lug vergleichen ließen. Während die örtlichen oder mystischen Beinamen des Mars zahlreich sind (zum Beispiel Mars Albiorix für die nördliche Provence oder Mars Rudianus für Drôme und Var) und lokale Kulte oder Traditionen widerspiegeln, erscheinen die dem Merkur geweihten Inschriften dagegen oft römischer. Der Zuständigkeitsbereich des Merkur entspricht jedoch nicht ganz dem, der ihm in Italien zugeschrieben wird, da er, obschon Schutzpatron der Händler und Beschützer der Reisenden jenseits der Alpen, in den Städten und ländlichen Gegenden der Provinz auch eine starke chthonische Färbung annimmt, die zum großen Teil seine Beliebtheit erklärt. Apoll behauptet sich vor allem als Heilgott, ohne wirklich mit seinen gallischen Pendants Bormo oder Borvo, die in den Thermalstädten Aix-les-Bains, Aix-en-Diois und Aix-en-Provence vorherrschen, rivalisieren zu können. Zwar wurde einst eine an Apoll gerichtete Inschrift, die in die erste Hälfte des 1. Jhs. v. Chr. gehört, von H. Rolland in *Glanum* entdeckt, aber Agrippas Weihinschrift des kleinen Tempels an der Heilquelle derselben Stadt erwähnt nur die abstraktere Gottheit Valetudo, Ausdruck der Kräfte und hilfreiche Begleiterin des Gottes zugleich.

Eigenartig ist der Fall von Herkules, weil die Provinz eigentlich Schauplatz der berühmtesten Taten des friedenschaffenden Helden ist und von der «Straße des Herakles» durchquert wurde, welchen Verlauf sie auch immer genommen haben mag (Abb. 105). Es ist ja bekannt, dass sich Herkules beim Zurücktreiben der Rinder des Geryoneus aus dem fernen Westen in der La Crau-Ebene den grausamen Ligurern stellen musste und seine Rettung allein dem von Jupiter ausgelösten Steinregen verdankte. Die Darstellungen beziehen sich aber gar nicht auf diese Episode, da der Held in den meisten Fällen ausruhend, mit auf den Boden gestützter oder geschulterter Keule erscheint. Die Inschriften von *Glanum*, wo ihm in die Legionen eingezogene Soldaten und Offiziere eine Statue weihen, damit sie gesund nach Hause zurückkommen mögen, sind vielleicht nicht unmittelbar mit dem Vorkommen einer Heilquelle verbunden, sondern würden eher auf seine Eigenschaft als Beschützer der Reisenden, wie auf dem Petit Saint-Bernard bezeugt, hinweisen. Nicht zu vergessen ist auch seine Beziehung zur Transhumanz und allgemeiner zu den mit der Viehzucht zusammenhängenden wirtschaftlichen Aktivitäten, die durch viele Inschriften oder Bilder Mittelitaliens belegt sind. Funktionell ist sie auch durch die sehr alte Gründung der *Ara Maxima* auf dem *Forum Boarium* in Rom bezeugt, worauf M. Torelli bereits hingewiesen hat. In seiner Rolle als Hirt war Herkules selbstverständlich in der Provence und im Languedoc zu Hause, und die Anwesenheit eines ihm geweihten Heiligtums bei der Quelle von *Glanum* hatte wahrscheinlich mit der Rolle dieses Ortes bei der periodischen Transhumanz der Schafe von La Crau zu den frischeren Weiden der nördlichen *Alpilles* zu tun, wie wir es weiter oben gezeigt haben. Bleibt das Problem der

Abb. 105
Herkules von Narbonne. Der Gott war in der «Narbonensis» sehr beliebt, da man hier den Ort annahm, von dem er die Rinder des Geryoneus holte.

*Abb. 106
Kopf des Mithras
aus Kalkstein,
28 cm hoch*

*Abb. 107
In ihrem «naiskos»
(kleiner Tempel)
sitzende Magna
Mater. Marseille,
Musée Borély.*

berühmten *Ekphraseis* von Lukian, der in seiner kleinen Schrift *Herakles* von einem *Herakles Ogmios* spricht, den er auf einem Bild im Rhônetal gesehen hat, das ihm von einem sprachgewandten, des Griechischen mächtigen Kelten erläutert wurde. Darauf trägt der Gott die Züge eines Greises, der viele an seiner Zunge durch Gold- und Bernsteinketten angebundene Menschen, ihrerseits wiederum bei den Ohren miteinander verbunden, hinter sich herzieht. Laut diesem weisen Deuter sei in dem beschriebenen Bildwerk die Macht des *logos*, der Rede, symbolisiert worden, durch die Herkules all seine Taten vollendet hätte. Ohne in eine noch lange nicht abgeschlossene Debatte einzutreten, können wir immerhin feststellen, dass dies in einem (öffentlichen?) Stadtgebäude der *Narbonensis* des 2. Jhs. n. Chr. zu sehende Bildnis für die Beliebtheit einer Figur spricht, die ein von griechischer Kultur durchdrungener südgallischer Künstler neu interpretiert hat. Dieser hat dennoch die Rolle als *psychopompos* nicht vergessen, die im gallo-römischen Milieu dem *Herakles Ogmios* als «Leiter» diesmal nicht mehr von Herden, sondern von Menschen zuerkannt wird.

Jupiter, der höchste Gott des römischen Pantheon, nimmt in der Provinz nicht den zu erwartenden, vorherrschenden Platz ein, weil das Kapitol in den Kolonien oft durch ein Heiligtum des Kaiserkults verdrängt wurde, wie es Narbonne und Nîmes beispielhaft zeigen. Die Bildnisse dieses Gottes – darunter ist die schöne Marmorstatue aus dem Museum von Beaucaire (*Ugernum*) zu nennen – sind selten. Der von H. G. Pflaum untersuchte Beiname *Depulsorius* («der Zurückwerfende»), mit dem er in der *Narbonensis* oft bezeichnet wird, und der übrigens auch für einen Merkur von Nîmes (ILGN, 408) verwendet wird, hat vielleicht nicht nur einen militärischen Wert, sondern könnte auch, ohne dass man es näher präzisieren könnte, auf seine heilende Kraft hinweisen.

Eine Zusammenfassung der verschiedenen Beinamen, die Funktionen und Lokalisierung dieser Götter suggerieren, und eine ziemlich genaue Vorstellung nicht nur der ihnen von den Gläubigen zugewiesenen Eigenschaften, sondern auch der Modalitäten ihrer Aufnahme in der Provinz geben, bildet schließlich ein gutes Mittel, ihre Beliebtheit einzuschätzen und unter ihnen eine Art Hierarchie aufzustellen: Für Mars wurden 70, für Merkur 24, für Apoll 15 und für Jupiter 12 Beinamen gezählt. Die oft auftretende Beifügung des *cognomen Augustus* verändert ihre Bedeutung oder Funktion nicht, sondern trägt eher dazu bei, sie in das offizielle System einzugliedern und ihre vorherrschende Stellung im lokalen Pantheon zu festigen.

Unser Bild der reichen und komplexen Religion in der *Narbonensis* wäre ziemlich unvollständig, hielte man sich nur an die Auswertung der Beziehungen zwischen einheimischen und genuin römischen Gottheiten. Als Aufnahme- und Transitland schlechthin wurden in dieser Provinz auch viele Götter aus dem Osten verehrt, wie R. Turcan festgestellt hat. Der Mithraskult scheint vor allem in den Kolonien römischen Rechts, wie Vienne, Valence, Orange und Arles, verbreitet gewesen zu sein. Ein bedeutender Teil der Bevölkerung dieser Städte bestand aus Nachkommen von Veteranen, die vielleicht, wie diejenigen der VI. Legion in Arles, in Regionen wie dem Pontus im Einsatz gewesen waren, wo der Kult des Stiertöters blühte. Arles besaß außerdem einen halbunterirdischen Kultraum, ein *mithraeum*, in der Nähe des Zirkus (Abb. 106). Daher kommt das Bildnis des Aion als Personifikation der Ewigkeit, das dem griechisch-römischen Repertoire fremd, aber für Mithras charakteristisch ist: Die nun kopflose Gestalt in hieratischer Haltung war von einer Schlange umwunden, die zwischen den Windungen die Zodiakzeichen erkennen lässt. In derselben Stadt ist ein Kopf aus italischem Marmor mit phrygischer Mütze gefunden worden, der zwar lange dem Attis zugewiesen wurde, aber doch eher Mithras darstellt. Ein anderes, im 19. Jh. in Vienne entdecktes Bild des Aion steht als Flachrelief auf einer rechteckigen Kalksteinplatte. An diesem Ort sollen auch die Fragmente der heute im Princeton Museum aufbewahrten Gruppe aus weißem Marmor geborgen worden sein, die Mithras, mit persischer Hose bekleidet, beim Töten des Stieres darstellt. Mehrere Inschriften, unter anderem aus Genf, Apt und Nîmes, ergänzen die Verbreitungskarte dieses Kultes, der seine Anhänger vor allem bei den Soldaten, aber auch bei Sklaven und Freigelassenen rekrutierte, und seine Blütezeit im 2. und 3. Jh. n. Chr. erfuhr.

Auch ein anderer orientalischer Kult – der der «Großen Mutter» des Berges Ida, Kybele, und des Attis – sollte in dieser Gegend einen beachtlichen Erfolg erleben. Der Kult der Magna Mater hatte sich auch deshalb so schnell in der *Transalpina* und dann in der *Narbonensis* verbreitet, weil die Phokäer schon in der Mitte des 6. Jhs. v. Chr. das Bild einer in einem *naiskos* sitzenden Göttin mit einem jungen Löwen auf dem Schoß eingeführt hatten (Abb. 107). Etwa 50 Stelen dieser Art befinden sich im Musée Borély von Marseille. Wenn diese «Notre-Dame-du-Lion» durch ihre Herkunft auch nicht direkt mit der am Ende des 3. Jhs. v. Chr. eingeführten Göttin von Pessinunt identifiziert werden kann, hat ihr Kult, der sich sehr früh im ganzen Hinterland von Marseille verbreitet hat, die Einführung des Kybele-Kultes sicher begünstigt. Da der Kult dieser Gottheit seit claudischer Zeit zudem einen offiziellen Charakter annimmt, wurden die Beitritte – wahrscheinlich sehr bald auch als Akt politischer Loyalität – immer zahlreicher. Dazu kommt noch der Zustrom der Leute aus dem phrygischen Osten, die *Asiatici*, in den nördlichen Teil der Provinz, besonders nach Vienne, wo unter Berücksichtigung der griechischen *cognomina* (Beinamen) 24 % der Bevölkerung orientalischer Herkunft sind. Für das 1. Jh. n. Chr. wird noch ein orientalischer Bevölkerungsanteil von 23 % in Narbonne festgestellt. Die Frage des Magna Mater-Heiligtums von Vienne bleibt noch offen, weil das südlich der Forumsarkaden stehende Gebäude, in dem lange ein Mysterientheater in Verbindung mit einem Kybeleheiligtum gesehen wurde, heute eher als *odeion* bzw. *bouleuterion* interpretiert wird. Hingegen wird der Kult dieser Gottheit durch die im Museum der Stadt aufbewahrten Denkmäler ausreichend dokumentiert. Darunter seien das Fragment einer großen Sitzfigur der phrygischen Gottheit in klassisch griechischer Tradition, ein sehr schönes, leider beschädigtes Relief, auf dem man eine ihrer Priesterinnen erkennt und ein anderes, eine orientalische Gestalt mit phrygischer Mütze – wahrscheinlich Attis – darstellendes Relief erwähnt. In

*Abb. 108
Grabstele des Maximinus, eines Mitglieds der Isispriesterschaft.*

Abb. 109
Arles. Die Figur des Aion in dem großen severischen Mosaik aus dem Stadtviertel Vorriere.

Aix-en-Provence konnte ein mit Mauerkrone geschmückter Marmorkopf der Gottheit zugewiesen werden. Doch hat Arles durch seine Beziehungen zu den Häfen von Ostia und Pozzuoli, Zentren des Kybelekults, die bedeutendsten Denkmäler geliefert. Der Sarkophag der Iulia Tyrrania, von dem wir schon gesprochen haben, zeigt auf seinen Reliefbildern neben Musikinstrumenten eine Pinie, die der Baum des Attis sein könnte. Von *Arelate* sind auch die Epitaphe von zwei Priesterinnen, Valeriana Urbana und Satria Firma (CIL XII 708 und 703), bekannt. Am aufschlussreichsten sind aber die mit Ohren verzierten Altäre, die der Bona Dea von einer ihrer Priesterinnen (*ministra*) geweiht wurden: Der eine, von einer Caiena Attice geweiht, befindet sich in Arles, der andere, von einer Loreia Pia, in *Glanum* (vgl. Abb. 104). Diese Denkmäler zeugen anscheinend von einer Verschmelzung der Kulte der Kybele und der Bona Dea, was in Rom teilweise schon zur Zeit Caesars geschehen war. Denn der Synkretismus in der *Narbonensis* entsteht durch die Übertragung dieser Religionen auf den Kult der *Matres*. Die Denkmäler belegen auch die Lebendigkeit der Religionsausübung gegenüber wohlwollenden Gottheiten, die sich mehr als andere den vertraulichen Mitteilungen und Klagen der Menschen zugänglich zeigen. In *Glanum* stand ein fälschlicherweise als «Tempel» bezeichneter Versammlungsraum für die Anhänger der Bona Dea auf einer zuvor zerstörten Portikus im hellenistischen Stil. Die entlang den Mauern verteilten Bänke aus wiederverwendeten Gesimsen des vorigen Baus bestätigen die Funktion. Das so genannte «Attishaus» war mit diesem Raum verbunden und verdankt seinen Namen einem dort entdeckten Flachrelief, das einen mit *pileus* und langem Mantel bekleideten phrygischen Hirten darstellt. In ihrer plumpen Ausführung drückt diese Arbeit auf naive Art die Volksfrömmigkeit aus und dürfte von einheimischen Handwerkern stammen. In der Nähe wurde ein von den «Baumträgern» (*dendrophori Glanici*) gestifteter Altar entdeckt, der diese mit der Liturgie zum Gedenken an Attis' Tod und Auferstehung betraute Bruderschaft in *Glanum* wie an sieben anderen Orten der Provinz bezeugt. Andere Belege für diesen Kult der Magna Mater wurden in Nîmes, Avignon, Caderousse bei Orange und in Valence gefunden. Ein besonderer Platz ist Die, *Dea Augusta Vocontiorum*, einzuräumen, wo die Denkmäler mit Darstellung eines *taurobolium* ebenso häufig sind wie in Lyon. Es sind dort vier Altäre aus Kalkstein hervorzuheben, auf deren Flachreliefs unter den Widder- und Stierköpfen verschiedene Kultgegenstände – Kaduzeus, Krotalen, Flöten, Harfe und Tambourin – dargestellt sind. Das dreifache *taurobolium* für das Wohl der Herrscherfamilie (CIL XII 1567), das am 30. September 245 vom Pontifex auf Lebenszeit des Kaiserkults in Valence vollzogen wurde, zeigt schließlich die Bedeutung des Kybelekults für die Stärkung der Bande zwischen den Städten der *Narbonensis* im Rahmen eines erneuerten Treueeids an den Kaiser, wie R. Turcan unterstreicht.

Die syrischen Kulte sind seltener vertreten. Dazu gehören unter anderem der von einem römischen Bürger aus Berytus (Beirut), C. Iulius Tiberinus, dem Jupiter Heliopolitanus und dem Gott Nemausus gestiftete *cippus* – gefunden im Becken der Fontaine de Nîmes –, die 1653 aus dem alten Hafen von Marseille geborgene Statue des Jupiter Dolichenus und die zweisprachige Inschrift von Vaison-la-Romaine, in der das Orakel des Baal von Apamea gepriesen wird. Ägyptische Kulte kamen auch vor und haben in Arles einige Spuren hinterlassen, wie der Epitaph eines Maximinus, der wie ein *pausarius* der Isis, d. h. ein Mitglied des Klerus dieser Gottheit, dargestellt wird (Abb. 108). Mit rasiertem Kopf und weißem Leinen bekleidet war er mit der Durchführung der Prozessionen und der Abhaltung der täglichen Gebete beauftragt. Die Liste dieser Dokumente ist zwar nicht vollständig, zeigt aber die erstaunliche Mischung der Glaubensüberzeugungen, die durch die zunehmend kosmopolite Bevölkerung, in der Händler, griechische und orientalische Sklaven sowie Freigelassene eine entscheidende Rolle gespielt haben, zustande kam. Es ist aber auch verständlich, dass sich viele Angehörige der wohlhabenden und führenden Schichten, genauso wie die der Unterschichten, mehr und mehr von diesen Heilsreligionen angezogen fühlten, die den Eingeweihten ein Leben im Jenseits ohne ethnischen oder sozialen Unterschied versprachen.

Neben der Religion nahm die in der *Narbonensis* allgegenwärtige Astrologie einen wichtigen Platz im Leben der Bürger aller Gesellschaftsschichten ein, nach den Inschriften und Darstellungen zu urteilen vor allem im 2. und 3. Jh. n. Chr. Als Beispiel kann das große Mosaik von La Verrerie in Arles angeführt werden, das die dionysischen Mysterien mit der in die severische Zeit zu datierenden astralen Religion des Aion verbindet (Abb. 109).

DER AUFSTIEG DER ELITEN DURCH DIE BILDUNG

Wie wir bereits festgestellt haben, überdauerte eine gewisse Verbundenheit mit der klassischen Kultur – Literatur oder Plastik – die Jahrhunderte in der Provinz. Dies bezeugen die *Iulii* aus *Glanum*, die Szenen der *Ilias* oder der Sage des Kalydonischen Ebers auf dem Kenotaph ihrer *parentes* darstellen ließen ebenso wie der Reiche von Arles, der sich einen mit Apoll und den neun Musen geschmückten Sarkophag wünschte, und die in Aix-les-Bains gefundene, herrliche Kopie der Korinther Persephone. Andere Beispiele hätten erwähnt werden können, wie die Medea – die sich vorbereitet, ihre Kinder zu töten –, die eine Familie aus Arles wahrscheinlich am Ende des 2. Jhs. n. Chr. auf ihrem Grab darstellen ließ (Abb. 110). Doch genügen diese wenigen Indizien nicht, um das Bildungsniveau einer ganzen Bevölkerung einzuschätzen. Außerdem wissen wir nichts über die Rolle der beauftragten Werkstätten bei der Themenauswahl. In manchen Fällen waren diese in Italien angesiedelt und boten vielleicht ihre eigenen Musterbücher diesen reichen Auftraggebern an, die von selber nie auf solche Bilder gekommen wären, und die deren Herkunft und auch deren Sinn kaum kannten. Die Theatervorstellungen waren aber auch sehr wichtig, und die besondere Beliebtheit, derer sie sich in der *Narbonensis* erfreuten, verdankten sie bestimmt den Euergeten. Man sollte auch nicht vergessen, dass diese Provinz eine der wenigen im Westen ist, aus der eine reiche Person, die auf ihre Kosten eine Schauspielertruppe unterhielt, namentlich bekannt ist – Valerius Asiaticus aus Vienne (CIL XII 1929) – und wo innerhalb des *Augusteum* in Nîmes ansässige «dionysische» Künstler erwähnt werden. Selbst wenn die klassischen Theaterstücke bald durch Pantomime abgelöst wurden, blieb das Theater an der Verbreitung der großen Mythen maßgeblich beteiligt. Und entsprechende Anspielungen scheinen den Honoratioren lange dazu gedient zu haben, ihre Zugehörigkeit zu einer als gebildet geltenden Kulturwelt zu manifestieren.

Es ist nicht zu leugnen, dass die *Transalpina* und dann die *Narbonensis* sehr schnell zum Kreis der latinisierten Regionen gezählt werden müssen, und dass viele Honoratioren die Sprache des Siegers beherrschen und alles, was ihre Herkunft in ihrem Namen verriet, auslöschen wollten. M. Christol hat die Bedeutung der Onomastik für die Einwohner von Nîmes und die von vielen unternommenen Anstrengungen zur Latinisierung ihrer Anthroponyme gezeigt. Derartiges wurde auch in Vienne, allerdings in einem anderen Kontext, beobachtet. Doch darf man wohl wie J. Herman annehmen, dass die Schicht, in der Latein schriftlich wie mündlich beherrscht wurde, ziemlich klein war, selbst wenn die Alphabetisierung, zumindest an der Küste und in der Umgebung von Marseille, wo schon früh ein reger Austausch auf Griechisch oder Gallo-Griechisch stattfand, leichter fiel als anderswo im Westen. Es ist festzuhalten, dass es für die späte Republik und die frühe Kaiserzeit keine Zeichen für eine Gründung mit Zwangscharakter gibt, wie sie Sertorius in *Osca* (Huesca) in Spanien glaubte einrichten zu müssen. Laut Plutarch (*Sertorius* 16) «holte er bei den von ihm unterworfenen Völkern die Leute aus den führenden Familien, versammelte sie in dieser bedeutenden Stadt und gab ihnen dann Lehrer, damit sie Griechisch und Latein lernen. Mit diesen Geiseln verfügte er über eine Bürgschaft für die Treue dieser Völker; aber er zeigte nur den Wunsch, sie zu bilden, sie fähig zu machen, später Geschäfte und Ämter zu übernehmen». Wie H. I. Marrou schon lange gezeigt hat, spielte die Schule für diejenigen, die sie besuchen konnten, eine entscheidende Rolle für den Zugang zur lateinischsprachigen Kultur. Die in den *Tres Galliae* relativ häufige epigraphische Bezeichnung *grammatici* – Lehrer der zweiten Unterrichtsstufe, nach dem *primus magister* – belegt deutlich die Verbreitung einer Bildung und einer moralischen wie literarischen Kultur im römischen Westen. Doch darf man die erst in letzter Zeit erkannte Rolle der sportlichen und paramilitärischen Übungseinrichtungen für die jungen Aristokraten der Stadt, die *iuvenes*, nicht vergessen, mit denen mehrere Städte der *Narbonensis* – besonders Vienne und Orange – anscheinend in der Form eines *campus* ausgestattet waren. Es waren Orte, an denen sich die Jeunesse dorée mit den charakteristischen Werten der römischen aristokratischen Bildung vertraut machte. Die Aneignung einer soliden lateinischen wie griechischen literarischen Kultur und vor allem aller rhetorischen Techniken war sicher unumgänglich, um zivile – das Dekurionat – oder religiöse – das Flaminat des Kaiserkults – Ämter zu bekleiden, und insbesondere, um über den städtischen oder kolonialen Rahmen hinauszukommen und eine Laufbahn in einer der beiden Stände der Aristokratie einzuschlagen. Daran erinnert uns zum Beispiel das griechische Epitaph des *grammaticus latinus* Athenades aus Marseille, der die praktizierte Zweisprachigkeit mancher gesellschaftlicher Kreise belegt (IG XIV 2434).

In diesem Bereich bildete Marseille als Träger der ältesten griechischen Tradition, und auch für die Strenge seiner Sitten berühmt, anscheinend ein Bildungszentrum für die gesamte Provinz, dessen Ruhm über die ganze frühe und mittlere Kaiserzeit anhielt. Cicero war über dessen *disciplina* und *gravitas* (*Pro L. Valerio Flacco* 26, 63) des Lobes voll, und Strabon (IV 1, 5) versäumte nicht, die Ausstrahlung dieses intellektuellen Zentrums zu preisen, das, wie er sagte, die berühmtesten Römer dazu brachte, in seinen Mauern zu studieren. Der Rhetor Seneca schließlich erwähnt in seinen «Kontroversen» die von dessen Schuleinrichtungen ausgeübte Anziehungskraft (*Controversiae* II 5, 13). Als «Athen des Westens» nahm es lange Zeit junge Männer der italischen *nobilitas* auf, die sich zur unabdingbaren Ergänzung ihrer Ausbildung mit der griechischen Sprache, Philosophie und Rhetorik vertraut machten. Folgen wir den Ausbildungsetappen des Cn. Iulius Agricola, wie sie Tacitus beschreibt, so erscheinen die Schulen der phokäischen Stadt eminent wichtig: «In den Armen seiner Mutter mit Zärtlichkeit aufgezogen, verbrachte er seine Kindheit und Jugend mit der Pflege aller freien Künste. Dank seines durch und durch guten Naturells, aber auch dank Marseille, Wohnort und Lehrerin (*sedem ac magistram studiorum*) seit seinem jüngsten Alter, wo die griechische Höflichkeit und die Schlichtheit der Provinz glücklich miteinander harmonisieren, wurde er vor den Verlockungen des Lasters bewahrt. Er hatte die Gewohnheit zu erzählen, dass, hätte die Weisheit seiner Mutter seinen Geist, der Feuer und Flamme war, nicht gezügelt, er sich leidenschaftlicher für Philosophie begeistert hätte, als es einem Römer und Senator erlaubt sei ... Später behielt er von der Philosophie etwas sehr Schwieriges, den Sinn für das Maß.» (*Agricola* IV 3–6). Er war 40 n. Chr. in Fréjus geboren, und sein Vater Iulius Graecinus hatte als Senator und Philosoph eine Abhandlung über den Weinanbau verfasst. Ihm war deshalb auch daran gelegen, seinem Sohn die beste Ausbildung zu verschaffen. Die Laufbahn des Agricola, Statthalter von Aquitanien, Konsul dann Statthalter von Britannien, wo er zahlreiche schwierige Feldzüge führte, veranschaulicht bestens den Aufstieg der Aristokraten aus den römischen Kolonien der westlichen Provinzen im 1. Jh. n. Chr.

Es geht uns hier nicht darum, die Vorgänge des sozialen Aufstiegs zu untersuchen, die nicht nur auf finanziellen Ressourcen, sondern auch auf Bündnissen – in Vienne, Nîmes und auch in kleineren Gemeinden wie Vaison-la-Romaine nachgewiesen – gründeten. Für die letztgenannte Stadt steht auch fest, dass der berühmteste Sohn des Landes, Sex. Afranius Burrus, Prätorianerpräfekt zur Zeit Neros, den sozialen Erfolg vieler Mitbürger begünstigt hat. Es erscheint uns aber wichtiger, aufgrund relevanter Fälle und unter besonderer Berücksichtigung der Redetechniken die Art zu untersuchen, wie aus der Provinz stammende Personen eine bemerkenswerte Laufbahn eingeschlagen oder der Nachwelt überlieferte Werke hinterlassen haben. Zuerst muss daran erinnert werden, dass die *Narbonensis* sehr bald Rhetoriker ausgebildet hat, die sich bei ihren Zeitgenossen als ausgezeichnete Lehrer behaupteten. Abgesehen von Favorinus aus Arles, den wir später streifen werden, können für die Mitte des 1. Jhs. n. Chr. P. Clodius Quirinalis, aus Arles gebürtig, und L. Statius Ursulus, aus Toulouse gebürtig und berühmt zur Zeit Neros, erwähnt werden. Diese Techniker des Wortes unterstützten sicher den Aufstieg vieler für die politische oder juristische Rhetorik begabter junger Männer wie Votienus Montanus, der sein Talent in Rom zum Prozessieren gegen seine Mitbürger aus Narbonne einsetzte, oder Cn. Domitius Afer aus Nîmes, der C. Jullian zufolge «leidenschaftlichste Redner des Kaiserreichs». Er stellt genau diese Art von Persönlichkeit dar, die ihre Laufbahn ihrer Eloquenz verdankte, vom Kaiser Subventionen bekam, von Tacitus in seiner Schrift «Dialog über die Redner» (*Dialogus de oratoribus* XIII 3) zitiert wird und trotz großer Schwierigkeiten unter Caligula 39 n. Chr. *consul suffectus* wurde. Lehrer von Quintilian und für seinen klassischen Stil berühmt, hat er mehrere, heute verlorene Werke über die Rhetorik geschrieben. Man kann sich auch vorstellen, dass eine der Hauptfiguren desselben *dialogus*, M. Aper, der sich als gebürtig aus einer «kaum noch in der Gunst stehenden» gallischen Stadt (VII 1) bezeichnet, auch aus der *Narbonensis* stammte.

Es wäre natürlich höchst interessant, einige Teile der von Autoren aus Gallien, genauer aus der *Narbonensis*, verfassten Literatur zu kennen. Nun wollen wir aber hier nicht die schon reichlich debattierte Frage der Herkunft des Tacitus aufgreifen, die für R. Syme in Vaison lag, da es in dieser Stadt zwei *Cornelii* und einen Tacitus gab. Andere wie J. Gascou nehmen eher Fréjus an. Es geht hier wirklich um ein großes Problem, und das *cognomen* Tacitus ist tatsächlich fast ausschließlich in der *Gallia Cisalpina* und *Transalpina* anzutreffen. Um aber ein solches Thema angemessen zu besprechen, müsste man eine neue Diskussion eröffnen, die die uns gesetzten Grenzen sprengen würde. Wir werden uns deshalb an die Autoren halten, deren Herkunft aus dieser Provinz gesichert ist. Einer der eminentesten Vertreter dieser Kategorie ist Pompeius Trogus, römischer Ritter aus dem Stamm der Vokontier, also aus der Gegend von Vaison, dessen Vorfahre, wahrscheinlich der Großvater, seinem Namen nach dem Besieger des Sertorius das Bürgerrecht verdankte. Was den juristischen Aufstieg der Familie betrifft, ähnelt dieser Fall dem der *Iulii* aus *Glanum*, aber der kulturelle und soziale Kontext ist wahrscheinlich recht verschieden. Am Anfang

Abb. 110
Arles. Medea bereitet sich vor, ihre Kinder zu töten. Die Statuengruppe stammt sicher von einem Grab in der Region um Arles. Mimik und Haltung der Medea sind äußerst ausdrucksstark.

des 1. Jhs. n. Chr. hat er eine Weltgeschichte in 44 Büchern verfasst, die *Historiae Philippicae*, die uns nur durch eine späte verkürzte Version des Justinus bekannt ist. Die noch aus der Feder von Pompeius Trogus selbst stammenden «Vorreden» am Anfang jeden Buches und die ungeschickte und willkürliche Zusammenfassung von Justinus geben eine Vorstellung der sehr griechischen Sicht, die der Autor von der Geschichte der Völker am Mittelmeer hatte, obgleich sein Gesamtprojekt von der für den frühen Prinzipat charakteristischen Tendenz herrührt, als höchste Form der Besitzergreifung die Welt zu «inventarisieren», wie es Cl. Nicolet bemerkenswert herausgearbeitet hat. Die Gallier erwähnt er nur anlässlich ihrer Einfälle in Italien, im Balkan und in Anatolien – spricht also vor allem von den Galatern – und sagt fast nichts über Gallien, selbst wenn er sich über Marseille weitschweifig auslässt, das für ihn natürlich keine gallo-römische Stadt war. Wenn er aber ein Volk wie das der Karthager behandelt, bezieht er einen Standpunkt und urteilt in vollkommenem Einklang mit der griechischen Bewertung, so dass die daraus zu gewinnenden Informationen von denen der römischen Geschichtsschreibung sehr verschieden sind. In dieser Hinsicht ist Pompeius Trogus typisch für diese früh hellenisierten Bevölkerungsschichten der *Transalpina*, die, obwohl sie sehr früh die Sprache des Siegers angenommen haben, das Wichtigste ihrer alten Kultur bewahrt haben, selbst wenn sie sie für Rom einsetzen. Noch viel weniger wissen wir über einen gewissen Varro aus *Atax* (Aude), der in der Umgebung von Narbonne geboren wurde und in Rom Griechisch gelernt hat. Er hatte ein heute verlorenes Epos namens «Krieg der Sequaner» (*De bello Sequanico*) verfasst. Er gab vor, berühmte Verse des Apollonios von Rhodos, die später von Virgil übernommen wurden, verbessert zu haben, was ihm eine scharfe Bemerkung Senecas (*Epistulae morales ad Lucilium* VI 56, 6) eingetragen hat.

Bekannter ist der in Arles 80 n. Chr. geborene Sophist und Philosoph Favorinus. Dieser römische Ritter gilt als einer der glänzendsten Vertreter der so genannten Zweiten Sophistik, die einem regelrechten Wiederaufleben der griechischen Literatur entspricht. Denn er betrachtete sich auch als ein Nachkomme des Herakles, verfasste sein ganzes Werk in Griechisch und entfaltete den größten Teil seiner Aktivitäten im östlichen Teil des Kaiserreichs, obwohl er auch in der lateinischen Sprache und Literatur sehr bewandert war. Er studierte zuerst in Marseille, dann in Rom, wo er am Anfang des 2. Jhs. n. Chr. unter anderem Schüler des Dion Chrysostomos war, dann in Griechenland und Kleinasien. Als Schüler und Freund von Plutarch sowie Zeitgenosse des Lukian zählte er zu den berühmtesten Gebildeten im Kreis des Kaisers Hadrian. Glänzender Redner und begeistert von Attizismen, war er ein sehr fruchtbarer Autor mit breiten Interessengebieten. Nur drei fast vollständige Reden wie auch viele Fragmente sind uns dank Aulus Gellius, der ihn in seinen «Attischen Nächten» (*Noctes Atticae*) oft und lange zitiert und seine Bewunderung immer wieder zum Ausdruck bringt, erhalten geblieben. Er wurde mit Bronzestatuen in Korinth und Athen geehrt und war in Ephesos sehr beliebt. Er gab vor, von Geburt an Eunuch zu sein, obwohl er verschiedene Liebesgeschichten gehabt hat, von denen einige ihn in Bedrängnis brachten. Diese eigenartige Person war auch ein gefährlicher Polemiker. Er stritt mit dem Sophisten Polemon, dem es schließlich gelang, ihn durch Intrigen mit Hadrian zu entzweien und die Wohltaten dieses Kaisers und Erbauers nach Smyrna, seiner bevorzugten Stadt, auf Kosten von Ephesos, wo Favorinus herrschte, umzulenken. Favorinus fiel dann in Ungnade, seine Bildnisse wurden umgestürzt und er wurde nach Chios verbannt, das er erst in der frühen Regierungszeit des Antoninus Pius wieder verlassen konnte. Nach Rom zurückgekehrt, führte er dort ein beneidenswertes Leben, wobei er die beste Gesellschaft frequentierte, in den Luxusvillen der Umgebung der *Urbs*, von Ostia und Antium empfangen wurde, die seine Gastgeber – Fronto, der Lehrer von Marc Aurel, Quadratus, der Jurist Sextus Caecilius und seine Kollegen und Freunde unter den Schriftstellern, der steinreiche Herodes Atticus und Aulus Gellius – besaßen. Er starb zwischen 143 und 177 n. Chr., nachdem er von seiner Geburtsstadt, die er vernachlässigt hatte, das Ehrenamt des Archiereus, des Oberpriesters, bekommen hatte.

Diese zwar außergewöhnliche Laufbahn verdeutlicht jedoch ein weit verbreitetes Phänomen, das – dürfte man diesen Anachronismus verwenden – als wahre «Flucht der Gehirne» bezeichnet werden könnte. Denn, soweit uns bekannt ist, haben diese glänzenden Geister, Redner, Philosophen und Schriftsteller die *Narbonensis* schnell und endgültig verlassen und keiner hat seiner Provinz oder gar seiner Vaterstadt wesentliche Vorteile, die er erringen konnte, zukommen lassen. Im Gegensatz zu anderen aus der Region Gebürtigen, die eine politische Karriere einschlugen, die senatorische oder ritterliche Laufbahn durchliefen und bedeutende Ämter in der kaiserlichen Verwaltung übernahmen, lag den meisten von ihnen nicht daran, als Euergeten für ihre Geburtsstadt aufzutreten oder ihre Mitbürger zu beraten, und dabei ihrer Herkunft Treue zu erweisen und sich damit einer Umgebung, der sie immerhin einige Aspekte ihrer Ausbildung verdankten, erkenntlich zu zeigen.

AUSBLICK

DIE VERÄNDERUNGEN DES 3. JHS. N. CHR.

Lange galt das 3. Jahrhundert in der Geschichtsschreibung als eine Krisenzeit, vor allem in der Phase nach den Severern. Kürzlich wurde es Gegenstand einer Neubewertung, die je nach Region und Aktivitätsbereich zu differenzierteren Einschätzungen führte. Man muss tatsächlich zum Verständnis der allmählichen Veränderung der Verkehrswege und Handelsrouten zugunsten der Grenzbereiche, deren Bedeutung vom Rhein bis zur Donau wegen der drohenden Einbrüche immer größer wird, die Provinz in ein neues, sich im Westen entwickelndes Gleichgewicht stellen. Lyon, das bis zur Ausrufung des Gallischen Sonderreichs die Drehscheibe zwischen den südlichen und nordöstlichen Provinzen bleibt, muss mehr und mehr mit anderen großen Städten wie Trier und Köln konkurrieren, die, wie M. Christol gezeigt hat, mit den militärischen Bereichen direkter verbunden sind. Diese Situation bleibt nicht ohne Auswirkungen auf die Bevölkerung und die Wirtschaft der *Narbonensis*. Der Menschen- und Warenhandel von Italien auf die Iberische Halbinsel und umgekehrt hatte in vieler Hinsicht Städte und Häfen dieser Provinz bereichert. Es genügt, an die Rolle von Narbonne beim Vertrieb des spanischen Öls bis zum 2. Jh. n. Chr. zu denken. Aber die nach Norden an der Rhône und Saône entlangführende Achse, die beide im 3. Jh. n. Chr. noch sehr dynamischen Germanien mit Handelsprodukten versorgte, verschiebt sich nun langsam infolge der zunehmenden Bedeutung des Donauraums. Zuerst abseits der germanischen Einfälle und außer Reichweite des alamannischen Stammesbundes, wurde die *Narbonensis* ab den Jahren 260 n. Chr., wie auch die anderen Provinzen, in die politischen und militärischen Turbulenzen, die aus den Einfällen und der Usurpation des Postumus entstanden waren, unmittelbar hineingezogen. Der östliche Teil der Provinz und das Rhônetal haben anscheinend mehr gelitten als die anderen Gegenden. Aber die Ausweitung des Gallischen Sonderreiches scheint bis Narbonne und Béziers gereicht zu haben, wo Meilensteine mit den Namen des Tetricus und seines Sohnes (ILGN 655 und 656) gefunden worden sind. Es wurden in Südgallien zwar weniger Schätze vergraben als in den nördlichen und östlichen Gegenden, aber wiederkehrende Zeichen von verheerenden Bränden in und um Arles, die M. Heijmans nachweisen konnte, zeugen anscheinend von punktuellen, aber gewaltigen Unruhen, die in der lokalen Tradition einem «König» der Alamannen oder Westgoten namens Crocus bzw. Chrocus zugeschrieben werden, aber nicht unbedingt auf germanische Einfälle zurückzuführen sind. Diese können auch durch Kämpfe zwischen rivalisierenden bewaffneten Banden ausgelöst worden sein.

Tatsache ist, dass in Arles die Zeichen einer allmählichen Verschlechterung der Stadtlandschaft und der Auflassung ganzer Stadtviertel in die Zeitspanne 250–275 n. Chr. datiert werden können. Im Gegensatz zu vielen anderen Siedlungen der Gegend, wo seit dem ausgehenden 2. Jh. n. Chr. ein langsamer, aber irreversibler Niedergang festzustellen ist, wies Arles bisher keine Zeichen einer abnehmenden Prosperität auf. Etwa eine Generation später aber sind unweit des Stadtzentrums *intra muros* ganze, dicht bebaute Bereiche zerstört, deren Auflassung durch darüber errichtete Gräber oder den Bau armseliger Hütten bestätigt wird. Die «Renaissance» des 4. und 5. Jhs. n. Chr. wird mit der Errichtung der Münzstätte von Ostia, dann der Einrichtung der zuvor in Trier befindlichen *praefectura Galliarum* und der episodischen Anwesenheit des Kaisers diese Sachlage nicht wirklich ändern. Mit der Aufgabe des Viertels Trinquetaille auf der anderen Seite der Rhône und vieler Viertel des Stadtzentrums nimmt die Wohnfläche um die Hälfte ab. Gerade als Arles mit neuen öffentlichen Gebäuden ausgestattet und die frühchristlichen Nekropolen mit wunderschönen Marmorsarkophagen belegt werden, scheint die Stadtbevölkerung Lust und Mittel verloren zu haben, die Dynamik eines echten Stadtlebens zu erneuern.

In Nîmes werden die Hänge des Mont Cavalier und der innere Streifen entlang der südlichen Stadtmauer schon im Laufe des 2. Jhs. n. Chr. aufgegeben. Einige Bereiche scheinen sogar vor dem Ende des 1. Jhs. n. Chr. einen bedeutenden Teil ihrer Bevölkerung eingebüßt zu haben. Deshalb tendiert die Bebauung im ebenen Teil des Stadtareals dazu, dichter zu werden. Für das 3. Jh. n. Chr. beobachtet man dann ganz deutliche Rezessionszeichen, die sich besonders durch das Fehlen von Investitionen im privaten Bauwesen, ja sogar im öffentlichen Bereich, manifestieren. Die heute noch nicht abgeschlossene Ausgrabung des Boulevard Jean-Jaurès könnte dieses Gesamtbild differenzieren, da kürzlich ein öffentlicher Brunnen mit einer in die severische Zeit zu datierenden, monumentalen Neptunfigur geborgen wurde und viele Häuser, deren Untersuchung gerade begonnen hat, noch manche Überraschungen bereithalten können. Es bleibt aber unbestritten, dass beim gegenwärtigen Stand der Dokumentation die epigraphischen und architektonischen Zeugnisse aus der Zeit nach 230–235 n. Chr. äußerst selten sind. Zudem zeugen drei in der unmittelbaren Umgebung vergrabene Schätze von der sich in der Region ausbreitenden Unsicherheit gegen Ende dieses Jahrhunderts, ohne dass man feststellen könnte, ob sie durch den Streifzug der Alamannen oder den Bürgerkrieg verursacht wurde.

Aix-en-Provence seinerseits vermittelt nach N. Nin für diese Zeit überwiegend den Eindruck einer langsamen Verkümmerung. Wenn das Straßen- und Wegenetz auch einigermaßen unterhalten wird – zumindest was die großen Achsen betrifft –, werden hingegen die großen *domus* des nördlichen Stadtteils allmählich aufgegeben. Daher rührte die unvermeidliche Auflassung weiter Siedlungsbereiche. Was aber bedeutet dieses Phänomen? Damit, dass die Honoratioren den Wunsch haben, ihr Stadthaus gegen einen Landsitz zu tauschen, wird gar nichts erklärt, denn man muss natürlich den Grund dieser Verlagerung verstehen. Diese Frage ist allerdings noch offen, da bescheidenere Häuser mindestens bis zum folgenden Jahrhundert bewohnt bleiben. *Aquae Sextiae* zeigt also eine langwierige Veränderung – man kann hier nicht von einer gewaltsamen oder programmatischen Zerstörung der städtischen Strukturen sprechen –, die J. Guyon zu Recht als charakteristisch für eine «neue Art, die Stadt zu bewohnen», betrachtet.

Bei den weniger bedeutenden Siedlungen lässt sich schon im Laufe des 2. Jhs. n. Chr. ein langsamer Bevölkerungsrückgang feststellen. Die von J.-L. Fiches durchgeführte Untersuchung in der *civitas* der Volker-Arekomiker weist das Auflassen von Orten wie Murviel-lès-Montpellier und der Unterstadt von Mauressip nach oder eine spürbare Verkleinerung der Siedlungsfläche wie in Lattes, wo die Versandung des Hafens maßgeblich zur Aufgabe der Siedlung beigetragen hat. Unabhängig von den weitergehenden Verkleinerungen und Auflassungen der geschlossenen Siedlungen wird in diesen Orten, die sich in der vorangegangenen Periode mit städtischen Einrichtungen ausgestattet hatten, das für das 3. Jh. n. Chr. typische Ende jeglicher kollektiven Investition sichtbar. So werden in Lunel-Vieil öffentliche Thermen in ein Speichergebäude umgebaut und die um die heißen Quellen errichteten Monumente augusteischer Zeit in Balaruc-les-Bains aufgegeben, die daraufhin mangels Unterhalt schnell verfallen. Es sieht fast so aus, als hätte zugunsten einer Rückkehr zum Landleben die Anziehungskraft des städtischen Lebens aufgehört zu wirken, das – aufs Wesentliche reduziert – im 1. und noch im 2. Jh. n. Chr. bei so vielen lokalen Honoratioren bemerkenswerte Anstrengungen hervorgerufen hatte. Dieses von den italienischen Kollegen gut identifizierte Phänomen der «città finta» (der falschen Stadt), die zu einem mehr oder weniger kurzlebigen Bestehen verurteilt ist, bestätigt sich seither in anschaulicher Weise. Es ist wohl auch möglich, dass dieses Phänomen durch die Reform Diokletians, die in den letzten Jahren des 3. Jhs. n. Chr. die Provinz in zwei Teile teilt und damit Umverteilungen der Böden, Verschiebungen der Einwohner und letztendlich die Zerschlagung ganzer *civitates* auslöst, beschleunigt wurde.

Diese kleine wie große Siedlungen betreffenden Veränderungen spiegeln in hohem Maße tiefgreifende Wandlungen in der Landwirtschaft wider. Die für die Mitte des 2. Jhs. n. Chr. beschriebene Aufschwungphase muss von nun an einer Stagnation weichen, die zunächst zu einer Stabilisierung der wichtigsten Betriebe führt. Aber Rückgang des Handelsverkehrs, Währungskrise, zunehmende Steuerbelastung und obendrein durch die militärische Lage bedingte Unsicherheit ziehen in der zweiten Hälfte des 3. Jhs. n. Chr. das Verschwinden vieler Betriebe nach sich. Die spekulativen Kulturen, und besonders der in allen Gebieten verbreitete Weinanbau, verlieren bei den verarmten und nach anderen Absatzmärkten suchenden Landbesitzern einen Großteil ihrer Attraktivität. Diese wenden sich lieber dem Nahrungsmittelanbau und der Viehzucht zu. Die Verbreitung der Viehzucht in Bereichen, in denen sie bisher unbekannt war, die vermehrte Zucht von Rindern auf Kosten der Schweinezucht und eine deutliche Diversifizierungstendenz – Zunahme der

Geflügelzucht – sind die besonders spezifischen Merkmale dieser Zeit in vielen Regionen.

Die Lage der *villae* hingegen ist schwer einzuschätzen, da die reichen Gutshöfe auf dem Land vielleicht vom Zustrom der Honoratioren aus der Stadt profitiert haben. Andererseits lässt sich das Verschwinden einiger Betriebe vielleicht durch Zusammenlegungen, die nicht unbedingt eine Abnahme der Produktionsmittel bedeuten müssen, erklären. So hören die *villa* Pardigon 1/3 in der Bucht von Cavalaire und die *villa* Le Grand Loou in La Roquebrussane am Ende einer intensiven Entwicklungs- und Produktionsphase zwischen dem Ende des 2. und dem Beginn des 3. Jhs. n. Chr. auf zu existieren. In unmittelbarer Nähe aber befinden sich die Gutshöfe Pardigon 2 und Le Grand Loou 2, die ihrerseits über eine sehr lange Zeit genutzt werden. Deshalb und aufgrund der Arbeiten von G. Congès und P. Lecacheur schlägt C. Pellecuer eine einfache Güterzusammenlegung vor. Ähnlich verhält es sich wahrscheinlich mit der so genannten *villa* Saint-Pierre II bei Eyguières in Bouches-du-Rhône, die am Anfang des Jahrhunderts verschwindet, in Wirklichkeit aber, nach der Verlegung des Kernstücks des Landguts, in den Besitz der benachbarten *villa* Saint-Pierre I eingegliedert worden sein dürfte. Letztere stellt also keine späte Gründung dar – es wäre der einzige Fall in diesem Gebiet –, sondern eine Erneuerung infolge der Umstrukturierung des Betriebs, deren Gründe uns unbekannt bleiben. Nichtsdestoweniger verschwinden vor dem Ende des nächsten Jahrhunderts mittelgroße *villae*, die während der günstigen Konjunktur des 2. Jhs. n. Chr. prosperiert hatten. Der Betrieb Puy-Sainte-Réparade nördlich von Aix-en-Provence, dessen sehr gut eingerichtete *pars rustica* sogar eine Werkstatt zur Eisenverarbeitung für den eigenen Bedarf besaß, Mollard in Donzère und Fayen in Roussas zeugen mit anderen weiter östlich im Département Var gelegenen Betrieben von dieser Auflassungswelle. Insgesamt zeigt also das 3. Jh. n. Chr. bezüglich der Zahl, Verbreitung und Ausstattung der Gutshöfe keinen plötzlichen Bruch, sondern eher einen Rückgang und eine mit der Zeit zunehmende Umverteilung, die im darauffolgenden Jahrhundert noch beschleunigt wird.

Zwei Fälle verdienen eine nähere Betrachtung, denn sie lassen die Vielfalt der möglichen Situationen ahnen und sprechen gegen jeglichen Verallgemeinerungsversuch. Die *villa* Prés-Bas in Hérault, deren Entwicklung schon in der frühen und mittleren Kaiserzeit verfolgt wurde, erfährt während des 3. Jhs. n. Chr. mit der Auflassung der westlichen Wirtschaftsgebäude nur wenige Veränderungen der *pars urbana*. Doch tritt eine bedeutende Veränderung im Weinkeller ein: Die *dolia* nehmen nur noch ein Viertel der Fläche ein, wobei das restliche Areal anscheinend anderen Lagerungsformen vorbehalten wird, was die Aufgabe einer gewissen Monokultur und eine Diversifizierung der Produktion bedeuten würde. Doch könnten die gemauerten rechteckigen Sockel, die nun den größten Platz einnehmen, auch Weinfässer gestützt haben. Dadurch wäre dann zwar die Form der Konservierung, aber nicht der Anbau selbst geändert worden. Jedenfalls wird der oder werden die Besitzer nicht weniger reich, sondern, ganz im Gegenteil, wird der Wohntrakt in den zwei folgenden Jahrhunderten mit mosaikgeschmückten Empfangsräumen und völlig neu errichteten Thermen ausgestattet. Solch eine Kontinuität und die Betonung der Komfort- und Repräsentationsbereiche zeigen deutlich, dass ein Teil der Aristokraten vom Land, die beschlossen hatten, in der Stadt zu wohnen, lieber in ihren Gutshof investieren, wo sie alle ihrem Rang gebührenden sozialen Ansprüche verwirklichen können und völlig freie Hand haben, ihre Macht und ihren Reichtum zu inszenieren.

Diesbezüglich verdient ein anderes Beispiel unsere besondere Aufmerksamkeit: die *villa* Saint-André-de-Codols in der Nähe von Nîmes. An diesem Ort steht bis in die Jahrhundertmitte ein komplexer und übrigens nicht vollständig ausgegrabener Betrieb, der sich über ca. 5000 m² erstreckt. Die feste Anlage des Kapitals in diesen suburbanen Betrieb während der folgenden Jahre ist eindrücklich, denn die *villa* belegt in der zweiten Ausbauphase eine Fläche von 9000 m². Die Gebäudetrakte sind um einen großen, rechteckigen Hof verteilt und deren Einrichtung wird nun bezüglich der Flächeneinteilung und Funktionszuweisung im folgenden Jahrhundert nahtlos weiterlaufen. Der heute ruinöse Zustand der Baureste erlaubt kein Urteil über den Luxus der Wohnräume, aber der von C. Pellecuer aufgrund struktureller Eigenheiten vorgeschlagene Vergleich mit der *villa* Sao Cucufate in Portugal lässt für den Nordflügel die Annahme einer noblen Etage über Speicherräumen im Untergeschoss zu. Es ist schwierig festzustellen, auf welcher Kulturpflanze der Reichtum des Anwesens beruhte, denn die Reste einer Pressanlage erlauben nicht, zwischen Wein- und Ölproduktion zu unterscheiden. Hingegen erinnern viele mit Tätigkeiten der Fleischzerlegung und Tierkörperverwertung zusammenhängende Rinderreste an eine Art industrielle Metzgerei, deren Lage vor den Toren der Stadt besonders sinnvoll wäre. Mit dieser *villa* werden somit die neuen Formen der ertragreichen Landwirtschaft, und nicht nur einer Subsistenzwirtschaft, veranschaulicht, d. h. eine entscheidende Ausrichtung hin zur Viehzucht und die Suche nach den nächstliegenden Absatzmärkten. In einer Konjunktur, wo der Handelsverkehr tendenziell in kleineren Räumen stattfindet, bestehen für diejenigen, die über genügend finanzielle Mittel verfügen und günstige Lagen zu nutzen wissen, noch Möglichkeiten, sich zu bereichern.

Diese wenigen Betrachtungen bleiben freilich unvollständig, da ganze bedeutsame Bereiche außen vor bleiben mussten, um die Entwicklung nach der severischen Zeit genauer zu untersuchen. Dies gilt besonders für Narbonne und Umgebung. Aber der aktuelle Kenntnisstand erlaubt bereits die Feststellung, dass mit dem 3. Jh. n. Chr. die Zeit der in das Kaiserreich integrierten *Narbonensis*, die den Personen- und Güterverkehr von einem Ende des Mittelmeeres zum anderen ermöglichte und andere positive Folgen durch den jahrhundertelangen Frieden hatte, definitiv beendet ist. Diese Zeit hatte Sitten und Lebensweisen vereinheitlicht, was den Fortbestand reicher regionaler Eigenheiten nicht ausschloss, und die langfristig oft ruinöse Illusion betrieben, dass die Urbanisierung in ihren ehrgeizigsten Formen die meisten Probleme des Zusammenlebens von manchmal sehr unterschiedlichen Kulturen und Ethnien lösen würde. Aber durch ihren hartnäckigen Widerstand gegen die Umwälzungen und Wandlungen der nun anbrechenden unruhigen Zeit wurden zumindest die Stabilität der eingerichteten Strukturen und der Zusammenhalt der daraus entstandenen Gesellschaft bewiesen.

REGISTER

ORTSREGISTER

Actium 25, 57
Africa Proconsularis 26, 99, 103
Afrika 86, 89, 99, 123
Agathe (Agde) *siehe* Agde
Agde 10, 26
Ägypten 25, 120
Aix-en-Diois 129
Aix-en-Provence 16, 20, 23, 25, 30, 35, 59, 62, 77, 84, 93, 99, 101, 115, 124 f., 129, 132
Aix-les-Bains 81, 86, 90, 129, 133
Alba Helviorum (Alba-la-Romaine, Ardèche) *siehe* Alba-la-Romaine
Alba-la-Romaine 30, 73, 81 f.,103, 126
Alexandria 66
Algerien 43, 46
Allan 86
Alpen *(Alpes)* 8, 16, 21, 26, 31, 69, 94, 129
Alpes Graiae 26
Alpes Maritimae 26
Alpes Poeninae 26
Alpilles 33, 123
Alyscamps 111
Ambrussum 91 f.
Andalusien 110
Antibes 10, 30
Antipolis (Antibes) *siehe* Antibes
Antium 136
Apennin 125
Apollo 91
Apt 21, 24, 30, 72, 131
Apta Iulia (Apt) *siehe* Apt
Aquae (Aix-les-Bains) *siehe* Aix-les-Bains
Aquae Sextiae (Aix-en-Provence) *siehe* Aix-en-Provence
Aquae Sextiae Salluviorum (Aix-en-Provence) *siehe* Aix-en-Provence
Aquae Siccae (Saint-Cizy) *siehe* Saint-Cizy
Aquileia 111
Aquitanien *(Aquitania) siehe Gallia Aquitania*
Arausio (Orange) *siehe* Orange
Arc 10
Ardèche *siehe* Alba-la-Romaine
Argens 22, 24, 54
Arles 10, 18, 21, 24 f., 30, 33, 38, 40 f., 43, 45, 47 f., 50, 52 f., 58–61, 65, 73, 84–87, 89, 105, 111, 113 f., 117 f., 120, 122–125, 127, 131 ff.,135–138

Asien 86
Aspendos 52
Atax (Aude) *siehe* Aude
Athen 134, 136
Aubagne 10
Aude 19, 38, 125, 136
Augusta Emerita (Merida) *siehe* Merida
Augusta Tricastinorum (Saint-Paul-Trois-Châteaux) *siehe* Saint-Paul-Trois-Châteaux
Auvergne 15
Avennio (Avignon) *siehe* Avignon
Avignon 10, 22 f., 25, 30, 122, 133

Baeterrae (Béziers) *siehe* Béziers
Baetica 26, 37, 40, 80, 110, 123
Bagnols 105
Baiae 110
Balaruc-les-Bains 86, 93, 138
Barbebelle 117
Barbegal 123
Beaucaire 21, 117, 121, 130
Belgica siehe Gallia Belgica
Berytus (Beirut) 122, 133
Besara 57
Béziers 21, 24, 30, 37 f., 57, 108, 125, 129, 137
Bithynien 16
Bordeaux 21
Bouches-du-Rhône 14, 125, 139
Boulouris 125
Boutae (Les Fins-d'Annecy) *siehe* Les Fins-d'Annecy
Boutenac 124
Besançon 21
Brigantio (Besançon) *siehe* Besançon
Brignon 124
Brindisi 24
Britannien 86, 134
Burgund 9

Cabellio (Cavaillon) *siehe* Cavaillon
Cadenet 11
Caderousse 105, 133
Camerinum 23
Carcaso (Carcassonne) *siehe* Carcassonne
Carcassonne 24, 30, 125
Carpentorate (Carpentras) *siehe* Carpentras
Carpentras 24, 30, 73, 75, 81, 105
Carrara 40, 43, 58, 81

REGISTER | 141

REGISTER

Cartagena 48
Carthago Nova (Cartagena) *siehe* Cartagena
Castellas (Murviel-lès-Montpellier) *siehe* Murviel-lès-Montpellier
Cavaillon 10, 25, 30, 75, 105
Cavalaire-sur-Mer 109, 139
Celtica 38
Cemenelum siehe Nizza/Nice
Cessero (Saint-Thibéry) *siehe* Saint-Thibéry
Cevennen 8
Chaînon de la Pène 123
Chastellard-de-Lardiers (Haute-Provence) 94
Château-Roussillon 21, 24, 30, 74
Chemtou 46, 109
Cherchel 43
Chios 136
Chrysogone 118
colonia Augusta Nemausus (Nîmes) *siehe* Nîmes
colonia firma Iulia Secundanorum Arausio (Orange) *siehe* Orange
colonia Iulia Arelate Sextanorum (Arles) *siehe* Arles
colonia Iulia Augusta Apollinaris Reiorum (Riez) *siehe* Riez
colonia Iulia Augusta Aquae Sextiae (Aix-en-Provence) *siehe* Aix-en-Provence
colonia Iulia Augusta Florentia Vienna (Vienne) *siehe* Vienne
colonia Iulia Avennio (Avignon) *siehe* Avignon
colonia Iulia firma Secundanorum Arausio (Orange) *siehe* Orange
colonia Iulia Paterna Arelatensis Sextanorum (Arles) *siehe* Arles
colonia Iulia Paterna Narbo Martius Decumanorum (Narbonne) *siehe* Narbonne
colonia Iulia Ruscino (Château-Roussillon) *siehe* Château-Roussillon
colonia Iulia Septimanorum Baeterrae (Beziérs) *siehe* Beziérs
colonia Iulia Valentia (Valence) *siehe* Valence
colonia Iulia Victrix Septimanorum Baeterrae (Beziérs) *siehe* Beziérs
colonia Narbo Martius (Narbonne) *siehe* Narbonne
colonia Nemausus siehe Nemausus
colonia Octavanorum Pacensis (Fréjus) *siehe* Fréjus
Cumae 15

Dax 91
Dea Augusta Vocontiorum (Die) *siehe* Die
Dea Vocontiorum (Die) *siehe* Die
Delos 46
Delphi 46

Die 84, 133
Domaine des Forges (Aude) 125
Donau 137
Donzère 139
Drôme 22, 129
Durance 10, 22

Emporion 19
Ensérune (Hérault) 94
Entremont 9, 11, 13, 20
Ephesos 136
Ernaginum (Saint-Gabriel) *siehe* Saint-Gabriel
Espeyran (Saint-Gilles) *siehe* Saint-Gilles
Estérel 125
Etang de Berre 22, 117, 123
Etanna 92
Etrurien 15
Eyguières (Bouches-du-Rhône) *siehe* Bouches-du-Rhône

Fayen 139
forum Clodii 26
forum Domitii (Montbazin, Hérault) *siehe* Hérault
forum Iulii (Fréjus, Var) *siehe* Fréjus
forum Iulii Octavanorum colonia Pacensis Classica (Fréjus, Var) *siehe* Fréjus
forum Neronis (Carpentras) *siehe* Carpentras
forum Neronis (Lodève) 24
forum Voconii 22
Fos 21, 126
fossa Augusta 21, 105
fossae Marianae 21 f.
Fos-sur-Mer 125
Frankreich 33, 60, 65, 67, 90 f., 117, 125
Fréjus (Var) 22, 24 f., 30, 54, 57, 59 ff., 79, 86, 109, 124 ff., 134 f.

Gallien *(Gallia)* 7–9, 15 f., 18, 20 f., 23 ff., 30, 33, 77, 79, 86, 104, 114, 120, 123, 125, 127, 135 ff.
Gallia Aquitania 20 f., 26, 31, 134
Gallia Belgica 26
Gallia Cisalpina 18, 135
Gallia Comata 25, 94
Gallia Lugdunensis 26
Gallia Narbonensis 18, 25 f., 29 ff., 37, 40, 45, 58–61, 69 f., 73 f., 79, 81 f., 84, 86 f., 89, 92, 94, 96, 99, 101, 103 f., 106, 108, 110 f., 115, 117, 120, 122 ff., 126 f., 129–137, 140
Gallia Transalpina 7 f., 11, 13, 16, 18–19, 21–26, 30, 41, 94, 103, 122, 131, 134 ff.

Gap 21
Gard 10, 14 f.
Garonne 8, 26, 31, 73, 91
Genf 8, 131
Genfer See 8
Gère 69
Germania Inferior 21
Germanien *(Germania)* 21, 70, 86, 120, 137
Glanon (griech.) (Saint-Rémy) *siehe* Saint-Rémy
Glanum (Saint-Rémy) *siehe* Saint-Rémy
Glauberg (Hessen) 9
Gréoux-les-Bains 86
Griechenland 9, 94, 117, 136
Großbritannien 120

Halbinsel, iberische 8, 31, 40, 111, 137
Haute-Provence 94
Heraclea Caccabaria 109
Hérault 8, 16, 22, 94, 122, 139
Hispania siehe Hispania Citerior
Hispania Citerior 18, 31
Huesca 134
Hyères-les-Palmiers 10, 94

Ida 131
Île-du-Comte (Beaucaire) *siehe* Beaucaire
insulae Furianae 105
Isère 22
Isthmus, gallischer 8, 15
Italien 8 f., 15 f.,19, 21 f., 26, 31, 37–40, 46, 66, 90, 110 f., 118, 120, 124 ff., 129, 133, 136 f.

Kampanien 15, 20, 117
Karthago 19
Kleinasien 72, 89, 94, 117, 136
Köln 117, 137
Korinth 136

La Alcudia (Mallorca) *siehe* Mallorca
La Baume 77
La Crau 33, 77, 123 f., 129
La Graufesenque (Millau) *siehe* Millau
La Loube 110
La Ramasse 9
La Roquebrussanne 110
Labisco 92
lacus Rubrensus 38

Languedoc 8 f., 21, 89, 107, 121 f., 129
Latium 15, 20, 118
Lattara (Lattes, Hérault) *siehe* Lattes
Lattes (Hérault) 16, 122, 125, 138
Le Brusc 10
Le Perthus (Panissars) *siehe* Panissars
Leptis Magna 70
Les Fins-d'Annecy 82, 90 f., 126
Les Laurons (Var) 123
Les Mesclans (Var) 123
Lesbos 126
Lezoux 124
Limyra 43
Lodève 24, 30
Loupian (Hérault) 107 f.
Luc 30
Lucus (Luc) *siehe* Luc
Lugdunum Convenarum (Saint-Bertrand-de-Comminges) 23
Lunel-Vieil 92, 138
Luteva (Lodève) *siehe* Lodève
Lyon 8, 22–25, 77, 82, 133, 137

Makedonien 16
Mallorca 37
Marduel (Gard) 9 f.
Marignane 10
Marseille 8, 10, 13–16, 18, 21–24, 30 f., 54, 68, 77, 87, 89, 117, 120, 122 f., 131, 133 f., 136
Martigues 13, 117, 125
Martres-Tolosane 82
Massalien 10
Massilia (Marseille) *siehe* Marseille
Mauressip 138
Menthon-Saint-Bernard 86
Merida 48
Meyne 50
Millau 124
Mittelmeer 8, 10, 41, 94, 104, 117, 136, 140
Moesia Inferior 82
Mollard 139
Mons 79
Mont Genèvre 21
Montagne de Lure 94
Montagne Noire 38, 125
Montans 124
Montbazin (Hérault) 21 f.
Montélimar 105

REGISTER

Montlaurès 19
Montpellier 89, 122
Mouriès 9
Murviel-lès-Montpellier 89, 138

Nages (Gard) 15
Narbo Martius (Narbonne) *siehe* Narbonne
Narbonensis siehe Gallia Narbonensis
Narbonne 16, 18–26, 30, 33, 40, 62, 73, 81 f., 84, 86, 96, 104, 111, 113, 121, 124 ff., 130 f., 135 ff., 140
Naro 19
Naurouze 21
Neapel 66, 88, 110
Nemausus (Nîmes) *siehe* Nîmes
Nikaia (Nizza) *siehe* Nizza/Nice
Nîmes 9, 21, 25, 30, 38, 62, 66, 69 f., 77, 79, 81 f., 84–89, 91, 93, 105, 108, 113 f., 120, 124–127, 130 f., 133 ff., 138 f.
Nizza/Nice 10
Nyon 69

Olbia (Hyères-les-Palmiers) *siehe* Hyères-les-Palmiers
Olynth 94
Orange 21 f., 24, 30, 34, 50, 52, 54, 61 f., 73, 81 f., 84, 99, 103–106, 125, 131, 133 f.
Oranos (Hérault) *siehe* Hérault
Orb 57, 125
Osca (Huesca) *siehe* Huesca
Ostia 122, 125, 132, 136 f.
Ouvèze 22, 35

Paestum 111
Panissars 21
Pannonia Inferior 82
Pannonia Superior 82
Pardigon 109 f., 139
Perpignan 74
Pessinunt 131
Petit Saint-Bernard 129
Pharnakos 29
Picenum 20
Poebene 9
Pompeji 54, 97
Pontus 131
Pourcieux 125
Pozzuoli 132
Priene 94
Prima Porta 47

Provence 8, 59, 122 f., 129
provincia Narbonensis siehe Gallia Narbonensis
Puy-Sainte-Réparade 139
Pyrenäen 8, 16, 21, 23, 26, 91, 125

Reii (Riez) *siehe* Riez
Reyran 54
Rhein 25, 137
Rhodanousia 10
Rhône 8 ff., 13 f., 16, 18–23, 25 f., 30 f., 40 f., 69 ff., 73, 99, 105, 111, 114, 118, 121, 124, 130, 137
Riez 25, 30
Rodez 21, 26
Rognes 117
Rom 8–11, 13–16, 18, 20 f., 23 f., 31, 35–38, 40, 46 ff., 50, 57, 68–72, 77, 80, 82, 84 f., 89, 94, 99, 104, 106, 111, 120, 122 f., 125, 129, 132, 135 f.
Roquepertuse 9, 11
Roselle 57
Roussas 139
Ruscino (Château-Roussillon) *siehe* Château-Roussillon

Saint-André-de-Codols 139
Saint-Béat 125
Saint-Blaise 11, 13
Saint-Chamas 90, 117
Saint-Cizy 91
Saint-Cyr 110
Saint-Eutrope 50, 54
Saint-Gabriel 21, 105
Saint-Gilles (Gard) 10
Saint-Jean-de-Muzols 81
Saint-Julien-lès-Martigues 117
Saint-Paul 30
Saint-Paul-Trois-Châteaux 30
Saint-Rémy 9 f., 14, 24 ff., 33, 35, 37, 62, 74 f., 77, 82, 86, 89, 93 f., 115, 117, 124, 126 f., 129, 132 f., 135
Saint-Romain-en-Gal 86, 99, 127
Saint-Thibéry 21
Saint-Tropez 40
Sallèles d'Aude 121, 125
Samnium 124
Sanary (Var) 15
Sao Cucufate 139
Saône 137
Seealpen 8
Segodunum (Rodez) *siehe* Rodez

Serre de Brienne 124
Seuil de Naurouze 21
Sevilla 50
Sicilia siehe Sizilien
Sizilien *(Sicilia)* 11, 15 f., 26
Smyrna 136
Sorrent 110
Spanien *(Hispania)* 8, 16, 18–21, 23 f., 31, 37 f., 43, 48, 77, 99, 123, 134
Spoleto 37
Stabiae 33
«Stadt der Gallier» 13
«Straße des Herakles» 21, 129
Südengland 134
summus Pyrenaeus 21

Tarraconensis 120
Tarragona 43, 82, 84
Tauroeis (Le Brusc) *siehe* Le Brusc
Telo Martius (Toulon) *siehe* Toulon
Theline 10, 40
Thespiae 47
Tolosa (Toulouse) *siehe* Toulouse
Toulon 30, 110
Touloubre 22, 117
Toulouse 8, 16, 22, 26, 30, 37 f., 73, 91, 135
Tournon 23
Treilles 16
Tres Galliae 82, 120, 134
Trier 77, 137
Tunesien 109
Türkei 43, 52
Tyrrhenisches Meer 110

Ugernum (Beaucaire) *siehe* Beaucaire
Umbrien 20, 124
Uzès 77

Vaison-la-Romaine 29 f., 36, 61, 81, 86, 97, 103, 105, 133, 135
Valence 22 f., 30, 57, 105, 131, 133
Valentia (Valence) *siehe* Valence
vallée des Baux 123
Vapincum (Gap) *siehe* Gap
Var 8, 13, 15, 22, 31, 107, 110, 123, 125, 129, 139
Vareille 122
Vasio Vocontiorum (Vaison-la-Romaine) *siehe* Vaison-la-Romaine

Vaucluse 14
Velleia 57
Vernègues 93 f.
Vers 77
Versailles 47
via Agrippa 21
via Aurelia 21 f., 59
via Domitia 16, 20 ff., 38, 65, 72, 74 f., 91, 104, 107
via Heraclea 21
via Iulia Augusta 21
Vidourle 91
Vienna (Vienne) *siehe* Vienne
Vienne 21–25, 29 f., 60, 69, 77, 81, 84, 86 ff., 90, 92 f., 99, 101, 122 f., 125, 127, 131, 133 ff.
Vix (Burgund) 9

Zentralmassiv 8

PERSONENREGISTER

A. F., M. 108
Abundantia 127
Aemilii 30
Afranius Burrus, Sex. 36, 135
Agrippa 21, 24 f., 34, 57, 68, 79, 127, 129
Agrippa Postumus 57
Aion 131, 133
Alamannen 137 f.
Albici 18, 72
Allobroger *(Allobroges)* 9, 16, 22, 24, 26, 29, 69, 71, 90, 123
Allobrogicus 16
Amazonen 116
Ambronen 20
Antonia Minor 58, 70
Antoninus Pius 82, 126, 136
Antonius 18, 24 f.
Antonius Rufus, L. 59
Aper, M. 135
Aphrodite 47
Apoll(o) 46 ff., 91, 97, 120, 129 f., 133
Apollonios von Rhodos 136
Arekomiker 9, 25 f., 62, 138
Arverner 9, 16
Asiatici siehe Valerii Asiatici
Athenades 134

REGISTER

Attis 120, 131 f.
Augustus 8, 18, 20 f., 23–26, 30, 33 f., 37, 40 f., 43, 45–48, 50, 53, 57, 59, 62, 68 ff., 72 f., 77, 79, 81 f., 93, 96, 105, 111, 115 ff., 126
Aulus Gellius 99, 136
    Noctes atticae s. o.
Aurelian 126
Ausonius 40, 118
    Ordo nobilium urbium s. o.
Avicantus 127
Avienus 8, 10, 19
    Ora maritima 8, 19

Baal von Apamea 133
Boier 9
Bona Dea 132
Bormo 129
Borvo 90, 129

Caecilius, C. 16
Caesar 18, 20, 23–26, 29 ff., 34, 40, 45, 54, 72 f., 116, 126, 132
    De bello civili 18, 24
    De bello Gallico 23
Caesar, C. 34, 45, 57
Caesar, L. 34, 45, 57, 68
Caiena Attice 132
Calenus 24
Caligula 30, 69, 74, 135
Candidus Benignus 114
Caracalla 125
Cassius Dio 22, 24 ff.
Cato 106
Cenomanen 9
Charon 127
Chrocus 137
Cicero 7, 16, 20, 23, 29, 134
    Brutus 20
    De provinciis consularibus 23
    De re publica 16
    Pro L. Valerio Flacco 134
    Pro M. Fonteio 7, 20, 23, 125
Claudius 36, 48, 71, 93
Claudius Marcellus, M. 45
Claudius Nero, Ti. 20, 24
Clodius Quirinalis, P. 135
Columella 106

Cornelia Lacaena 118
Cornelii 30, 135
Cornelius Nepos 110
    Atticus s. o.
Cottius 26
Crocus 137

Dante 111
    Göttliche Komödie *s. o.*
Dares 101
Diana 126
Diodoros von Sizilien 11, 13, 16
Dion Chrysostomos 136
Dionysios von Halikarnassos 15
    Antiquitates Romanae s. o.
Dispater 127
Domitian 36, 80 f., 84, 89, 120
Domitii 21 ff., 117
Domitius Afer, Cn. 135
Domitius Ahenobarbus, Cn. 16, 20 f.
Donnius Flavus, L. 117
Drusus der Ältere 58
Drusus der Jüngere 58, 74

Elisyces 19
Entellus 101
Epona 127

Fabii 23
Favorinus 120, 135 f.
Flavier 48, 73, 77, 105
Florus 16
    Epitoma de Tito Livio s. o.
Fonteius, M. 7, 16, 18, 122
Fronto 136
Fulvii 23
Fulvius Flaccus, M. 16
Fulvius Maximus, Q. 16

Galater 136
Gallier 13 f., 16, 26, 35, 136
Gallo-Römer 35
Genius 97
genius Augusti 43, 126
Germanen 18
Germanicus 50, 57, 74
Geryoneus 21

Girardon 47
Glan 127
Glaner 11
«Gott mit dem Hammer» 127
Gracchen 20
Gracchus, Ti. 19 f.
Griechen 8, 13, 15

Hadrian 36, 40, 66, 80 ff., 88, 90, 136
Hannibal 21
Helvier (*Helvii*) 9, 73, 103, 105
Herakles (griech.) 21, 130, 136
Herakles Ogmios 130
Herkules 127, 129 f.
Herodes Atticus 136
Hippolytos 118

Iallius Bassus, M. 82
Ialona 127
Iberer 8
Insubrer 9
Isis 133
Italiker 15, 23
Iulia Tyrrania 120, 132
Iulia, gens 29, 48
Iulii 23, 30, 115, 133, 135
Iulius Agricola, Cn. 134
Iulius Graecinus 134
Iulius Maximus Manlianus, T. 82
Iulius Tiberinus, C. 133
Iulius Valerianus, T. 69

Julia 57, 68
Juno 39, 126
Jupiter 39, 126, 129 f.
Jupiter Ammon 50
Jupiter Depulsorius 130
Jupiter Dolichenus 133
Jupiter Heliopolitanus 133
Justinus 136

Kantabrer 45
Karthager 9, 136
Kavaren (*Cavares*) 9, 14 f., 50, 75, 105, 122
Kelten 9, 13, 130
Keltiberer 15, 18
Keltoligurer 8, 15

Kimbern 16, 50
Konvener 26
Kybele 52, 120, 131 f.

lares publici 43
Lepidus 23 ff.
Licinii 30
Licinius Crassus, L. 20
Ligurer (griech. *Ligyes*) 8, 16, 129
Livia 57, 70, 93
Livius 9, 16, 18, 25
    Periochae 25
Loreia Pia 132
Lucan 18
    Bellum civile s. o.
Lucius Verus 82
Lug 129
Lukian 130, 136
    Herakles 130

Magna Mater 131, 133
Marquis von Aix-les-Bains 90
Marii 23
Marius 20 f., 23
Mark Aurel 50, 82, 136
Mars 68, 93, 126, 129 f.
Mars Albiorix 129
Mars Rudianus 129
Mars Ultor 68
Martial 38, 121
    Epigrammata s. o.
Massalioten 10, 14
Mater, Matres 127
Maxentius 82
Maximinus 133
Medea 133
Meleager 115, 118
Merkur 91, 127, 129 f.
Merkur Depulsorius 130
Minerva 39
Mithras 131
Muse 118, 133
Nemausus 127, 133
Memini 75
Neptun 93
Nero 36, 71, 73, 135
Nymphe 93

REGISTER

Octavia 45
Oktavian *siehe* Augustus
Okeanos 99
Olatonae 127
Ovid 46, 115
    Metamorphoses 115
    Tristia 46

Papirius Carbo, C. 20
Patroklos 115
Persephone 90, 133
Phaedra 118
Philon von Alexandria 66
    Legatio ad Gaium s. o.
Phokäer 131
Plinius der Ältere 18, 20, 23, 25, 31, 71, 73, 89, 103, 121 ff., 129
    Naturalis historia 18, 20, 23, 25, 31, 71, 103, 121–124
Plinius der Jüngere 88, 106, 110
    Epistulae 88, 110
Plotinus 88
Plutarch 21, 134, 136
    Marius 21
    Sertorius 134
Poblicius, L. 117
Polemon 136
Polybios 9 f., 13, 15, 19
Pomona 127
Pompeia Plotina 82
Pompeii 23, 30
Pompeius 18, 20–23, 26, 36, 126
Pompeius Campanus, L. 90
Pompeius Trogus 135 f.
    Historiae Philippicae 136
Pomponius Mela 35
Poseidonios 8, 11, 21, 23
Postumus *siehe* Agrippa Postumus
Praxiteles 47, 129
Priapos 126
Proserpina 90
Pseudo-Skymnos 10
Pullius Pollio, Cn. 26
Quartana 127
Quintilian 135

Roma 34, 70, 117
Romulus 37
Rutener 20 f., 26, 125

Sabina 36
Salyer (*Salluvii*) 9 ff., 13, 15 f., 20, 24, 33, 35, 94, 127
Satria Firma 132
Scriptores historiae Augustae 88
Seneca 134, 136
    Epistulae morales ad Lucilium 136
Septimius Severus 50
Sequaner 136
Sergius Respectus, C. 88
Sertorius 23, 134 f.
Servius 37
Severer 137
Sextius Calvinus, C. 16, 20
Sextus Caecilius 136
Siculus Flaccus 105
Silvanus 127
Sordi siehe Sordones
Sordones 74
Statius Ursulus, L. 135
Stephanos von Byzanz 10
Strabon 8, 11, 13 ff., 20 f., 23, 25, 38, 69, 123, 134
    Geographica 8
Sucellus 127
Sueton 24, 120
    Divus Tiberius 24
    Domitianus 120

Tacitus 25, 57, 134 f.
    Annales 25
    Dialogus de oratoribus 135
    Historiae 57
Tektosagen (*Tectosages*) 9, 26, 73
Terentius Scaurianus, D. 82
Tetricus 137
Teutates 129
Teutonen 16, 20, 50
Tiberius 20, 24, 33, 35, 48, 50, 55, 57, 69 ff., 73 ff., 79, 82
Titus 81
Trajan 81 f., 87 f., 90
Trikastiner 105

Ura 127
Urnia 127

Valeriana Urbana 132
Valerii 30
Valerii Asiatici 69

Valerius Asiaticus 133
Valerius Flaccus, C. 18
Valerius Ummidius Bassus, L. 104
Valetudo 34, 127, 129
Varro 106, 136
    De bello Sequanico 136
Varus 70
Velleius Paterculus 20, 70
    Historiae Romanae 20
Venus 47 f., 129
Venus Genetrix 47
Venus Victrix 47
Verrius Flaccus 92
Vespasian 20, 40, 59, 80, 82, 104
Victoria 53, 97
Vitruv 41, 96, 114
    De architectura 41
Vokontier (*Vocontii*) 9, 16, 22, 26, 29 f., 35, 94, 105, 135
Volker (*Volcae*) 9, 14, 26, 105
Votienus Montanus 135

Westgoten 137

SACHREGISTER

Abwasser 33, 99
Adel 10, 23, 70, 117
Ädil 82, 89, 125
Administration, administrativ 16, 18 f., 29 f., 33, 35, 60, 74, 87, 89, 92 ff.
Agora (*agora*) 33
Allianz 10, 16
Altar 40, 46 ff., 66, 70, 113, 126 f., 132 f.
Amphitheater 48, 54, 57, 61 f., 82, 84–87, 103, 126
Amphora 16, 41, 109, 120, 122 f., 125
Amt 16, 18, 23, 26, 29, 82, 117, 123, 134, 136
Ansehen 34, 36, 101, 114
Ansiedlung 11, 13, 20, 29, 33 ff., 37 f., 54, 65, 69, 85, 89 f., 92 f., 114, 125
Aquädukt 57, 77, 79, 93, 123
Ara Pacis Augustae 68, 70
Archäologen 10, 59, 66, 89
Archäologie, archäologisch 8 f., 13, 37, 40, 53, 81, 84, 87, 91, 99, 106, 122 f.
Architektur 10, 13, 33, 35, 43, 53 f., 68, 73, 94, 115, 124

Archiv (*tabularium*) 33, 54, 105
Areal, städtisches 13, 36, 57, 61, 65, 70, 74, 85, 90, 138
Arena 82, 85 f.
Aristokratie 103, 116, 134
Assimilation, Assimilierung 10, 13, 26, 48, 59, 75, 82, 94, 96
Atrium (*atrium*) 35, 54, 94, 96, 99, 103, 110
Aufschwung 13, 23, 33, 40, 69, 79, 82, 86, 96, 138
Aufstand 16, 18, 23
Aufstieg, sozialer 24, 103, 117, 134 f.
Augustales 58
Augusteum 65 f., 70, 87 f., 133
Autonomie 24, 41, 69, 89
Auxiliar 23

Barbar 14, 75
Basilika (*basilica*) 33, 36, 56 f., 60, 74, 88, 91, 105
Bauer 13, 35
Beamter 18, 26, 46, 69, 74, 87, 89, 111, 126
Beiname 16, 50, 62, 127, 129 ff.
Belagerung 24, 40, 54
Bergbau *siehe* Ressource
Beschluss 25, 33
Besiedlung 23, 33, 93, 106, 110, 120
Besiegter 35, 75
Bevölkerung 7 f., 11, 13 ff., 24 ff., 30, 35 ff., 41, 48, 62, 67, 70, 73, 85, 89, 96, 111, 117, 126, 131, 133, 137 f.
Bewässerung 79, 106
Bewohner 23, 37, 48, 72
Bibliothek 66
Bildhauer 47
Bildung 13, 117, 133 f.
Boden 20 f., 30, 33, 41, 50, 65, 71, 91, 94, 101, 103–107, 109, 111, 117, 120, 123, 125, 129, 138
Bogen, Stadtbogen 22, 34 f., 50, 54, 57, 73, 75, 77, 79, 82, 85, 90, 115 ff.
bouleuterion 11, 33, 131
Brücke 21, 66, 79, 117
Brunnen 57, 71, 77, 88, 90, 93, 138
Bühne, Bühnenhaus 46 f., 52 ff., 61 f., 66, 70, 74, 91
Bürger, römischer 19, 29, 34, 84, 133
Bürgerrecht, römisches 23, 26, 29, 116 f., 126, 135
Bürgerschicht 106, 120
    Bürgergemeinschaft 68

Caesares 57, 68, 115
caput civitatis 29, 36
caput provinciae 40, 82

REGISTER

cardo maximus 37 f., 41, 50, 54, 57, 73, 77
cella 39, 68, 70, 93, 113
cella vinaria (Weinlager) 107, 109, 120, 122
Centuriation 20, 37, 65, 104 ff., 110, 124
chora 10
Chronologie 9, 11, 16, 53, 73 f., 86, 89, 104 f., 110
civitas 23, 25, 29 f., 33, 35, 58, 73, 89–93, 105, 117, 124, 138
colombarium 113
colonia maritima 37
comes 82
consecratio in formam deorum 90
consul suffectus 69, 135
Curia (*curia*) 23, 33, 43, 69, 74

Datierung 9, 15, 20, 37, 40, 43, 53, 57, 59, 67, 72 f., 89, 104 f., 114
decumanus maximus 37 f., 57, 59, 67, 72 f.
Deduktion (*deductio*) 19 f., 24 f., 40, 50
Dekor 33, 46, 53, 68 f., 72, 77, 81, 85, 88, 99, 101, 111
Dekret (*decretus*) 89, 126
Dekurio 23, 126, 134
dignitas 54, 73, 99
Diktator 18, 24, 29
Dioskuren, Castor und Pollux 69
divus Augustus 50
dolia 93, 108, 122, 139
domus 35, 45, 47, 55, 58, 69, 74, 94, 96 f., 99, 101, 103, 107, 126, 138
Dränage 21, 69
Druckwasserleitung 77
Druide 14
Duumvirat 57, 59

Ehreninschrift 74, 82
Einheimische, einheimische 7, 13 f., 16, 19 f., 24 f., 37 f., 40, 48, 58, 65, 105, 117, 123, 127, 129, 131 f.
Einwanderung 9
Einwohner 20, 26, 35, 40, 90, 126, 134, 138
Eisenerz 38
Elite 13 f., 23 f., 26, 29, 31, 58 f., 69 f., 82, 87, 92, 96, 106, 113, 117
emporion 10
Enklave 10, 22, 26
Entwicklung 16, 20 f., 23, 35 f., 57, 59, 62, 82, 84, 86, 88 f., 94, 97, 99, 103 f., 106 f., 120, 124 f., 139 f.
Epigraphik 14, 90
Eroberung 8 f., 13, 16, 20, 25, 30, 106, 120, 127

Ethnie, ethnisch 7, 9 f., 23, 26, 29, 111, 133, 140
Euerget (*euergetes*), Euergetismus 33, 81, 85, 133, 136

Flotte 24, 57
Flottenpräfekt 55
Flursystem 41, 99, 104
Fluss 8, 18, 21, 38, 40 f., 50, 69, 71, 87, 91, 105, 117, 127
formula provinciae 25
Forum (*forum*) 21 f., 24 ff., 33–37, 39, 41, 46, 48, 50, 54, 56 f., 60 ff., 65, 67–71, 73 f., 77, 91, 126, 129, 131
Freigelassener 59, 126, 131, 133
Frieden (*pax*) 14, 40 f., 126, 140
Frühgeschichte, frühgeschichtlich 8, 21, 23, 33, 35, 50, 91 f., 123
Führungsschicht 14, 23, 26, 29, 58, 82, 94, 126

Galerie 36, 39 ff., 57, 61, 82, 121
Garnison 16, 20, 22, 26
Garten (*hortus*) 35 f., 65, 96 f., 103, 107, 109, 110
Gefangener 50, 73
Gemeinde 20, 23, 25, 29, 31, 33, 37, 58 f., 67, 69, 72 f., 77, 79, 82, 110, 117, 126, 135
gens Ilulia 29, 48
Geographie, geographisch 25, 31, 89, 104, 120
Geometer (*gromatici*) 79, 104
Geschichtsschreibung 9, 13, 136 f.
Gesellschaft 13 f., 30, 35, 133, 136, 140
Gesetz (*lex*) 16, 18, 23 ff., 82
Getreide 71, 122 f.
Getreideversorgung Roms (*annonae*) 71, 122 f.
Gladiatorenkämpfe (*munera*) 84
Gottheit 43, 52, 73, 99, 127, 129, 131 ff.
Grab 59, 90, 111, 113 ff., 117, 126, 129, 133, 137
Gräberfeld 87
Grabinschrift, Epitaph 41
Granit 53
Grenze (*limes*) 7 f., 10, 23, 26, 30, 37, 50, 54, 57, 60, 66, 74, 82, 85, 89, 105, 120, 125, 135
Grundbesitzer 35, 108, 117
Gründung 16, 19–25, 31, 35, 37, 40 f., 43, 50, 57, 59, 68, 73, 81, 87, 105, 111, 117, 125, 129, 134, 139

Hafen 21, 25, 38, 41, 57, 77, 108, 122 f., 126, 132 f., 137 f.
Handel 10, 15 f., 20, 22 f., 31, 33, 36, 39, 41, 71, 77, 80, 99, 103, 106, 108, 117, 121, 137 ff.
Händler (*negotiator*) 14 f., 19, 21 ff., 111, 126, 129, 133
Handwerker 41, 45 f., 65, 69 f., 107, 111, 114, 126, 132

Haufendorf 92
Hauptort, Hauptstadt 13, 16, 25, 29, 35, 38, 62, 69, 72–75, 81 f., 93, 96, 103, 111, 113, 122, 126
Heilbad 33
Heiligtum 9, 34, 40, 43, 47 f., 52, 65–68, 70, 82, 84, 88–91, 93 f., 127, 129 ff.
Hellenisierung 10, 13 f., 31, 87
Hellenismus 11, 14
Herberge (*mansio*) 91
Heroisierung 29, 114, 116, 126
Herrschaft 8, 16, 23 f., 30, 86, 106, 126
Herrscherkult 29, 34, 68 f., 127
Hierarchie 30, 37, 58, 81, 85, 92, 129 f.
Hippodrom 84, 86
Honoratioren 23, 41, 59, 66, 68 f., 74, 96, 111, 117, 134, 138 f.
Hygiene 36
Hypokaust 61, 90, 92

Ikonographie 25, 125 f., 129
Imperator (*imperator*) 20, 30
Import, importiert 13, 15 f., 118, 120, 123
Infrastruktur 13, 16, 20, 25, 33, 39, 69 f., 79
Inschrift 13 f., 25, 33 f., 40 f., 50, 52, 57, 65 f., 70, 75, 82, 84, 87–90, 92, 104 f., 113, 116 f., 120, 122, 126 f., 129, 131, 133
Institution, institutionell 18, 24, 29, 88 f., 126
insula 38, 54 f., 57, 59 f., 90 f., 94, 105
Integration 13 f., 16, 23, 26, 33, 35, 37, 58, 62, 73, 79
Intervention 10, 13–16, 18, 33
Itinerarium Antonini 91, 109
iuventus 54

Jagd (*venatio*) 84, 115
Justiz 54, 56 f., 60

Kaiserhaus (*domus imperatoria*) 45, 58, 69, 126
Kaiserkult 40, 52, 57 f., 65, 70, 73, 81 f., 88, 113, 117, 125 f., 130, 133 f.
Kanal 21, 65, 77, 79, 105, 125
Kanalisation 13
Kapitol, Kapitolinische Trias 39 f., 50, 69, 73, 130
Karriere 26, 47, 136
Kataster 20, 25, 54, 81, 104 ff.
Kenotaph 29, 116, 133
Keramik 10, 13, 15, 105, 123 ff.
Klientel 13 f., 23, 26, 96, 126
Kollegium 57, 59, 126

Kolonie (*colonia*) 10, 19 f., 22–26, 30 f., 33 f., 37–40, 43, 45, 48, 50, 53 f., 57–62, 69, 72–75, 77, 84 f., 93, 104 ff., 108, 126, 129 ff., 135
Konfiszierung, konfisziert 16, 25
Konföderation 9, 13, 24 f., 33, 35, 50
König 26, 47, 137
Konsolidierung 41
Konsul (*consul*), Konsulat 16, 18, 24, 82, 134
Korporation 52
Krieg 15, 18, 21, 23, 25, 82, 136, 138
Kriegsgefangener 35
Kultbau (*aedes*) 36, 40, 54, 70, 73
Kultstatue, Kultbild (*simulacrum*) 47, 126
Kultur, städtische 11

Landgut 22, 35, 106 f., 117, 139
Landlose (*iugera*) 104 f.
Landwirtschaft, landwirtschaftlich 35, 93, 97, 103, 110, 120, 138 f.
Lapidarium 81
Lararium 126
Laufbahn 26, 69, 82, 113, 134 ff.
Lebensstil 36, 103
Legat 26, 30
Legion (*legio*) 19 ff., 23 ff., 40, 50, 124, 129, 131
Limitation 104
Liturgie 82, 132
Loyalität 26, 40, 67, 74, 131

Markt (*macellum*) 15, 39, 50, 54, 61, 90 ff., 96, 122, 124, 138 f.
Marmor 40, 43, 46 f., 53, 58, 69, 81, 90, 103, 109, 118, 125, 131
Mausoleum 26, 34, 115, 117
Meilenstein, Entfernungsstein 16, 19, 137
Metall 10, 125
Metropole 14, 23, 62, 69, 123
Militär, militärisch 10, 13, 15 f., 18 f., 20 f., 23 f., 26, 29, 111, 130, 137 f.
Mittelalter, mittelalterlich 50, 72, 104
Monopol 16, 103
Monument (*monumentum*) 11, 57, 59, 65 ff., 69, 73, 77, 81, 90 f., 111, 113, 125, 138
Mosaik, Mosaikböden 10, 89, 90, 93, 99, 101, 103, 107 f., 110, 122, 133
Mühle 91, 123
Munizipium (*municipium*) 40, 81
Münze 8, 84, 120, 137

REGISTER

Münzprägung 19, 25
Mysterien 131, 133
Mythos 37, 134

Name 8 f., 14, 16, 19 ff., 24 ff., 30, 35, 50, 59, 62, 72, 90, 94, 108, 110, 127, 132–135, 137
natio 59
Nekropole 29, 60, 93, 111, 117, 138
Niederlage 50, 70
Niederlassung 22 f., 31, 89, 124
Nymphaeum (*nymphaeum*) 54, 57, 66

Obelisk 87
Oberschicht 34, 36, 81, 96 f.
Odeion (*odeum*) 88, 131
Ofen 91, 108, 121, 124 f.
Okkupation 20
Öl(baum) 10, 16, 123, 137, 139
Olive 123
Operation, militärische 19–21, 25 f., 34, 40, 106
oppidum 13, 15, 19 f., 33, 35, 37, 57, 65, 89, 91, 94, 124
opus caementitium 79, 109 f.
opus quadratum 69
opus reticulatum 39
Ordnung 26, 33, 38, 40 f., 53, 57, 65, 68 f., 70, 85, 90, 93, 110, 117, 126

pagus 89, 91
Pantheon 126, 129 f.
pars agraria, ~ *fructuaria*, ~ *rustica*, ~ *urbana* 106 f., 109 f., 139
Partei 20, 126
Parzelle 37, 72, 96, 99, 103 ff.
Peregrine (*peregrini*) 20, 23, 59
Peristyl (*peristyl*) 10, 33, 35, 55, 94, 96 f., 99, 101, 103, 107–110
Philhellenismus 14
Planimetrie 13, 50
Plastik, Skulptur 10, 36, 45, 48, 74, 126, 133
Portikus (*porticus*) 9, 33, 36, 39 ff., 43, 50, 52, 54, 57, 60, 62, 66, 68, 70 f., 73 f., 77, 82, 88, 91, 93 f., 96, 99, 109 f. 132
Porträt 36, 43, 45, 57 f., 70, 74, 81 f., 113
Präsenz, römische 18, 20 f., 23, 77
Prätor, Prätur 24, 26
Prätorianerpräfekt 36, 135
Priester (*flamen*), Priesterin (*ministra*) 74, 82, 88, 117, 131 f., 136
Prinzeps (*princeps*), Prinzipat 18, 25 f., 34, 40, 43, 45, 47 f., 50, 53, 79, 94, 113, 125, 136

Privileg 13, 15, 18, 23, 25, 59
Produkt, Produktion 10, 15 f., 20, 40, 88, 103, 108, 110, 120, 122–125, 139
Produktivität 30
Programm, Programmatik 20, 25, 34, 41, 48, 50, 52, 54, 65, 70 f., 73 f., 110, 125
Prokonsul, Prokonsulat 16, 23, 26, 104
Proprätur 82
Propyläen 50, 66, 88
Prospekt 50, 52
Prospektion 33, 41, 70, 72, 93, 105 f., 123 f.
Protektion 69
Provinz (*provincia*) 7, 13, 16, 18 f., 21, 23–26, 29 ff., 33, 37, 40, 48, 55, 69, 71, 73 f., 79–82, 84, 86, 89, 94, 97, 99, 103, 106 ff., 110 f., 114 f., 120, 122–127, 129 ff., 133–138
Provinz, senatorische 26

Quästor 26
quattuorvir, Quattuorvirat 59, 92
Quelle 20, 33 f., 59, 61, 65, 67, 80, 86, 90, 93, 127, 129, 138
Quelle (lit.) 16, 18, 20, 23, 30, 69, 120, 123, 127

Raster 31, 37 f., 41, 48, 50, 54, 59, 65, 73 f., 85, 94, 104 f.
Raumplanung 20, 77
Recht 14, 20, 23–26, 29 f., 33, 35 ff., 50, 54, 58 f., 62, 69, 71, 73, 81 f., 85, 89 f., 117, 131
Reduktion (*reductio*) 16, 18
Reform 87, 105, 138
Regierung 20, 33, 39, 69, 73
Reichtum 23, 33, 50, 69, 80, 82, 89 f., 97, 101, 108, 139
Rekrutierung 82
Relief 26, 29, 33 ff., 50, 68, 85, 117, 127, 131 ff.
Religion, religiös 31, 34 f., 37, 40, 45, 48, 66, 70, 73 f., 85, 111, 125 f., 129, 131–134
Republik, republikanisch 18, 20 f., 25, 30, 39, 62, 69, 126, 134
res publica 88 f.
Ressource 20, 67, 125, 135
Restitution 81
Ritter 15, 52, 69, 117, 123, 126, 135 f.
Ritus 37
Romanisierung 24, 26, 30, 34, 81, 124
Rückzug 33

Sage 21, 115, 118, 120, 133
sagum 35
Sanktion 40
Sarkophag 117 f., 120, 132 f., 138

Schiff, Schifffahrt 16, 18, 21, 24 f., 57, 105, 122, 126
«Schild der Tugend» (*clipeus virtutis*) 43
Schmiede 91, 107
schola 54, 126
Schrift 13 f., 25
Schule 14, 134
Sebasteion 66
Seehoheitsgebiet 10
Seeräuber 15
Senat 15 f., 20, 26, 43, 69
Senator 26, 82, 134
sevir Augustalis 57, 92, 113, 126
Siedlung 8, 10, 13, 19, 21, 30, 37 f., 41, 54, 57, 72 ff., 77, 81, 89–94, 97, 106, 137 f.
Sieg 25
Sklave 131, 133
Soldat 23, 25, 37, 50, 129, 131
Sonderreich, Gallisches 137
Speichergebäude (*horreum*) 71, 138
Spiele 66, 86, 88 f., 126
Sprache 14, 18, 134, 136
Staatskasse 26
stadion 89
Städtebau 11, 31, 33, 50, 59, 62, 74
Stadtmauer 39, 41, 48, 50, 54 f., 59 f., 62, 65, 69, 84 f., 87, 103, 111, 138
Stadtplan (*forma*) 41
Stadtstaat 29 f.
Statthalter 7, 16, 18, 23 f., 26, 30, 55, 68, 82, 134
Status 18, 20, 23, 25, 30 f., 33, 59, 62, 69, 73, 81, 84, 89 f., 92, 117
Steinbruch 80, 125
Stele 113 f., 126 f., 131
Steuer 16, 77
Straße, Straßennetz 8, 10, 13, 16, 19–23, 25, 33, 37 f., 41, 50, 57, 59, 65, 67, 72 f., 75, 84, 90 f., 97, 104, 109, 111, 117, 138
Strategie, strategisch 20 ff., 25, 71
Symbol, Symbolik 31, 37, 47 f., 68, 70, 77, 84 f., 113, 117

Tempel 33 f., 39 f., 46 ff., 50, 52 ff., 57, 65–70, 73 f., 77, 82, 89 ff., 93 f., 113, 117, 125 ff., 129, 132
Territorium 8, 10 f., 13, 25 f., 29 ff., 93 f., 105 f., 124 f.
Theater 36, 45–48, 50, 52–55, 57, 61 f., 65 f., 70–74, 77, 82, 84–87, 91, 103, 126, 131, 133
Therme 33, 36, 54, 57, 71, 74, 77, 82, 86, 90, 93, 125, 138 f.
Toga (*toga*), Togatus (*togatus*) 26, 35, 37, 116
Töpfer, Töpferei 108, 121, 124
Topographie 8, 61

Torbau (*propylon*) 50, 66, 88
Tradition, traditionell 9, 18, 26, 31, 33 ff., 37, 39, 45, 94, 103, 106, 111, 113, 120, 122, 124–127, 129, 131, 134, 137
Transhumanz 33, 77, 124, 129
Transit 77, 91, 131
Treueeid (*iuratio*) 26, 133
triclinium 97, 99, 101, 103, 110
Triumph 16
Triumphbogen 73, 113
triumvir, Triumvirat 24, 31, 33, 37, 57, 117, 125
Tropaeum (*tropaeum*), Trophäe 35, 50, 73, 75

Umschlaghafen 21
Umwallung, Umwehrung 13, 37, 89
Unabhängigkeit 29, 104
Unterschicht 133
Unterwerfung 21
Urbanisierung 26, 31, 37, 41, 97, 125, 140
urbanitas 62, 85

Verbot 16, 90
Vergöttlichung, vergöttlicht 40, 57, 66, 70, 90, 125 f.
Verkehr, Verkehrsknotenpunkt 34, 36 f., 77, 85, 137–140
Verschwörer 18
Verteidigung 10, 33, 37, 41, 65
Vertrag 18, 24
Verwaltung 18, 26, 30 f., 33, 35 f., 39, 54 f., 105 f., 122, 136
Veteran 20, 23 ff., 40, 50, 111, 117, 124, 131
Veteranenkolonie 24 f., 37, 54, 57
via cardinalis 45
via decumana 38
via sacra 94
vicus 89–94, 107
Vieh, Viehzucht 92, 106, 123, 129, 140
villa 35, 82, 89, 92, 103, 106–110, 122 f., 139
Viritandeduktion 24
Volk 8 ff., 13 f., 16, 18, 23, 26, 127, 134, 136
Volkszählung 25
Vorbild 13, 31, 40, 46, 50, 57 f., 68, 70, 84, 87 f., 120
Vormachtstellung 13
Vorposten 11

Waffe 18, 26, 50, 75
Wandmalerei 97
Wasserversorgung 33, 103
Weide, Weidewirtschaft 33, 105, 124, 129
Weihinschrift 26, 59, 66, 69, 74, 81 f., 114, 129

REGISTER

Weihung 34
Wein, Weinbau 15 f., 103, 108, 110, 120–123, 126, 134, 138 f.
Weinamphora *siehe* Amphora
Weizen 10, 122 f.
Werkstatt 16, 43, 46, 50, 58, 77, 109, 111, 118, 120 f., 124 f., 133, 139
Wettkampf 66, 87, 89
Wirtschaft, wirtschaftlich 13 ff., 19 ff., 23, 25 f., 71 f., 79 f., 96, 105, 107, 124, 129, 137
Wohlstand 23, 34, 77, 81, 97, 101, 126

Zeitalter, Goldenes 53, 69, 113
Zentralgewalt 31, 43, 57 f., 68 f., 82, 84, 126
Zentrum 35, 37, 39, 41, 43, 45, 48, 60, 73 f., 77, 93, 104, 134
Zeremonie, zeremoniell 37, 82, 113
Zippus (*cippus*) 113 f., 133
Zirkus (*circus*) 48, 84, 86 f., 131
Zoll 22, 77

ANHANG

Unter Berücksichtigung des Charakters der Reihe «Orbis Provinciarum» wurde das durch den Autor erstellte Literaturverzeichnis reduziert.

LITERATURVERZEICHNIS

Die «Gallia Transalpina» in vorrömischer Zeit

Gesamtdarstellungen

G. Barruol, *Les peuples préromains du sud-est de la Gaule* (1975)².

Ch. Goudineau, *La Gaule Transalpine*, in: Cl. Nicolet (Hrsg.), *Rome et la conquête du monde méditerranéen. 2, Genèse d'un empire* (1978) 679–689.

B. Dedet/M. Py (Hrsg.), *Les enceintes protohistoriques de Gaule méridionale* (1985).

B. Dedet, *Habitat et vie quotidienne en Languedoc au milieu de l'âge du Fer,* 17. Suppl. *Revue archéologique de Narbonnaise* (1987).

M. Bats, *La Provence protohistorique*, in: *La Provence des origines à l'an mil* (1989) 169–256.

P. Gros, *Les deux siècles hellénistiques en Gaule Transalpine: le problème des relais culturels et politiques*, Actes du XIII. Internationaler Kongress für klassische Archäologie, (1990) 101–111.

D. Garcia (Hrsg.), *Espaces et monuments publics protohistoriques de Gaule méridionale, Documents d'archéologie méridionale* 15 (1992).

M. Py, *Les Gaulois du Midi de la fin de l'âge du Bronze à la conquête romaine* (1993).

J.-P. Brun/G. Conges/M. Pasqualini, *Les fouilles de Taradeau. Le Fort, l'Ormeau, le Tout-Egau* (1993).

D. Garcia, *Entre Ibères et Ligures. Lodévois et moyenne vallée de l'Hérault protohistoriques,* 26. Suppl. *Revue archéologique de Narbonnaise* (1993).

D. Roman/Y. Roman, *Histoire de la Gaule, VIème siècle av. J.-C. – Ier siècle ap. J.-C.* (1997) 376–434.

J.-P. Chausserie-Lapree (Hrsg.), *Le temps des Gaulois en Provence* (2000).

St. Fichtl, *La ville celtique: les oppida de 150 av. J.-C. à 15 apr. J.-C.* (2000).

Peuples et Territoires en Gaule méridionale (Festschrift Guy Barruol), 35. Suppl. *Revue archéologique de Narbonnaise* (2003).

S. Agusta-Boularot/X. Lafon (Hrsg.), *Des Ibères aux Vénètes, Collection de l'Ecole Française de Rome* 328 (2004).

P. Arcelin, *Les prémices du phénomène urbain en Gaule Narbonnaise, Gallia* 61 (2004) 223–269.

Chronologie der «Krieger-Figuren» und «Figuren im Schneidersitz»

A. Barbet, *Polychromie des nouvelles sculptures préromaines de Nîmes (Gard), Documents d'archéologie méridionale* 15 (1992) 96–102.

Ch. Goudineau, *Regard sur la Gaule* (1998) 118–122.

D. Garcia, *Espaces sacrés et genèse urbaine chez les Gaulois du Midi*, in: Peuples et Territoires en Gaule méridionale. Hommage à Guy Barruol. (2003) 223–232.

P. Arcelin/G. Congès (Hrsg.), *La sculpture protohistorique de Provence dans le Midi gaulois, Documents d'archéologie méridionale* 27 (2004) 9–116.

Marseille

M. Bats/H. Tréziny (Hrsg.), *Le territoire de Marseille grecque, Etudes massaliètes* 1 (1986).

dies., *Marseille grecque et la Gaule, Etudes massaliètes* 3 (1992).

A. Hermary/A. Hesnard/H. Tréziny, *Marseille grecque. La cité phocéenne (600–49 av. J.-C)* (1999).

M. Bats/H. Tréziny (Hrsg.), *Marseille. Trames et paysages urbains de Gyptis au Roi René, Etudes massaliètes* 7 (2001).

«Glanum»

A. Roth Congès, *Glanum préromaine: recherches sur la métrologie et ses applications dans l'urbanisme et l'architecture, Revue archéologique de Narbonnaise* 18 (1985) 189–220.

A. Roth-Congès, *Nouvelles fouilles à Glanum (1982–1990), Journal of Roman Archaeology* 5 (1992) 39–55.

S. Agusta-Boularot/M. Christol u. a., *Dix ans de fouilles à Glanum (Saint-Rémy-de-Provence), Journal of Roman Archaeology* 17 (2004) 26–56.

Entremont

F. Salviat, *Entremont* (1973).

Fl. Mocci/N. Nin, *Carte archéologique de la Gaule, Pays d'Aix, Val de Durance, 13/4* (2006) 125–168.

ANHANG

Gallo-griechische Schrift

M. Lejeune, *Recueil des inscriptions gauloises (R.I.G.) I, Textes gallo-grecs*, 45. Suppl. Gallia (1985).

M. Bats, *La logique de l'écriture d'une société à l'autre en Gaule méridionale protohistorique*, Revue archéologique de Narbonnaise 21 (1988) 121–148.

Roms Intervention und die Eroberung

Ch. Goudineau, *La Gaule Transalpine*, in: Cl. Nicolet (Hrsg.), Rome et la conquête du monde méditerranéen, 2/ Genèse d'un empire (1978) 689–699.

B. Freyberger, *Südgallien im 1. Jahrhundert v. Chr. Phasen, Konsequenzen und Grenzen römischer Eroberung (125–27/22 v. Chr.)* (1999).

Ch. Goudineau, *La conquête de la Gaule méridionale*, in: Ch. Goudineau (Hrsg.), César et la Gaule (2000) 43–63.

Wein

M. Bats, *Le vin italien en Gaule aux IIème et Ier s. av. J.-C.*, Dialogues d'histoire ancienne 12 (1986) 391–430.

A. Tchernia, *Le vin de l'Italie romaine. Essai d'histoire économique d'après les amphores*, Bibliothèque des Ecoles française d'Athènes et de Rome 271 (1986) 89–94.

Einrichtung der Provinz

E. Badian, *Notes on Provincia Gallia in the late Republic*, Mélanges Piganiol II (1966) 901–918.

Ch. Ebel, *Transalpine Gaul. The Emergence of a Roman Province* (1976).

U. Hackl, *Gründerung der Provinz «Gallia Narbonensis» im Spiegel von Ciceros Rede für Fonteius*, Historia 37 (1988) 253–256.

J.-M. Bertrand, *A propos du mot provincia: étude sur les modes d'élaboration du langage politique*, Journal des Savants (1989) 191–215.

Die erste städtische Gründung und der Beginn der Raumplanung

E. Hermon, *Rome et la Gaule Transalpine avant César* (1993).

G. Soricelli, *La Gallia Transalpina tra la conquista e l'età cesariana* (1995).

M.-Th. Raepsaet-Charlier, *La Narbonnaise*, in: Cl. Lepelley (Hrsg.), Rome et l'intégration de l'Empire, 44 av. J.-C. – 260 apr. J.-C., 2 (1998) 144–148.

H. Botermann, *Wie aus Galliern Römer wurden. Leben im Römischen Reich* (2005).

Narbonne

M. Gayraud, *Narbonne antique des origines à la fin du IIIème s.*, 8. Suppl. Revue archéologique de Narbonnaise (1981).

Y. Solier, *Narbonne, Guides archéologiques de la France* (1986).

M. Christol, *Narbonne: un autre emporion à la fin de l'époque républicaine et à l'époque augustéenne*, in: Ch. Müller / Cl. Hasenohr, Les Italiens dans le monde grec, 41. Suppl Bulletin de correspondance hellénique (2002) 41–54.

Aix-en-Provence

J. Guyon et alii, *Atlas topographique des villes de Gaule méridionale 1, Aix-en-Provence*, 30. Suppl. Revue archéologique de Narbonnaise (1998) 16–19.

Fl. Mocci / N. Nin (Hrsg.), *Carte archéologique de la Gaule, Aix-en-Provence, Pays d'Aix, Val de Durance*, 13/4 (2006) 174–180.

«Fossae Marianae»

Ph. Leveau (Hrsg.), *Le Rhône romain. Dynamiques fluviales, dynamiques territoriales*, Gallia 56 (1999) 1–75.

Cl. Vella / Ph. Leveau / M. Provensal, *Le canal de Marius et les dynamiques littorales du golfe de Fos*, ebd. 131–139.

Ph. Leveau, *La cité romaine d'Arles et le Rhône: la romanisation d'un espace deltaïque*, American Journal of Archaeology 108 (2004) 349–375.

J.-M. Roddaz, *Marcus Agrippa*, Bibliothèque des Écoles françaises d'Athènes et Rome 253 (1984) 393-402.

Straßennetz

R. Chevallier, *Les voies romaines* (1997) 202–213.

Phänomen der Klientel aus der Provinz

E. Badian, *Foreign Clientelae* (1958) 309 ff.

Y. Burnand, *Domitii Aquenses. Une famille de chevaliers romains d'Aix-en-Provence: mausolée et domaine*, 5. Suppl. Revue archéologique de Narbonnaise (1975).

Verleihung des latinischen Rechts

F. Vittinghoff, *Römische Kolonisation und Bürgerrechtspolitik unter Caesar und Augustus* (1952).

B. Galsterer-Kröll, *Zum ius Latii in den keltischen Provinzen des Imperium Romanum*, Chiron 3 (1973) 277–300.

M. Christol, *Le droit latin en Narbonnaise : l'apport de l'épigraphie (en particulier celle de la cité de Nîmes)*, in: Les Inscriptions latines de Gaule Narbonnaise (1989) 87–100.

A. Chastagnol, *La Gaule romaine et le droit latin* (1995).

DIE ENDGÜLTIGE ORGANISATION: DIE AUGUSTEISCHE REFORM UND DIE «LEX PROVINCIAE»

Gründung von Veteranenkolonien

J. Gascou, *Quand la colonie de Fréjus fut-elle fondée?*, Latomus 41 (1982) 132–145.

L. Rivet et alii, *Atlas topographique des villes de Gaule méridionale 2, Fréjus*, 32. Suppl. Revue archéologique de Narbonnaise (2000) 46–54.

Nîmes und die latinischen Kolonien

M. Christol/Ch. Goudineau, *Nîmes et les Volques Arécomiques au Ier s. av. J.-C.*, Gallia 45 (1987/88) 87–103.

M. Christol/M. Heijmans, *Les colonies latines de Narbonnaise: un nouveau document d'Arles mentionnant la Colonia Iulia Augusta Avennio*, Gallia 49 (1992) 37–44.

A. Veyrac, *Le symbolisme de l'as de Nîmes au crocodile* (1998).

M. Christol/M. Janon, *Le statut de Glanum à l'époque romaine*, Revue archéologique de Narbonnaise 33 (2000) 47–54.

«Formula provinciae» und der Status der Provinz

H.-G. Pflaum, *Les Fastes de la Province de Narbonnaise*, 30. Suppl. Gallia (1978) 4–57.

M. Christol, *Pline l'Ancien et la formula de la province de Narbonnaise*, in: Cl. Nicolet (Hrsg.) *La mémoire perdue I: A la recherche des archives oubliées, publiques ou privées, de la Rome antique* (1994) 45–63.

M. Christol, *La municipalisation de la Gaule Narbonnaise*, in: M. Dondin-Payre/M.-Th. Raepsaet-Charlier, *Cités, municipes, colonies. Les processus de municipalisation en Gaule et en Germanie sous le Haut Empire romain* (1999) 1–27.

Das Mausoleum von «Glanum»

P. Gros, *Le mausolée des Iulii et le statut de Glanum*, Revue archéologique (1986) 65–80.

Provinzgrenzen, «civitates» und Klientelen

H. Wolff, *Die regionale Gliederung Galliens im Rahmen der römischen Reichspolitik*, in: G. Gottlieb (Hrsg.), *Raumordnung im römischen Reich. Zur regionalen Gliederung in den gallischen Provinzen, in Rätien, Noricum und Pannonien* (1989) 17 ff.

M.-Th. Raepsaet-Charlier, *Les civitates*, in: Cl. Lepelley (Hrsg.), *Rome et l'intégration de l'Empire, 44 av. J.-C. – 260 apr. J.-C.* (1998) 173–177.

FORMEN UND ZIELE DER URBANISIERUNG IN JULISCH-CLAUDISCHER ZEIT

Gesamtdarstellungen

M. Cavalieri, *Auctoritas aedificiorum. Sperimentazioni urbanistiche nei complessi forum-basilica delle Tres Galliae et Narbonensis durante i primi tre secoli dell'impero* (2002).

P. Gros, *La ville comme symbole. Le modèle central et ses limites*, in: H. Inglebert (Hrsg.), *Histoire de la civilisation romaine* (2005) 155–232.

P. Gros/M. Torelli, *Storia dell'urbanistica. Il mondo romano* (2007)² 271–375. (P. Gros).

«Glanum»

J.-Ch. Balty, *Basilique et curie du forum de Glanum: note sur le centre monumental de la ville augustéenne*, Latomus 21 (1962) 279–319.

H. Rolland, *Le Mausolée de Glanum*, 21. Suppl. Gallia (1969).

H. Rolland, *L'Arc de Glanum*, 31. Suppl. Gallia (1977).

ANHANG

P. Gros, *Les temples géminés de Glanum. Etude préliminaire*, Revue archéologique de Narbonnaise 14 (1981) 125–158.

P. Gros, *Note sur deux reliefs des Antiques de Glanum*, Revue archéologique de Narbonnaise 14 (1981) 159–172.

M. Clavel-Lévêque/P. Lévêque, *Impérialisme et sémiologie: l'espace urbain à Glanum*, Mélanges de l'Ecole française de Rome. Antiquité 94 (1982) 675–698.

P. Gros/P. Varène, *Le forum et la basilique de Glanum: problèmes de chronologie et de restitution*, Gallia 42 (1984) 21–52.

A. Roth-Congès, *Fouilles et recherches récentes sur le forum de Glanum*, in: C. Aranegui u. a., *Los foros romanos de las provincias occidentales* (1987) 191–201.

U. W. Gans, *Zur Datierung und Aussage augusteischer Siegesdenkmäler im gallischen und iberischen Raum*, in: P. Noelke (Hrsg.), *Romanisation und Resistenz* (2003) 149–158.

M. K. Heyn, *Monumental Development in Glanum: Evidence for the Early Impact of Rome in Gallia Narbonensis*, Journal of Mediterranean Archaeology 19/2 (2006) 177–198.

Vaison-la-Romaine

Ch. Goudineau, *Les fouilles de la Maison au Dauphin. Recherches sur la romanisation de Vaison*, 37. Suppl. Gallia (1979).

Ch. Goudineau, *Vaison-la-Romaine*, Guides archéologiques de la France (1984).

A. Bouet, *Un nouvel exemple de campus en Gaule Narbonnaise: Vaison-la-Romaine (Vaucluse)*, Revue archéologique de Narbonnaise 31 (1998) 103–117.

Römische Kolonien

H. von Hesberg, *Zur Plangestaltung der coloniae maritimae*, Mitteilungen des Deutschen Archäologischen Instituts, Römische Abteilung 92 (1985) 127–150.

J.-Ch. Balty/D. Cazes, *Portraits impériaux de Béziers. Le groupe julio-claudien* (1995) 121–124.

P. Gros/M. Torelli, *Storia dell'urbanistica. Il mondo romano* (2007)² 276–292, 303–314.

Narbonne

Y. Solier, *Narbonne*, Guides archéologiques de la France (1986).

M. Sabrié/R. Sabrié, *Narbonne, capitale de la province de Narbonnaise*, in: J. Ruiz de Arbulo (Hrsg.), *Simulacra Romae. Roma y las capitales provinciales del Occidente Europeo. Estudios arqueologicos* (2004) 272–293.

Arles

A. von Gladiss, *Der «Arc du Rhône» von Arles*, Mitteilungen des Deutschen Archäologischen Instituts, Römische Abteilung 79 (1972) 17 ff.

R. Amy, *Les cryptoportiques d'Arles*, in: R. Etienne (Hrsg.) *Les cryptoportiques dans l'architecture romaine*, Collection de l'École française de Rome 14 (1973) 275–291.

A. Roth-Congès, *L'acanthe dans le décor architectonique protoaugustéen en Provence*, Revue archéologique de Narbonnaise 16 (1983) 103–134.

P. Gros, *Un programme augustéen: le centre monumental de la colonie d'Arles*, Jahrbuch des Deutschen Archäologischen Instituts 102 (1987) 339–363.

G. Sauron, *Les autels néo-attiques du théâtre d'Arles*, in: R. Étienne/M.-Th. Le Dinahet (Hrsg.) *L'espace sacrificiel dans les civilisations méditerranéennes de l'Antiquité* (1991) 205–216.

M. Heijmans/Cl. Sintès, *L'évolution de la topographie de l'Arles antique*, Gallia 51 (1994) 135–170.

P. Pensabene, *Classi sociali e programmi decorativi nelle provincie occidentali*, in: *Actes du XIVème Congrès international d'Archéologie classique. La ciudad en el mundo romano*, I (1994) 306–308.

A. Küpper-Böhm, *Die römischen Bogenmonumente der Gallia Narbonensis in ihrem urbanen Kontext* (1996) 14–24. 63–76.

Cl. Kleinwächter, *Tiberius in Arles?*, in: J. Bergemann (Hrsg.) *Wissenschaft mit Enthusiasmus. Beiträge zu antiken Bildnissen und zur historischen Landeskunde, Klaus Fittschen gewidmet* (2001) 145–166.

M. Droste, *Arles. Gallula Roma – Das Rom Galliens* (2003).

E. Rosso, *L'image de l'Empereur en Gaule romaine. Portraits et inscriptions* (2006) 322–332.

J.-M. Rouquette (Hrsg.), *Arles. Histoire, territoires et cultures* (2008) 103–210.

Orange

R. Amy et alii, *L'Arc d'Orange*, 15. Suppl. Gallia (1962).

I. Paar, *Der Bogen von Orange und der gallische Aufstand unter der Führung des Iulius Sacrovir 21 n. Chr.*, Chiron 9 (1979) 215–236.

P. Gros, *Une hypothèse sur l'arc d'Orange*, Gallia 44 (1986) 191–201.

M. Janon, *De Judée en Narbonnaise, reconnaissance de quelques sanctuaires du pouvoir*, Mélanges de l'Ecole française de Rome. Antiquité 103 (1991) 774–783.

M. Janon/N. Janon/M. Kilmer, *Les frises d'Orange: le pouvoir mis en scène*, in: Spectacula II. Le théâtre antique et ses spectacles (1992) 149–162.

G. Sauron, *Quis deum? L'expression plastique des idéologies politiques et religieuses à Rome*, Bibliothèque des Ecoles française d'Athènes et de Rome 285 (1994) 541–553.

Fréjus

L. Rivet et alii, *Atlas topographique des villes de Gaule méridionale 2, Fréjus*, 32. Suppl. Revue archéologique de Narbonnaise (2000).

Béziers

M. Clavel, *Béziers et son territoire dans l'Antiquité* (1970).

Aix-en-Provence

J. Guyon et alii, *Atlas topographique des villes de Gaule méridionale, 1, Aix-en-Provence*, 30. Suppl. Revue archéologique de Narbonnaise (1998).

N. Nin, *Aix-en-Provence, La Seds*, in: Bilan scientifique du Service régional de l'archéologie, Provence-Alpes-Côte d'Azur (2004) 130–135.

Fl. Mocci/N. Nin (Hrsg.), *Carte archéologique de la Gaule, Aix-en-Provence, Pays d'Aix, Val de Durance*, 13/4 (2006) 200–210 (Stadtmauer), 238–242 (Forum), 235–268 (Theater).

Nîmes

R. Naumann, *Der Quellbezirk von Nîmes* (1937).

R. Amy/P. Gros, *La Maison Carrée de Nîmes*, 38. Suppl. Gallia (1978).

P. Gros, *L'Augusteum de Nîmes*, Revue archéologique de Narbonnaise 17 (1984) 123–134.

P. Varène, *La Tour Magne et l'Augusteum de Nîmes*, Revue archéologique 1 (1987) 91–96.

U. W. Gans, *Der Quellbezirk von Nîmes. Zur Datierung und zum Stil seiner Bauten*, Mitteilungen des Deutschen Archäologischen Instituts, Römische Abteilung 97 (1990) 93–125.

P. Gros, *La France gallo-romaine* (1991) 38–42.

P. Varène, *L'enceinte gallo-romaine de Nîmes. Les portes et les tours*, 53. Suppl. Gallia (1992).

D. Darde/V. Lassalle, *Nîmes antique*, Guides archéologiques de la France (1993)

J.-L. Fiches/A. Veyrac, *Carte archéologique de la Gaule, Nîmes*, 30,1 (1996).

M. Monteil, *Nîmes antique et sa proche campagne* (1999).

P. Varene, *La Porte de France à Nîmes (Gard)*, Gallia 59 (2002) 205–231.

Vienne

A. Le Bot-Helly, *L'enceinte de Vienne*, in: M. G. Colin (Hrsg.), Les enceintes augustéennes dans l'Occident romain (1987) 51–61.

A. Roth Conges/P. Andre, *Le forum de Vienne*, in: Ch. Goudineau/J. Guilaine (Hrsg.), De Lascaux au Grand Louvre. Archéologie et histoire de la France (1989) 290.

P. André u.a., *Données nouvelles sur la Vienne augustéenne*, in: Ch. Goudineau/A. Rebourg, Les villes augustéennes de la Gaule (1991) 61–77.

A. Le Bot-Helly/B. Helly, *Vienne, contraintes hydrologiques et aménagements des rives du Rhône: de la komè allobroge à la ville du Haut Empire*, in: Ph. Leveau (Hrsg.), Le Rhône romain, Gallia 56 (1999) 71–79.

A. Pelletier, *Vienna. Vienne* (2001).

D. Terrer u.a., *Nouvel Espérandieu I (sous la direction de H. Lavagne) Recueil Général des sculptures sur pierre de la Gaule. Vienne (Isère)* (2003).

R. Robert, *Le monument aux cygnes de Vienne (France)*, in: X. Lafon/G. Sauron, Théorie et pratique de l'architecture romaine. Etudes offertes à Pierre Gros (2005) 247–258.

Apt

P. De Michèle, *Découvertes récentes sur le théâtre antique d'Apt*, Revue archéologique de Narbonnaise 36 (2003) 199–229.

Toulouse

M. Labrousse, *Toulouse antique des origines à l'établissement des Wisigoths* (1968).

J.-M. Pailler (Hrsg.), *Tolosa. Nouvelles recherches sur Toulouse et son territoire*, Collection de l'Ecole française de Rome 281 (2001).

ANHANG

Alba-la-Romaine

R. LAUXEROIS U.A., *Alba, Guides archéologiques de la France* (1985).

J. DUPRAZ, *Sanctuaires et espaces urbains: Alba-la-Romaine, Ier s. av. – IIIème s. ap. J.-C.*, in: W. VAN ANDRINGA (HRSG.), *Archéologie des sanctuaires en Gaule romaine* (2000) 47–72.

Château-Roussillon

G. BARRUOL/R. MARICHAL, *Le Forum de Ruscino*, in: *Los foros romanos de las provincias occidentales* (1987) 45–54.

E. ROSSO, *L'image de l'Empereur en Gaule romaine. Portraits et inscriptions* (2006) 397–408.

Carpentras und Cavaillon

P. GROS, *Pour une chronologie des arcs de triomphe de Gaule Narbonnaise*, Gallia 37 (1979) 55–83.

R. TURCAN, *L'arc de Carpentras: problèmes de datation et d'histoire*, in: H. WALTER (HRSG.) *Hommages à Lucien Lerat* (1984) 809–819.

A. KÜPPER-BÖHM, *Die römischen Bogenmonumente der Gallia Narbonensis in ihrem urbanen Kontext* (1996) 28–62.

Aquädukte

S. AGUSTA-BOULAROT/J.-L. PAILLET, *Le barrage et l'aqueduc occidental de Glanum: le premier barrage-voûte de l'histoire?*, Revue archéologique 1 (1997), 27–78.

G. FABRE/J.-L. FICHES/J.-L. PAILLET (HRSG.), *L'aqueduc de Nîmes et le Pont du Gard: archéologie, géosystème et histoire* (2000)².

C. GÉBARA/J.-M. MICHEL, *L'aqueduc romain de Fréjus*, 33. Suppl. Revue archéologique de Narbonnaise (2002).

J.-L. PAILLET, *Réflexions sur la construction du Pont du Gard*, Gallia 62 (2005) 1–70.

DIE ENTWICKLUNG DER STÄDTISCHEN ZENTREN VON DEN FLAVIERN BIS ZU DEN SEVERERN

Sozialer Aufstieg und Euergetismus

Y. BURNAND, *Domitii Aquenses. Une famille de chevaliers romains de la région d'Aix-en-Provence: mausolée et domaine*, 5. Suppl. Revue archéologique de Narbonnaise (1975).

M. CHRISTOL, *Composition, évolution et renouvellement d'une classe dirigeante locale: l'exemple de la cité de Nîmes*, in: E. FRÉZOULS (HRSG.), *La mobilité sociale dans le monde romain* (1992) 187–202.

M. CHRISTOL, *De la notabilité locale à l'ordre sénatorial: les Iulii de Nîmes*, Latomus 60 (2001) 613–630.

M. CHRISTOL, *Activité économique, appartenance à l'élite et notabilité: les collèges dans la Gaule méridionale et la vallée du Rhône*, in: M. CÉBEILLAC-GERVASONI/L. LAMOINE, *Les élites et leurs facettes*, Collection de l'Ecole française de Rome 309 (2003) 323–335.

H. BOTERMANN, *Wie aus Galliern Römer wurden. Leben im Römischen Reich* (2005) 291 ff.

Statuen und Weihinschriften für die Kaiser im 1. und 2. Jh. n. Chr.

E. ROSSO, *L'image de l'Empereur en Gaule romaine: Portraits et inscriptions* (2006) 306–310, 312–313, 317–322, 380–381.

Narbonne und der provinziale Kaiserkult

D. FISHWICK, *The Imperial Cult in the Latin West I, 2* (1987) 240–256.

C. H. WILLIAMSON, *A Roman Law from Narbonne*, Athenaeum 65 (1987) 173–189.

D. FISHWICK, *The Imperial Cult in the Latin West III, 3* (2004) 129–133.

Amphitheater und Zirkus

G. LUGLI, *La datazione degli anfiteatri di Arles e Nîmes in Provenza*, Rivista dell'Istituto nazionale d'archeologia e storia dell'arte 13/14 (1964/65) 145–199.

M. FINCKER, *L'amphithéâtre de Nîmes: le problème des circulations du public dans l'Antiquité*, Dossiers histoire et archéologie 55 (1981) 44–50.

J. HUMPHREY, *Roman Circuses. Arenas for Chariot Racing* (1986) 390–398 (Arles). 401–407 (Vienne).

J.-CL. GOLVIN, *L'Amphithéâtre romain. Essai sur la théorisation de sa forme et de ses fonctions* (1988) 184–190.

D. L. BOMGARDNER, *The Story of the Roman Amphitheatre* (2000) 106–120.

P. GROS, *L'Architecture romaine. I, Les monuments publics*, (2002)² 334–343; 350–355.

Thermen

A. Bouet, *Les thermes privés et publics en Gaule Narbonnaise*, 2Bde., Collection de l'Ecole française de Rome 320 (2003).

Agonistische Wettkämpfe und das «Augusteum» von Nîmes

M. L. Caldelli, *Gli agoni alla greca nelle regioni occidentali dell'Impero. La Gallia Narbonensis* (1997).

Sekundäre Ansiedlungen und Streusiedlungen

Gesamtdarstellungen

Ph. Leveau, *Agglomérations secondaires et territoires en Gaule Narbonnaise*, Revue archéologique de Narbonnaise 26 (1993) 287–299.

P. Gros (Hrsg.), *Villes et campagnes en Gaule romaine* (1998).

Ph. Leveau, *L'habitat rural dans la Provence antique: villa, vicus et mansio*, Revue archéologique de Narbonnaise 35 (2002) 59–92.

Ph. Leveau/B. Remy, *Présentation du dossier: les agglomérations urbaines de la cité antique de Vienne. Les éléments d'une problématique*, Revue archéologique de Narbonnaise 38–39 (2005–2006) 7–13.

Murviel-lès-Montpellier

St. Raux/P. Thollard, *L'agglomération antique du Castellas (Murviel-lès-Montpellier, Hérault). Nouveau programme de recherches, premiers résultats*, Revue archéologique de Narbonnaise 36 (2003) 51–92.

Aix-les-Bains

F. Slavazzi, *Italia verius quam provincia. Diffusione e funzioni delle copie di sculture greche nella Gallia Narbonensis* (1996) 73–78, 157–158.

Ph. Leveau/B. Rémy/A. Canal/M. Segard, *Aix-les-Bains, vicus thermal et bourg rural*, Revue archéologique de Narbonnaise 38/39 (2005/06) 85–103.

«Ambrussum»

J.-L. Fiches, *Ambrussum. Une étape de la voie Domitienne en Lunellois* (1996).

J.-L. Fiches, *Le relais d'Ambrussum, de l'oppidum au Puech des Mourgues*, in: G. Castellvi et alii (Hrsg.), *Voies romaines du Rhône à l'Ebre, Via Domitia et Via Augusta*, Documents d'Archéologie Française 61 (1997) 60–68.

«Aquae Siccae»

G. Maniere, *La station gallo-romaine des Aquae Siccae à Saint-Cizy (Haute Garonne)*, Gallia 38 (1980)137–166.

Vernègues

P. Fournier/M. Gazenbeek, *Le sanctuaire gallo-romain et l'agglomération antique de Château-Bas à Vernègues (Bouches-du-Rhône)*, Revue archéologique de Narbonnaise 32 (1999) 179–195.

S. Agusta-Boularot/G. Fabre, *Les installations hydrauliques de Château-Bas à Vernègues (Bouches-du-Rhône)*, Revue archéologique de Narbonnaise 38/39 (2005/06) 201–224.

Chastellard-de-Lardiers

G. Berard, *Carte archéologique de la Gaule, Alpes de Haute-Provence 04* (1997).

Wohnen in der Stadt

Gesamtdarstellungen

J. Lancha, *Recueil général des mosaïques de la Gaule. Narbonnaise III 2* (1981).

Service d'Archéologie Vaucluse (Hrsg.), *La maison urbaine d'époque romaine. Atlas des maisons de Gaule Narbonnaise*, Documents d'archéologie vauclusienne 6 (1996).

P. Gros, *Maisons ou sièges de corporations? Les traces archéologiques du phénomène associatif dans la Gaule romaine méridionale*, CRAI 1997 (1998) 213–241.

H. Lavagne, *Recueil général des mosaïques de la Gaule. Narbonnaise III, 3* (2000).

P. Gros, *L'Architecture romaine. II, Maisons, palais, villas et tombeaux* (2006)[2] 136–196.

«Glanum»

A. Roth-Congès, *Nouvelles fouilles à Glanum (1982–1990)*, Journal of Roman Archaeology 5 (1992) 39–55.

ANHANG

J. F. Van De Voort, *La maison des Antes à Glanum: analyse métrologique d'une maison à péristyle hellénistique*, Revue archéologique de Narbonnaise 24 (1992) 16 17.

Narbonne

M. Sabrié/R. Sabrié, *La maison à portique du Clos de la Lombarde*, 16. Suppl. Revue archéologique de Narbonnaise (1987).

M. Sabrié/R. Sabrié, *Le Clos de la Lombarde à Narbonne. Peintures murales de la maison III*, Revue archéologique de Narbonnaise 27/28 (1994/95) 191–251.

Vaison-la-Romaine

Ch. Goudineau, *Les fouilles de la maison au Dauphin. Recherches sur la romanisation de Vaison*, 37. Suppl. Gallia (1979).

Saint-Romain-en-Gal

A. Desbat u. a., *La maison des Dieux Océans*, 55. Suppl. Gallia (1994).

Orange

J.-M. Mignon u. a., *La domus suburbaine de «La Brunette» à Orange*, Revue archéologique de Narbonnaise 30 (1997) 173–202.

Aix-en-Provence

H. Lavagne, *La mosaïque de la rue des Magnans à Aix-en-Provence et la naissance des trames à décor multiple dans la mosaïque gallo-romaine*, Gallia 52 (1994) 202–215.

Fl. Mocci/N. Nin, *Carte archéologique de la Gaule, Aix-en-Provence, Pays d'Aix, Val de Durance*, 13/4 (2006) 276–335.

STRUKTURIERUNG DER LANDSCHAFT: CENTURIATIONEN UND VILLEN

Centuriationen

Ph. Leveau, *Temps, espace et structuration du paysage*, in: G. Chouquer (Hrsg.), *Les formes du paysage. III, l'analyse des systèmes spatiaux* (1997) 7–13.

J.-L. Fiches, *Cadastre*, in: M. Feugère u. a., *Signes de la romanisation*, Revue archéologique de Narbonnaise 31 (1998) 306–311.

G. Chouquer, *L'étude des paysages. Essais sur leurs formes et leur histoire* (1999).

Kataster von Orange

A. Piganiol, *Les documents cadastraux de la colonie d'Orange*, 16. Suppl. Gallia (1962).

F. Salviat, *Orientation, extension et chronologie des plans cadastraux d'Orange*, Revue archéologique de Narbonnaise 10 (1977) 107–118.

F. Salviat, *Quinte Curce, les Insulae Furianae, la Fossa Augusta et la localisation du cadastre C d'Orange*, Revue archéologique de Narbonnaise 19 (1986) 101–116.

M. Christol, *Les ressources municipales d'après la documentation épigraphique de la colonie d'Orange: l'inscription de Vespasien et l'affichage du plan de marbre*, in: *Il capitolo delle entrate nelle finanze municipali in Occidente ed in Oriente*, CEFR 256 (1999) 115–136.

Die «villa»

G. Congès/P. Lecacheur, *Exploitation et domaine sur la côte varoise à l'époque romaine: exemple de la plaine de Pardigon (Cavalaire, Croix-Valmer, Var)*, in: F. Favory/J.-L. Fiches (Hrsg.), *Les campagnes de la France méditerranéenne dans l'Antiquité et le haut Moyen Âge* (1994) 279–287.

J.-P. Brun/M. Borréani, *Carte archéologique de la Gaule, Le Var*, 83/1 und 83/2 (1999).

Ph. Leveau/P. Gros/Fr. Trement, *La recherche sur les élites gallo-romaines et le problème de la villa*, in: A. Antoine (Hrsg.), *Campagnes de l'Ouest. Stratigraphies et relations sociales dans l'histoire* (1999) 287–302.

X. Lafon, *Villa Maritima. Recherches sur les villas littorales de l'Italie romaine*, Bibliothèque des Écoles française d'Athènes et Rome 307 (2001).

M. Lugand/I. Bermond, *Carte archéologique de la Gaule, Agde et le bassin de Thau*, 34/2 (2001) bes. 97 ff. und 244 ff.

GRABARCHITEKTUR: ZIPPI, STELEN, MAUSOLEEN UND SARKOPHAGE

H. Rolland, *Le Mausolée de Glanum*, 21. Suppl. Gallia (1969).

Y. Burnand, *Domitii Aquenses. Une famille de chevaliers romains dans la région d'Aix-en-Provence: mausolée et domaine*, 5. Suppl. Revue archéologique de Narbonnaise (1975).

F. S. Kleiner, *Artists in the Roman World. An itinerant Workshop in Augustan Gaul*, Mélanges de l'Ecole française de Rome. Antiquité 89 (1977) 661–696.

G. Sauron, *Les cippes funéraires gallo-romains à décors de rinceaux de Nîmes et de sa région*, Gallia 41 (1983) 59–109.

P. Gros, *Le mausolée des Iulii et le statut de Glanum*, Revue archéologique (1986) 60–80.

M. Janon, *Le décor architectonique de Narbonne. Les rinceaux*, 13. Suppl. Revue archéologique de Narbonnaise (1986).

A. Roth-Congès, *Le mausolée de l'Île-du-Comte*, in: J.-Cl. Bessac u.a., Ugernum, Beaucaire et le Beaucairois à l'époque romaine, II (1987) 47–116.

J.-Cl. Joulia, *Les frises doriques de Narbonne*, Latomus. Revue d'études latines 202 (1988).

P. Lafran/A. Roth Congès/J. Lemaire, *Le Pont-Flavien de Saint-Chamas* (1989).

G. Hallier u.a., *Le mausolée de Cucuron*, Gallia 47 (1990) 145–202.

R. Turcan, *Messages d'Outre-Tombe. L'iconographie des sarcophages romains* (1999).

Ch. Landes u.a., *Catalogue de l'exposition La mort des notables en Gaule romaine* (2002), darin: M. Christol/M. Janon, *Épigraphie et espaces funéraires en Gaule méridionale*, 121–128;

M. Christol, *Élites, épigraphie et mémoire en Gaule méridionale*, 129–139; AA. VV., *Architecture et sculpture des mausolées*, 142–178; voir particulièrement, Cucuron, 153–154; Orange, Nécropole de Fourche-Vieilles, 155–157.

V. Gaggadis-Robin, *Les sarcophages païens du Musée de l'Arles antique* (2005).

Die Wirtschaft bis zum 3. Jh. n. Chr.

Weinbau

A. Tchernia, *Le vin de l'Italie romaine. Essai d'histoire économique d'après les amphores*, Bibliothèque des Ecoles française d'Athènes et de Rome 261 (1986) 190 ff., 247 ff., 290 ff.

F. Laubenheimer, *Sallèles d'Aude. Un complexe de potiers gallo-romain: le quartier artisanal*, Documents d'Archéologie Française 26 (1990).

F. Laubenheimer, *Les amphores de la Gaule romaine, état de la question*, in: Bulletin de la Société française d'archéologie classique, XXX, 1996–1997, Revue archéologique 1 (1998) 164–176.

J.-P. Brun/A. Tchernia, *Le vin romain antique* (1999) 91–107.

M. Monteil u.a., *Culture de la vigne et traces de plantation des IIe-Ier s. av. J.-C. dans la proche campagne de Nîmes (Gard)*, Revue archéologique de Narbonnaise 32 (1999) 67–123.

F. Laubenheimer, *Vingt ans de recherches à Sallèles d'Aude* (2001).

J.-P. Brun/F. Laubenheimer (Hrsg.), *La viticulture en Gaule*, Gallia 58 (2001) 1–260.

Weinbau in der «Narbonensis»

Ph. Boissinot, *Archéologie des vignobles antiques du sud de la Gaule*, in: J.-P. Brun/F. Laubenheimer (Hrsg.), *La viticulture en Gaule*, Gallia 58 (2001) 44–68.

J.-P. Brun u.a., *La viticulture antique en Languedoc-Roussillon*, in: J.-P. Brun/F. Laubenheimer (Hrsg.), *La viticulture en Gaule*, Gallia 58 (2001) 68–111.

C Jung u.a., *La viticulture antique dans le Tricastin*, in: J.-P. Brun/F. Laubenheimer (Hrsg.), *La viticulture en Gaule*, Gallia 58 (2001) 113–128.

Die Seereeder von Arles und der Dienst der «annonae»

M. Christol, *Remarques sur les naviculaires d'Arles*, Latomus 30 (1971) 645–663.

J.-P. Rey-Coquais, *Sur l'inscription des naviculaires d'Arles à Beyrouth*, Syria 70 (1993) 69–80.

M. Christol/J.-L. Fiches, *Le Rhône: batellerie et commerce dans l'Antiquité*, Gallia 56 (1999) 141–155.

C. Virlouvet, *Les naviculaires d'Arles. A propos de l'inscription provenant de Beyrouth*, Mélanges de l'Ecole française de Rome. Antiquité 116 (2004) 327–370.

Getreideanbau

B. Liou/M. Morel, *L'orge des Cavares*, Revue archéologique de Narbonnaise 10 (1977) 189–197.

Mühlen von Barbegal

R. H. J. Sellin, *The large roman watermill at Barbegal (France)*, La houille blanche 6 (1981) 413–426.

Tr. Hodge, *L'usine gallo-romaine de Barbegal*, Pour la Science 119 (1991) 72–77.

ANHANG

Ph. Leveau, *Les moulins de Barbegal, les ponts-aqueducs du vallon de l'Arc et l'histoire naturelle de la vallée des Baux (Bilan de six ans de fouilles programmées)*, Comptes rendus de l'Académie des inscriptions et belles-lettres 1 (1995) 115–144.

J.-P. Brun / M. Borreani, *Deux moulins hydrauliques en Narbonnaise*, Gallia 55 (1998) 279–326.

Olivenanbau

J.-P. Brun, *L'oléiculture antique en Provence. Les huileries du département du Var*, 15. Suppl. Revue archéologique de Narbonnaise (1986).

Ph. Leveau u. a., *Les origines de l'oléiculture en Gaule du Sud. Données historiques, archéologiques et botaniques*, Revue d'archéométrie 15 (1991) 83–94.

Viehzucht

O. Badan / J.-P. Brun / G. Congès, *Les bergeries romaines de la Crau d'Arles. Les origines de la transhumance en Provence*, Gallia 52 (1995) 263–310.

P. Gros, *Hercule à Glanum. Sanctuaires de transhumance et développement urbain*, Gallia 52 (1995) 311–331.

A. Roth-Congès, *La fortune éphémère de Glanum: du religieux à l'économique. A propos d'un article récent*, Gallia 54 (1997) 157–202.

Ph. Leveau, *Entre la plaine de Crau et le massif des Ecrins, la question du pastoralisme romain*, in: C. Jourdan-Annequin / J.-Cl. Duclos, *Aux origines de la transhumance. Les Alpes et la vie pastorale d'hier à aujourd'hui* (2006) 205–221.

Keramikproduktion

F. Laubenheimer, *Sallèles d'Aude. Un complexe de potiers gallo-romains: le quartier artisanal*, Documents d'Archéologie Française 26 (1990).

M. Passelac, *Signes de la romanisation: production céramique*, Revue archéologique de Narbonnaise 31 (1998) 340–344.

Metallurgie

Cl. Domergue (Hrsg.), *Un centre sidérurgique romain de la Montagne Noire. Le domaine des Forges (Les Martys, Aude)*, 27. Suppl. Revue archéologique de Narbonnaise (1993).

Cl. Domergue / C. Jarrier / F. Tollon, *La métallurgie extractive du fer dans la Montagne Noire (France) à l'époque romaine. Nouveaux documents*, Revue archéologique de Narbonnaise 32 (1999) 147–156.

Stein und Marmor

F. Braemer, *Le commerce et l'utilisation des matériaux d'architecture et de sculpture de part et d'autre de la chaîne des Pyrénées dans les provinces de Tarraconaise, de Narbonnaise et d'Aquitaine*, in: Actes du 106ème Congrès national des Sociétés savantes (1984) 5–72.

J.-Cl. Bessac, *La pierre en Gaule Narbonnaise et les carrières du Bois des Lens (Nîmes)*, 16. Suppl. Journal of Roman Archchaeology (1996).

F. Antonelli, *I marmi della Gallia e dell'Iberia importati a Roma*, in: M. De Nuccio / L. Ungaro, *I marmi colorati della Roma imperiale* (2002) 266–275.

Die Sakralwelt: «Pietas» und Politik

Kaiserkult

D. Brentchalov / F. Salviat, *Une tête colossale d'Auguste trouvée en mer*, Archeologia 245 (1989) 28–35.

M.-Fr. Giacobbi-Lequément, *Cinq inscriptions impériales à Glanum (Saint-Rémy-de-Provence)*, Latomus. Revue d'études latines 52 (1993) 281–293.

D. Fishwick, *The Imperial Cult in the Latin West III*, 2 (2002) 3–16, 155–186.

W. van Andringa, *La religion en Gaule romaine. Piété et politique (Ier–IIIe siècle apr. J.-C.)* (2002). (Obgleich dieses Buch nur die drei augusteischen Provinzen der *Gallia Comata* behandelt, sind darin Analysen über die provinzialen Kulte und die neue vom Kaiserkult eingeführte religiöse Sprache zu finden, die sich auch auf die *Narbonensis* übertragen lassen).

E. Rosso, *L'image de l'Empereur en Gaule romaine* (2006) 332–334. (Kolossalkopf des Oktavian aus dem Kanal von Martigues).

Mit Quellen verbundene Kulte

A. Roth-Congès, *Culte de l'eau et dieux guérisseurs en Gaule romaine*, Journal of Roman Archaeology 7 (1994) 397–407.

Gottheiten einheimischen Ursprungs und aus dem römischen Pantheon

H. Lavagne, *Les dieux de la Gaule Narbonnaise: romanité et romanisation*, Journal des savants 3 (1979) 155–197.

C. Maderna, *Iuppiter Diomedes und Merkur als Vorbilder für römische Bildnisstatuen* (1988).

C. Jourdain-Annequin, *Héraclès aux portes du soir: mythe et histoire* (1989).

H. Lavagne, *Un nouveau dieu de la Gaule romaine: Mars Cobannus*, Comptes rendus de l'Académie des inscriptions et belles-lettres (1999) 689–720.

J. Bonetto, *Ercole e le vie della transumanza: il santuario di Tivoli*, Ostraka VIII 2 (1999) 291–307.

A. Hermary, *Les naïskoi votifs de Marseille*, in: A. Hermary / H. Tréziny, *Les cultes des cités phocéennes*, Etudes massaliètes 6 (2000) 119–133.

G. Moitrieux, *Hercules in Gallia. Recherches sur la personnalité et le culte d'Hercule en Gaule* (2002).

Orientalische Gottheiten

R. Turcan, *Les religions de l'Asie dans la vallée du Rhône*, Etudes préliminaires aux religions orientales dans l'empire romain 30 (1972).

R. Turcan, *Les religions orientales en Gaule Narbonnaise et dans la vallée du Rhône*, in: Aufstieg und Niedergang der römischen Welt II 18, 1 (1986) 456–518.

H. Lavagne, *Rome et les associations dionysiaques en Gaule (Vienne et Nîmes)*, in: *L'Association dionysiaque dans les sociétés antiques*, Collection de l'École française de Rome 89 (1986) 129–148.

Der Aufstieg der Eliten durch die Bildung

H. I. Marrou, *Histoire de l'éducation dans l'Antiquité, 2. Le monde romain* (1981).

O. Seel, *Pompeius Trogus und das Problem der Universalgeschichte*, in: Aufstieg und Niedergang der römischen Welt II 30, 2 (1986) 1363–1423.

M. Christol, *Composition, évolution et renouvellement d'une classe dirigeante locale. L'exemple de la cité de Nîmes*, in: E. Frézouls (Hrsg.), *La mobilité sociale dans le monde romain* (1992) 187–202.

S. Agusta-Boularot, *Les références épigraphiques aux grammatici et grammatikoi de l'Empire romain (Ier s. av. J.-C.-IVe s. apr. J.-C.)*, Mélanges de l'École française de Rome. Antiquité 196 (1994) 653–746.

M. Christol / C. Deneux, *La latinisation de l'anthroponymie dans la cité de Nîmes*, in: M. Dondin-Payre / M.-Th. Raepsaet-Charlier (Hrsg.), *Noms, identité culturelle et romanisation sous le Haut-Empire* (2001) 39–54.

R. Häussler, *Writing Latin – from resistance to assimilation: language, culture and society in N. Italy and S. Gaul*, in: A. E. Cooley (Hrsg.), *Becoming Roman, writing Latin? Literacy and Epigraphy in the Roman West*, 48. Suppl. Journal of Roman Archaeology (2002) 61–76.

Der Fall Favorinus von Arles

S. Swain, *Favorinus and Hadrian*, Zeitschrift für Papyrologie und Epigraphik 79 (1989) 150–158.

S. Follet, in: R. Goulet (Hrsg.), *Dictionnaire des philosophes antiques III* (2000) 418–422.

Die Veränderungen des 3. Jhs. n. Chr.

Kl.-P. Johne (Hrsg.), *Gesellschaft und Wirtschaft des Römischen Reiches im 3. Jahrhundert* (1993).

J.-L. Fiches (Hrsg.), *Le IIIème siècle en Gaule Narbonnaise* (1996).

M. Heijmans, *Arles durant l'Antiquité tardive. De la Duplex Arelas à l'Urbs Genesii*, Collection de l'Ecole Française de Rome 324 (2004).

BILDNACHWEIS

Vorsätze R. Szydlak, Tübingen

Abb. 1: F. Lasserre

Abb. 2: J. Bromwich, B. Freyberger

Abb. 3, 4, 6, 7, 11, 14, 18, 23–25, 29, 37, 38, 42, 43, 50, 54, 56, 58–61, 64–66, 74–78, 86, 87, 91, 94, 103–105, 107: Centre Camille Jullian, Université de Provence, Aix-en-Provence

Abb. 8: M. Lejeune

Abb. 9, 10, 12, 15, 17: R. Asmus

Abb. 13a.b, 69, 71, 92, 93a.b: Musée archéologique de Nîmes (69: M. Lacanaud)

Abb. 16: Ch. Goudineau

Abb. 19: J. Bruchet

ANHANG

Abb. 21, 26, 32, 98, 99, 106, 108–110: Musée de l'Arles antique

Abb. 22: R. Amy

Abb. 33–35: Musée Réattu

Abb. 36: J.-M. Mignon

Abb. 39: A. Bouet

Abb. 40, 73a.b, 83a.b, 90: J.-M. Gassend, CNRS

Abb. 41: L. Rivet, S. Saulnier

Abb. 44: J. Guyon u. a.

Abb. 45: N. Nin

Abb. 49, 96, 97: A. Roth-Congès

Abb. 51: M. Monteil

Abb. 53a.b: R. Naumann

Abb. 55: N. Monteix

Abb. 57: J. Formigé

Abb. 62a.b: Service du Patrimoine de la Ville de Fréjus

Abb. 63: M. Wilson Jones

Abb. 67: P. Varène

Abb. 68a.b: A. Bouet

Abb. 70: A. Pelet, R. Naumann

Abb. 72: Musée lapidaire, Avignon

Abb. 79a.b: G. Hallier

Abb. 80a–c: A. Desbat, O. Leblanc u. a.

Abb. 81a.b: J.-M. Mignon

Abb. 82: J. Guyon, N. Nin u. a.

Abb. 84: L. Brissaud, E. Delaval, A. Le Bot-Helly u. a.

Abb. 85: R. Lauxerois

Abb. 88: Ch. Pellecuer, R. Thernot

Abb. 89: J. Bigot, CNRS

Abb. 95: A. Roth-Congès, Zeichnung J.-M. Joulain, CNRS

Abb. 100: F. Laubenheimer

Abb. 101: M. Droste

Abb. 102: J.-P. Brun

Alle übrigen Abb. vom Verfasser.

ADRESSE DES AUTORS

Prof. Dr. Pierre Gros
Maison Mediterranéene
des Sciences de l'Homme
5, rue du Château de l'Horloge
BP-647
F-13094 Aix-en-Provence

Die römische Provinz Gallia Narbonensis (1. Jh. n.Chr)

- - - - Provinzgrenze
- **Gergoria** Statthaltersitz
- ——— Straße
- ① via Iulia Augusta
- ② via Aurelia
- ③ via Domitia
- ⤴ Pass
- *Cevennen* Name eines Berges/Gebirges
- Glanum antiker Name
- *Tournon* moderner Name
- *Garonne*
- *Cevennen*

Burdigala

Garonne

Aquitania

Gerg

Tolosa *Toulouse*

Montagne Noire

Martres-Tolosane

Carcaso
Carcassonne

Sallèles

Perpig

Hispania Citerior
(Tarraconensis)

P y r e n ä e n